COLLECTION
ROLF HEYNE

5. Auflage 2001

Copyright © 1994 by Wilhelm Heyne Verlag
GmbH & Co. KG, München
Copyright © dieser Ausgabe by Collection Rolf Heyne
GmbH & Co. KG, München
ISBN 3-453-06956-0
Printed in Germany
Ehemaliger Titel: „Mehlspeisen Gebäck Desserts"

Buchgestaltung	Ludwig Kaiser
Grafische Gestaltung/DTP	Georg Schranner
Fotografie	Susi Eising, FoodPhotography Eising
Backstudio	Stephan Franz
Rezeptbearbeitung/Texte	Erika Casparek-Türkkan
	Petra Casparek
Redaktion	Angelika Schlenk
	Christina Kempe
Herstellung	Peter Karg
Lithographie	PHG, München
Druck und Bindung	Mohndruck, Gütersloh

Eckart Witzigmann's
SÜSSE VERFÜHRUNGEN

DESSERTS, GEBÄCK & MEHLSPEISEN

Fotografiert von
SUSI EISING

COLLECTION ROLF HEYNE
MÜNCHEN

Zu diesem Buch

Die feuchte Wärme der Backstube, der Duft nach Teig und frisch Gebackenem gehören für Eckart Witzigmann zu den vertrauten Gerüchen seiner Kindheit im österreichischen Badgastein. Großvater und Onkel waren gestandene Bäcker, ein Cousin Konditor. In den Sommerferien traf sich die ganze Familie in der Backstube, man probierte auch den frisch gepreßten Most des Jahres und dazu ein gutes Bauernbrot. Die Begabung liegt ihm im Blut. Das Gefühl für den Teig, für die Substanz eines guten Kuchens resultiert aus der praktischen Erfahrung, die der Zwölfjährige in Mutters Küche unter Anstrengung erwarb: Er durfte den Teig für den sonntäglichen Gugelhupf rühren. Dampfnudeln, Zwetschgenknödel, Strudel, all die leckeren Powidltascherl und Liwanzen – damals kamen sie als preiswerte, sättigende Hauptgerichte wochentags auf den Tisch. »Eigentlich haben mich diese Gerichte, die ihren Ursprung in der böhmisch-bayerisch-österreichischen Küche haben, früher nicht bewußt interessiert«, gesteht er heute. Die Wiederentdeckung kam erst später, als er mit 19 Jahren als junger Koch im renommierten Hotel Axelmannstein in Bad Reichenhall arbeitete.

Als Abschluß eines Menüs wurden da noch die opulenten, klassischen Desserts serviert, Coupe Melba, Ananas Surprise, und der Chef-Patissier war – wie heute noch in angesehenen Häusern – eine Respektperson, die im gleichen Rang stand wie der Chefkoch. »Mach mal«, wurde der Jungkoch in Bad Reichenhall ermuntert, und da habe er angefangen, eigene Desserts zu kreieren, die seine Genialität auch auf diesem Gebiet erkennen ließen. Seine Lehr- und Wanderjahre führten Witzigmann zu

Kochgrößen nach Frankreich, zu den Brüdern Paul und Jean-Pierre Haeberlin und zu Paul Bocuse. Und dort lernte er die französische Pâtisserie richtig, von ihrer allerbesten Seite kennen.

Als sich unter Witzigmanns Regie 1971 das »Tantris« in München zu einem Restaurant höchster Tafelfreuden entwickelte, da wurden nicht nur seine Gerichte, seine Art zu Kochen, sondern auch seine Desserts richtungsweisend für die kulinarische Szene in Deutschland. Im Restaurant »Aubergine«, das er im Anschluß führte, entstanden Dessert-Schöpfungen, die heute bereits Klassiker sind, wie sein Lebkuchensoufflé mit Altbiersabayon und Preiselbeerschaum, die glasierten Feigen mit geeistem Schokoladenschaum, das Grießsoufflé mit Birne und Nougatsauce. Witzigmann-Schüler adaptierten seine Art der leichten, delikaten Zubereitung. Einer davon ist Stephan Franz, der ihm für dieses Buch zur Seite stand.

»Wissen sollte bei der Zubereitung jedoch jeder, daß die Grundsubstanzen, das Mehl, die Butter, allesamt Naturprodukte, nicht immer gleich ausfallen, daß auch jeder Backofen anders arbeitet«, erklärt Witzigmann aus Erfahrung. »So kann ein Rezept immer nur den Weg zeigen, und dann kommt wieder das Gefühl, die Erfahrung mit ins Spiel.«

Nicht weniger Beachtung schenkt der Meisterkoch der Herstellung eines oft als Nebensächlichkeit betrachteten Begleiters eines Essens, dem Brot. In vielerlei Versionen, mit Können und Zeitaufwand immer frisch zubereitet, erinnert es Witzigmann voll Dankbarkeit immer an seine Wurzeln, an höchste Qualität, die oft im Einfachen liegt und ihm zum Maßstab wurde.

INHALT

Mehlspeisen

Puddinge, Omeletts und Soufflés

Sorbets, Parfaits und Eis

Festliche Desserts

Süßes Backen

Pikantes Backen

Inhalt

Cremes, Mousses und Flammeris

Kuchen, Torten und Tartes

Eingemachtes

- **4** Vorwort
- **8** Mehlspeisen
- **42** Puddinge, Omeletts und Soufflés
- **62** Cremes, Mousses und Flammeris
- **88** Sorbets, Parfaits und Eis
- **108** Festliche Desserts
- **136** Kuchen, Torten und Tartes
- **164** Süßes Backen
- **188** Pikantes Backen
- **208** Eingemachtes
- **228** Glossar
- **231** Register

MEHLSPEISEN

MEHLSPEISEN

Topfenkolatschen

Für 20 Stück
Zubereitungszeit: 1 Stunde 30 Minuten
Ruhezeit: etwa 7 Stunden
Foto: Seite 8/9

Für den Teig:
20 g Hefe
100 g Mehl, Type 550
490 g Mehl, Type 405, und
Mehl zum Arbeiten
175 ml Milch
40 g Zucker
10 g Salz
400 g Butter

Für die Füllung:
200 g Speisequark, 20 % Fett i. Tr.
60 g Zucker
2 Eigelb, 40 g
10 g Vanillepuddingpulver
20 g flüssige Butter
60 g Rosinen
abgeriebene Schale von je
1 Orange und Zitrone

Zum Bestreichen:
1 Eigelb
90 ml Milch
je 1 Prise Salz und Zucker

Außerdem:
Aprikosenglasur
15 g Puderzucker

1. Die Hefe in 100 ml Wasser auflösen und mit einem Holzlöffel 100 g gesiebtes Mehl Type 550 einrühren. Den Vorteig mit wenig Mehl bestäuben, mit einem Tuch abdecken und 1 bis 2 Stunden bei Zimmertemperatur ruhen lassen. Das Mehl auf dem Vorteig muß völlig aufgerissen sein.
2. Den Vorteig danach mit 450 g Mehl Type 405, Milch, Zucker, Salz und 50 g Butter zu einem geschmeidigen, aber relativ festen Teig verarbeiten. Diesen für 3 Stunden kalt stellen. Unterdessen die restliche Butter mit 40 g Mehl glattarbeiten. Zu einem Butterziegel von 15 cm Länge und 20 cm Breite ausrollen.
3. Den Hefeteig auf einer bemehlten Fläche zu einem Rechteck von 35 cm Länge und 20 cm Breite ausrollen. Den Butterziegel auf eine Seite setzen und mit der anderen Teigseite einschlagen. Wieder auf die gleiche Größe ausrollen. Den Teig in drei gleichen Teilen zusammenlegen (»eine Tour geben«).
4. Den Teig für 10 Minuten in den oberen Bereich des Kühlschranks stellen. Dann die Touren noch zweimal wiederholen (bei der letzten Tour rollt man den Teig etwas flacher aus). Zugedeckt für 2 Stunden in den Kühlschrank stellen.
5. Den Backofen auf 210° C vorheizen. Für die Topfenfüllung den Quark mit Zucker, Eigelb, Puddingpulver, flüssiger Butter, Rosinen und abgeriebener Zitrusschale verrühren.
6. Den fertigen Plunderteig 2,5 mm dünn ausrollen und in Quadrate von 11 x 11 cm schneiden. Jeweils etwas von der Topfenfülle in die Mitte der Quadrate geben. Eibelb, Milch, Salz und Zucker miteinander verrühren und die Ecken der Kolatschen damit einpinseln.
7. Kurz bei 18° C gehen lassen (die Temperatur darf nicht zu hoch sein, da sonst die Butter ausläuft). Die Kolatschen etwa 15 Minuten backen. Danach mit gekochter, passierter Aprikosenglasur bepinseln und mit Puderzucker bestreuen.

Kolatschen werden auch Golatschen genannt. Das Wort ist abgeleitet von »kolo«, dem tschechischen Wort für Rad. Vermutlich hängt die Bezeichnung mit der Radform des Gebäcks zusammen.

Schlosserbuben

Für 12 Stück (4 Portionen)
Zubereitungszeit: 45 Minuten
Ruhezeit: 1 Stunde

24 eingelegte Dörrpflaumen
(Rezept Seite 214) oder über Nacht in
Rotwein eingeweichte Dörrpflaumen
2 Eigelb, 40 g
125 ml Bier, 25 ml Pflanzenöl
140 g Mehl, Type 550
2 Eiweiß, 60 g
1 Prise Salz, 10 g Zucker
Fritierfett zum Ausbacken
12 ganze geschälte Mandeln
Weizenstärkemehl, Kristallzucker und
Schokolade zum Wenden
Puderzucker, Schokoladenhobel und
geröstete Mandelblätter zum Garnieren

1. Die Dörrpflaumen gut trockentupfen. Eigelb mit Bier und Öl verrühren. Gesiebtes Mehl nach und nach einrühren und 1 Stunde ruhen lassen. Dann Eiweiß mit Salz und Zucker cremig aufschlagen. Den Eischnee vorsichtig unter den Teig heben.
2. Das Fett in der Friteuse auf 175° C erhitzen. Je 2 Dörrpflaumen mit 1 Mandel dazwischen zusammensetzen und in Weizenstärkemehl wenden. Mit Hilfe eines Zahnstochers durch den Teig ziehen, den überschüssigen Teig gut abstreifen.
3. Die Schlosserbuben im heißen Fett goldbraun ausbacken, dabei gelegentlich wenden, damit sie schön gleichmäßig Farbe bekommen. Zum Entfetten auf Küchenkrepp setzen.
4. Vor dem Servieren in einer Mischung aus Zucker und geriebener Schokolade wenden. Puderzucker auf die Dessertteller stäuben. Die Schlosserbuben mit gehobelter Schokolade und den Mandelblättchen garniert servieren. Dazu paßt aufgeschäumte Mandelsauce (Rezept Seite 57).

MEHLSPEISEN

Griéßknödel mit Briochebrösel

Für 10 Knödel (4 bis 5 Portionen)
Zubereitungszeit: 45 Minuten
Ruhezeit: 2 Stunden

Für die Grießknödel:

500 ml Milch

120 g Butter

20 g Zucker

20 g Vanillezucker

Mark von 1 Vanilleschote

Salz

125 g Grieß

2 Eier, 100 g

abgeriebene Schale von

1/2 unbehandelten Zitrone

Puderzucker zum Bestreuen

Für die Briochebrösel:

125 g altbackene, entrindete Brioche

250 g Butter

je 10 g Vanillezucker und Zucker

5 g Honig

20 g geschälte feingeriebene Mandeln

5 g feingehackte Walnüsse

abgeriebene Schale von je

1/2 unbehandelten Orange und Zitrone

1 Teelöffelspitze gemahlener Zimt

1. Die Milch mit der Butter, dem Zucker, Vanillezucker, Vanillemark und 1 Prise Salz aufkochen. Den Grieß unter Rühren einlaufen lassen und die Masse bei mittlerer Hitze so lange abbrennen, bis sie sich vom Topfboden löst.
2. Den Teig in eine Schüssel geben und nach und nach Eier sowie die Zitronenschale kräftig unterrühren. Alles auf Zimmertemperatur abkühlen lassen, dabei gelegentlich umrühren, so daß man eine knötchenfreie, geschmeidige Knödelmasse erhält. Diese für 2 Stunden mit Folie bedeckt in den Kühlschrank stellen.
3. Anschließend in einem großen Topf reichlich Wasser mit 1 gehäuften TL Salz zum Kochen bringen. Die Hitze herunterschalten, das Wasser darf nur leicht simmern. Die Hände leicht mit Wasser anfeuchten und Knödel mit einem Durchmesser von 5 cm formen. Die Knödel etwa 12 Minuten pochieren, das Wasser darf nicht mehr kochen.
4. In der Zwischenzeit die Brioche nicht zu fein mahlen. Die Butter in einer Pfanne aufschäumen lassen. Vanillezucker, Zucker und Honig hinzugeben, verrühren, dann die Briochebrösel, die Mandeln und die Walnüsse untermengen. Alles unter ständigem Rühren goldbraun rösten. Anschließend die Brösel vom Herd nehmen und sofort in eine Schüssel umfüllen. Zitrusschalen sowie Zimt unter die Briochebrösel mengen.
5. Die Knödel dann mit der Schaumkelle aus dem Topf nehmen, mit heißen Bröseln bestreuen und mit Puderzucker überstäubt servieren.

MEHLSPEISEN

E CKART W ITZIGMANN

Ausschlaggebend für das Gelingen der Grießknödel
ist die richtige Gartemperatur: Die Knödel dürfen
nicht zu heiß gekocht werden. Dieses Rezept wurde von
meinem Schüler Hans Haas in der Aubergine eingeführt.

Topfenknödel

Für 20 Knödel (10 Portionen)
Zubereitungszeit: 1 Stunde
Ruhezeit: 2 Stunden

Für die Knödel:

250 g frisches Weißbrot ohne Rinde

90 g Butter

90 g Puderzucker

15 g Vanillezucker

abgeriebene Schale von je

2 unbehandelten Zitronen und Orangen

1 Prise Salz

3 Eigelb, 60 g

3 Eier, 150 g

800 g Magerquark, durch ein feines

Haarsieb passiert

Für das Kochwasser:

1 gehäufter TL Salz

je 1 Orangen- und Zitronenscheibe

von ungespritzten Früchten

100 ml Rum

Zum Servieren:

½ Portion Briochebrösel

(Rezept Seite 12)

Puderzucker

1. Das Weißbrot in kleine Würfel schneiden. Die Butter mit dem Puderzucker schaumig rühren. Vanillezucker, abgeriebene Zitronen- und Orangenschale und die Prise Salz hinzugeben. Alles gründlich verrühren.

2. Dann nach und nach das Eigelb und anschließend die Eier einrühren. Zum Schluß den Quark unterschlagen und die Brotwürfel unterheben. Den Teig zugedeckt 2 Stunden im Kühlschrank ruhen lassen. Dabei die Masse jede halbe Stunde mit einem Gummispatel vorsichtig durchrühren.

3. In einem großen Topf reichlich Wasser mit dem Salz, den Fruchtscheiben und dem Rum zum Sieden bringen. Aus der Topfenmasse Knödel formen und in das Wasser einlegen.

4. Sind die Knödel eingelegt, läßt man das Wasser noch einmal ganz kurz aufkochen. Dann sofort den Deckel auf den Topf setzen und vom Herd nehmen. Die Knödel so zugedeckt 12 bis 16 Minuten garziehen lassen.

5. In der Zwischenzeit die Briochebrösel, wie im nebenstehenden Rezept beschrieben, zubereiten. Vor dem Servieren die heißen Brösel auf den Knödeln verteilen und den Puderzucker darüberstäuben.

MEHLSPEISEN

E CKART W ITZIGMANN

Die Zutaten für die Topfenknödel müssen unbedingt
alle Zimmertemperatur haben. Sollten sich die Eier dennoch
von der Butter trennen, muß man sie mit dem elektrischen
Stabmixer aufschlagen, so daß eine Emulsion entsteht.

MEHLSPEISEN

Zwetschgenknödel

Für 8 Knödel (4 Portionen)
Zubereitungszeit: 50 bis 60 Minuten

8 makellose Zwetschgen

250 g passierte, ausgedämpfte,

mehligkochende Kartoffeln

(375 g Rohgewicht, siehe auch Tip

zu Mohnnudeln, Seite 24)

45 g Weizenstärkemehl

15 g Hartweizengrieß

1 Eigelb, 20 g

Mark von 1/2 Vanilleschote

abgeriebene Schale von

1/2 unbehandelten Zitrone

15 g flüssige Butter

8 Stücke Kandiszucker

40 ml Zwetschgenwasser

1 gehäufter TL Salz

1/2 Portion Briochebrösel

(Rezept Seite 12)

1. Die Zwetschgen waschen und trockentupfen. Auf der Seite mit der Narbe nur so weit einschneiden, daß der Stein entfernt werden kann, ohne daß die Zwetschgen halbiert werden.
2. Die passierten Kartoffeln noch warm mit Weizenstärkemehl und Grieß verkneten. Danach das Eigelb, die Gewürze, die flüssige Butter und das Salz hinzugeben. Alles zu einem glatten Teig verkneten.
3. Die Kandiszuckerstücke in Zwetschgenwasser tränken und anstelle der Steine in die Zwetschgen stecken. Den Backofen auf 200° C vorheizen.
4. Ein Stück vom Teig zwischen gemehlten Händen flach klopfen. Eine Zwetschge in den Teig einlegen und dünn einschlagen. Die restlichen Knödel genauso formen.
5. In einem großen Topf reichlich Wasser mit dem Salz aufkochen. Die Knödel hinein geben und 5 bis 8 Minuten leicht köcheln lassen. Aus dem Wasser nehmen und in eine flache feuerfeste Form setzen.
6. Die Zwetschgenknödel mit Briochebröseln bestreuen und für 5 Minuten in den Ofen schieben. Dabei immer wieder mit den Bröseln bestreuen. Anschließend sofort servieren.

MEHLSPEISEN

E CKART W ITZIGMANN

In Österreich genießt man Zwetschgenknödel pur,
ohne Begleitung. Sehr gut schmecken
sie aber auch mit Mandelsauce und Vanilleeis
(Rezepte Seite 57 und 96).

Germknödel

Für 12 Knödel (6 Portionen)
Zubereitungszeit: 2 Stunden
Ruhezeit: 1 Stunde 20 Minuten

40 g Zucker
200 ml Milch
30 g Hefe
500 g Mehl und Mehl zum Arbeiten
1 Ei, 50 g
2 Eigelb, 40 g
120 g weiche Butter und
Butter für den Siebeinsatz
5 g Salz
10 ml Rum
250 g Powidl (Rezept Seite 215)

1. Für den Vorteig den Zucker in 100 ml lauwarmer Milch auflösen. Mit dem Schneebesen erst die Hefe, dann 100 g Mehl einrühren. Den Vorteig mit etwas Mehl bestäuben und zugedeckt an einem warmen Ort gehen lassen, bis sich sein Volumen verdoppelt hat.

2. Den Vorteig anschließend mit der restlichen Milch, dem Ei, dem Eigelb und dem restlichen Mehl verkneten. Die weiche, aber nicht flüssige Butter mit Salz und Rum verrühren und zum Schluß nach und nach zum Teig geben. Den Teig dann so lange schlagen und kneten, bis er geschmeidig und »flaumig« ist. Mit Mehl bestäuben und zugedeckt weitere 20 Minuten gehen lassen.

3. Anschließend ein weiteres Mal zusammenschlagen und nochmals 20 Minuten gehen lassen. Ist der Teig genug gegangen, ihn auf einer bemehlten Arbeitsfläche 1 cm dick ausrollen. Kreise von 10 bis 12 cm Durchmesser ausstechen.

4. In die Mitte jedes Kreises 1 EL Powidl geben. Die Teigkreise zu Knödeln formen, so daß die Füllung gut umschlossen ist. Die Knödel auf eine bemehlte Unterlage setzen und zugedeckt 15 bis 20 Minuten gehen lassen.

5. Den Siebeinsatz eines großen Topfs mit Butter einfetten. Zwei Finger hoch heisses Wasser auf den Topfboden geben und zum Kochen bringen. Das Sieb hineinstellen und die Germknödel daraufsetzen. Mit dem Deckel verschließen, die Temperatur herunterschalten und die Knödel im Wasserdampf 10 Minuten garen. Dann den Topf vom Herd ziehen und weitere 2 Minuten stehen lassen. Erst dann den Topf öffnen und die Knödel, z. B. mit Vanillesauce (Rezept Seite 26), servieren.

Klosterknödel nennt man Germknödel, die mit Mohnbutter übergossen serviert werden. Das Rezept für Mohnbutter finden Sie auf Seite 24.

Mohnknödel

Für 10 Knödel (5 Portionen)
Zubereitungszeit: 1 Stunde 20 Minuten
Ruhezeit: 1 Stunde

Für die Knödel:

250 ml Milch

40 g Akazienhonig

1 Vanilleschote

150 g frisch gemahlener Mohn

20 g weiche Butter

fein abgeriebene Schale von je

½ unbehandelten Orange und Zitrone

je 1 Prise Salz, Zimt- und Nelkenpulver

1 Ei, 50 g

2 Eigelb, 40 g

90 g Weißbrotwürfel

Zum Pochieren:

1 Flasche Rotwein

je 1 Prise Salz und Zucker

je 1 Stückchen abgeschälte, unbehandelte Orangen- und Zitronenschale

Puderzucker zum Bestreuen

1 Portion Briochebrösel (Rezept Seite 12)

Für die Burgundersauce:

500 ml Rotwein

Saft und Schale von je

½ unbehandelten Orange und Zitrone

1 Zimtstange

½ aufgeschnittene Vanillestange

1 Gewürznelke

100 g Zucker

50 g Akazienhonig

1. Die Milch mit dem Honig und der aufgeschnittenen Vanilleschote aufkochen. Den gemahlenen Mohn einrühren und unter Rühren so lange kochen, bis die Masse sich wie Brandteig verhält – also dick eingekocht ist, sich vom Topfboden löst, leicht röstet und nicht mehr am Löffel klebt. Mohnmasse kalt stellen.
2. Die Butter mit den Zitrusschalen und den Gewürzen weißschaumig aufschlagen. Dann das Ei und danach das Eigelb dazugeben und unterrühren. Die Weißbrotwürfel unterheben und auch diese Masse kalt stellen.
3. Nach 30 Minuten die Mohnmasse mit der Buttermasse vermischen und nochmals 30 Minuten kalt stellen. Danach mit angefeuchteten Händen Knödel formen. Rotwein mit Salz, Zucker und Zitrusschalen aufkochen. Die Knödel einlegen. Den Topf mit einem Deckel verschließen, vom Herd ziehen und die Knödel etwa 10 Minuten ziehen lassen.
4. Die Knödel mit einer Schaumkelle aus dem Rotwein nehmen, auf Teller legen und mit Puderzucker bestäuben. Briochebrösel über die Knödel streuen.
5. Delikat schmeckt dazu auch eine kalte Burgundersauce: Den Rotwein mit Zitrusschalen und -saft, Zimtstange, Vanillestange, Gewürznelke, Zucker und Akazienhonig in einen Topf geben und auf ein Drittel der Menge einkochen. Die Sauce durch ein Sieb gießen und kalt stellen.

MEHLSPEISEN

Dukatenbuchteln

Für 5 bis 6 Portionen
Zubereitungszeit: 1 Stunde
Ruhezeit: etwa 1 Stunde

Für die Buchteln:

42 g Hefe

145 ml Milch

500 g Mehl und Mehl zum Arbeiten

30 g Zucker

2 Eier, 100 g

2 Eigelb, 40 g

120 g handwarme Butter und Butter für die Form

5 g Salz

Mark von 1 Vanilleschote

10 ml Rum

abgeriebene Schale von 1 unbehandelten Zitrone

Zum Bestreichen und Füllen:

80 g Butter

100 g Powidl (Rezept Seite 215)

Puderzucker zum Bestäuben

1. Die Hefe in 85 ml lauwarmer Milch glattrühren. 100 g Mehl und den Zucker zugeben und verrühren. Mit einer Prise Mehl bestreuen, mit Klarsichtfolie oder einem Tuch abdecken und bei Zimmertemperatur gehen lassen, bis der Vorteig das Doppelte seines Volumens angenommen hat.

2. Eier und Eigelb mit der restlichen Milch verrühren. Aus dem Vorteig, der Eier-Milch-Mischung und dem restlichen Mehl einen Teig kneten. Das geht am besten mit dem elektrischen Handmixer oder der Küchenmaschine. Sind die Zutaten verrührt, gibt man nach und nach Butter, Salz, Vanillemark, Rum und Zitronenschale hinzu.

3. Dann den Teig so lange kneten, bis er Blasen wirft. Leicht mit Mehl bestäubt und zugedeckt bei Zimmertemperatur etwa 20 Minuten gehen lassen. Den Hefeteig anschließend zusammenschlagen, in drei Teile schneiden, nochmals durcharbeiten und auf einem bemehlten Tisch etwa 0,5 cm dick ausrollen.

4. Mit einem Ausstecher Kreise von 3 cm Durchmesser ausstechen. Eine feuerfeste rechteckige Form dick mit weicher Butter ausstreichen. Die ausgestochenen Teigkreise mit Powidl füllen. Das geht am besten, wenn man den Powidl mit dem Dressierbeutel mit kleiner Lochtülle in die Mitte der Kreise spritzt und den Teig darüberzieht. Den Backofen auf 180° C vorheizen.

5. Die kleinen Teigballen etwas nachformen und dicht nebeneinander in die Form schichten. Mit 5 g Puderzucker überstäuben und zugedeckt nochmals gehen lassen, bis die Buchteln etwa die Hälfte an Volumen zugelegt haben.

6. Die Buchteln nun großzügig mit Butter einstreichen und in etwa 15 bis 20 Minuten braun backen. Die Buchteln stürzen, mit Puderzucker bestäuben und lauwarm servieren. Besonders gut passen dazu eine aufgeschäumte Mandelsauce oder eine Vanillesauce (Rezepte Seite 57 und 26).

Man kann den Teig auch zu einer Rolle formen und davon kleine Stücke abschneiden. Dann die Füllung mit der feinen Tülle des Dressierbeutels vorsichtig in die Teigkugeln hineinspritzen. Die dadurch entstandene Öffnung in den Buchteln sorgfältig zusammendrücken. Die Buchteln mit der Nahtstelle nach unten in die Backform setzen.

MEHLSPEISEN

Topfenpalatschinken

Für 6 Portionen
Zubereitungszeit: 1 Stunde

Für den Teig:

75 g Butter und Butter für die Form

185 ml Milch

75 g Mehl

2 Eier, 100 g

abgeriebene Schale von je

1/2 unbehandelten Zitrone und Orange

10 g Vanillezucker

1 Prise Salz

25 ml geschmacksneutrales Pflanzenöl

Butterschmalz zum Ausbacken

Für die Füllung:

200 g Speisequark, 20 % Fett i. Tr.

60 g Zucker

2 Eigelb, 40 g

10 g Vanillepuddingpulver

abgeriebene Schale von je

1 unbehandelten Zitrone und Orange

20 g flüssige Butter

60 g geschlagene süße Sahne

30 g Rosinen

1. Die Butter vorsichtig erhitzen, den Schaum abschöpfen und die Butter leicht bräunen. Hat sie genug Farbe angenommen, sofort durch ein Mulltuch oder Küchenkrepp in eine Schüssel abseihen. Die so entstandene Nußbutter, auch »Beurre noisette« genannt, leicht abkühlen lassen.

2. Für den Teig erst Milch und Mehl verrühren, dann die Eier zugeben und schließlich die Orangen- und Zitronenschale sowie den Vanillezucker und die Prise Salz untermischen. Mit dem elektrischen Handmixer anschließend die handwarme Nußbutter und das Öl unterrühren.

3. Den Palatschinkenteig 30 Minuten ruhen lassen, danach durch ein Haarsieb passieren. Die gußeiserne Pfanne mit Butterschmalz ausreiben und erhitzen. Eine kleine Portion Teig hineingeben und den Palatschinken hauchdünn ausbacken. Für jeden weiteren Palatschinken erst den Teig in die Pfanne geben, dann den Pfannenrand mit Butterschmalz dünn einpinseln. Die Palatschinken bis zu ihrer Verwendung zwischen Backpapier aufbewahren. Den Backofen auf 160° C vorheizen.

4. Für die Topfenfüllung den Quark mit Zucker, Eigelb, Puddingpulver, Orangen- und Zitronenschale und der flüssigen Butter glattrühren. Danach die geschlagene Sahne vorsichtig unterheben.

5. Die Topfenmasse auf die ausgebackenen Palatschinken dünn aufstreichen und die Rosinen darüberstreuen. Die Palatschinken zu Dreiecken falten, also zweimal zur Mitte hin einschlagen.

6. Die feuerfeste flache Form mit Butter einfetten. Dann die Topfenpalatschinken dachziegelartig hineinschichten und im Ofen in 10 Minuten fertiggaren.

MEHLSPEISEN

Topfenpalatschinken »Royale«

Für 6 Portionen
Zubereitungszeit: 20 Minuten

Für die Palatschinken:

Zutaten wie Topfenpalatschinken

(Rezept Seite 20)

Zusätzlich für den Guß:

260 ml Milch

60 g Crème fraîche

2 Eier, 100 g

30 g Vanillezucker

Für den geeisten Vanilleschaum:

250 g süße Sahne oder Vollmilch

1 Vanilleschote

50 g Zucker

5 Eigelb, 100 g (bei Vollmilch 6 Eigelb)

2 EL Vanilleeis

150 g süße Sahne

1. Die Topfenpalatschinken, wie in dem nebenstehenden Rezept angegeben, zubereiten. Für den Guß die Milch mit der Crème fraîche, den Eiern und dem Vanillezucker gut vermischen und durch ein Haarsieb passieren.

2. Die Topfenpalatschinken mit dieser »Royale« übergießen und noch weitere 10 bis 15 Minuten im auf 150°C heruntergeschalteten Backofen stocken lassen. Portionsweise anrichten oder in der Form zu Tisch bringen.

3. Am besten schmeckt dazu ein geeister Vanilleschaum. Dafür die Sahne oder Vollmilch mit der aufgeschnittenen Vanilleschote aufkochen. Den Zucker mit dem Eigelb gut verrühren und die gekochte Sahne unter ständigem Rühren in die Eiermasse einlaufen lassen. Diese Grundmasse auf dem Wasserbad zur Rose abziehen (siehe Glossar) und anschließend durch ein feines Sieb passieren. Die Sauce abkühlen lassen. Dann mit dem Stabmixer das Vanilleeis und die süße Sahne unterarbeiten. So lange kräftig aufmixen, bis ein schöner Schaum entsteht. Den Schaum von oben her abschöpfen und zum Dessert servieren.

MEHLSPEISEN

Eckart Witzigmann

Beim Topfenpalatschinken kommt es
im wesentlichen auf die Füllung und den Guß an,
die dem hauchdünnen Pfannkuchen seinen
besonderen Charakter verleihen. Bei mir zu Hause
wurden sie auch oft mit Marillenmarmelade
bestrichen und gerollt serviert.

MEHLSPEISEN

E CKART W ITZIGMANN

Dampfnudeln, in Tirol auch Sticknudeln genannt,
schmecken besonders gut mit Vanillesauce. Man kann die
Teigstücke auch wie die Profis rund »abschleifen«, also
wie Brötchen in der Hand auf dem Tisch abdrehen. Das ergibt
besonders schön geformte Dampfnudeln.

Dampfnudeln

Für 6 bis 8 Stück (6 bis 8 Portionen)
Zubereitungszeit: 2 Stunden
Ruhezeit: 1 Stunde 15 Minuten

80 g Zucker

450 ml Milch

30 g Hefe

500 g Mehl und Mehl zum Arbeiten

1 Ei, 50 g

2 Eigelb, 40 g

200 g Butter

5 g Salz

10 ml Rum

250 g Powidl (Rezept Seite 21)

1. Für den Vorteig 40 g Zucker in 100 ml lauwarmer Milch auflösen. Mit dem Schneebesen erst die Hefe, dann 100 g Mehl einrühren. Mit Mehl bestäuben und zugedeckt an einem warmen Ort gehen lassen, bis der Teig das Doppelte seines Volumens angenommen hat.
2. Anschließend in den Vorteig weitere 100 ml Milch, das restliche Mehl und die Eier einarbeiten. 120 g weiche, jedoch nicht flüssige Butter mit dem Salz und dem Rum verrühren und nach und nach unter den Teig kneten. Nun kräftig kneten und schlagen, bis er geschmeidig (»flaumig«) ist. Mit Mehl bestäuben und zugedeckt weitere 20 Minuten an einem warmen Ort gehen lassen.
3. Unterdessen die restliche Butter in einer Stielkasserolle auflösen. Vom Herd nehmen, 250 ml Milch und 40 g Zucker einrühren und alles kurz aufkochen. Den Hefeteig erneut zusammenschlagen und kneten, nochmals 20 Minuten gehen lassen.
4. Den Backofen auf 170° C Oberhitze und 220° C Unterhitze vorheizen. (Lassen sich Unter- und Oberhitze beim Backofen nicht verschieden temperieren, auf den Backofenboden ein umgedrehtes Backblech legen.)
5. Ist der Teig genug gegangen, rollt man ihn auf einer bemehlten Fläche 1,5 cm dick aus. Kreise von 6 cm Durchmesser ausstechen. Powidl in den Spritzbeutel mit kleiner Lochtülle geben und jeweils eine Portion in die Teigkreise füllen. Die entstandenen Öffnungen im Teig zusammendrücken.
6. Etwas Milch in eine eckige Jenaer Glasform mit Deckel eingießen. Die Nudeln mit den Öffnungen nach unten nebeneinander hineinsetzen. Mit der restlichen Milch übergießen und zugedeckt 15 Minuten gehen lassen. (Die Spalte zwischen Deckel und Glasform mehrmals mit einem Streifen Alufolie umwickeln, so daß kein Dampf entweichen kann.) Die Dampfnudeln auf den Boden des Backofens stellen, oben ein zweites Blech einschieben, damit die Dampfnudeln keine Farbe bekommen. Nach 8 bis 10 Minuten den Backofen ausschalten.
7. Die Dampfnudeln nach 25 bis 30 Minuten aus dem Ofen nehmen und 5 Minuten stehen lassen. Sie sind gelungen, wenn sie oben hell sind und sich unten eine schöne Milch-Zucker-Kruste gebildet hat.

MEHLSPEISEN

Mohnnudeln

Für 50 Stück (5 bis 6 Portionen)
Zubereitungszeit: 1 Stunde 15 Minuten

Für die Nudeln:

250 g passierte, ausgedämpfte, mehligkochende Kartoffeln

250 g Speisequark, 20 % Fett i. Tr.

1 Eigelb, 20 g

25 g Hartweizengrieß

25 g Mehl

Salz

1 Prise Zucker

Puderzucker zum Bestäuben

Für die Mohnbutter:

60 g Mohn

120 g Butter

abgeriebene Schale von
1/2 unbehandelten Orange

Mark von 1/2 Vanillestange

1 Prise gemahlener Zimt

1 TL Akazienhonig

MEHLSPEISEN

1. Die passierten, ausgedämpften Kartoffeln mit dem Quark, dem Eigelb, dem Grieß, dem Mehl und je 1 Prise Salz und Zucker zu einem geschmeidigen Teig verarbeiten. Danach zu einem 2 cm dicken Strang ausrollen, in etwa 50 Stücke teilen und zu kleinen länglichen, an den Enden spitzen Nudeln formen.

2. In einem großen Topf reichlich Wasser mit 1 gehäuften TL Salz zum Kochen bringen und die Nudeln darin in Portionen zu je 15 Stück garen, bis sie nach oben gestiegen sind. Anschließend in bereitgestelltem Eiswasser abschrecken.

3. Den Mohn in einer speziellen Mohnmühle mahlen oder im Blitzhacker sehr fein zerkleinern. Die Butter aufschäumen und den Mohn hineinrühren. Alles leicht köcheln lassen, dann die abgeriebene Orangenschale, das Vanillemark und den Zimt hinzufügen. Nun die fertiggegarten Nudeln in der Mohnbutter schwenken und erst zuletzt den Honig ohne weiteres Kochen untermischen.

4. Die Mohnnudeln in der Mohnbutter schwenken und mit Puderzucker überstäuben. Dazu schmeckt ein Birnenkompott mit Vanillesauce (Rezept Seite 26) sehr gut.

> **D**ie Kartoffeln am besten in der Schale kochen. Wenn sie gar sind, pellen, halbieren und mit den Schnittflächen nach oben im auf 75° C vorgeheizten Backofen 10 Minuten ausdämpfen lassen. So erhalten die Kartoffeln die optimale Konsistenz für Mohnnudeln und Zwetschgenknödel.

MEHLSPEISEN

ECKART WITZIGMANN

★ ★ ★

In meiner Kindheit wurden die Mohnnudeln wie alle klassischen Mehlspeisen als Hauptgericht nach einer Suppe gereicht. Dabei sorgten die Zutaten für ein preiswertes und sättigendes Gericht. Diese mit Quark zubereitete Variante ist wesentlich leichter und eignet sich auch als Dessert.

Arme Ritter

Für 6 Stück
Zubereitungszeit: 1 Stunde 15 Minuten

Für die Armen Ritter:

20 g Zucker
250 ml Milch
1 Vanilleschote
1 Prise gemahlener Zimt
50 g geröstete gehobelte Mandeln
40 ml Rum
150 g Weißbrot oder Brioche
60 g Powidl (Rezept Seite 215) oder schwarzes Johannisbeergelee
1 Ei, 50 g
15 g geschlagene Sahne (etwa 2 EL)
50 g geklärte Butter, ersatzweise Butterschmalz

Für die Vanillesauce:

250 g süße Sahne oder Vollmilch
1 Vanilleschote
50 g Zucker
5 Eigelb, 100 g (bei Vollmilch 6 Eier)

1. Zuerst den Zucker in einen Topf geben, Milch daraufgießen, so brennt die Milch später nicht an. Die Vanilleschote aufschneiden, das Mark auskratzen und beides mit dem Zimt zur Milch geben. Alles einmal aufkochen lassen. Dann die Mandeln hinzugeben und 30 Minuten ziehen lassen. Die Vanilleschote herausnehmen und die Mandelmilch mit einem Handmixer pürieren, durch ein Haarsieb passieren und den Rum untermengen.

2. In der Zwischenzeit das Weißbrot von der Rinde befreien und in etwa 1 cm dicke Scheiben schneiden. Diese Scheiben in die lauwarme Mandelmilch einlegen. Wenn das Weißbrot gut durchgezogen ist, herausnehmen und leicht ausdrücken.

3. Nun je zwei Scheiben mit dem Mus oder dem Gelee zusammensetzen und leicht nachformen. Die Weißbrotrinde im Blitzhacker zu nicht zu feinen Semmelbröseln verarbeiten.

4. Das Ei mit der geschlagenen Sahne verrühren. Die Brote darin wenden und anschließend mit den Semmelbröseln panieren. In geklärter Butter von beiden Seiten goldbraun ausbacken.

5. Für die Sauce Sahne oder Vollmilch mit der aufgeschnittenen Vanilleschote aufkochen. Zucker und Eigelb gut verrühren und die gekochte Sahne unter ständigem Rühren in die Eiermasse einlaufen lassen. Diese Grundmasse auf dem Wasserbad zur Rose abziehen (siehe Glossar) und anschließend durch ein feines Sieb passieren. Die Sauce abkühlen lassen und nach Wunsch mit etwas Milch verdünnen.

Zu den Armen Rittern, die in manchen Gegenden auch Pofesen oder Kartäuserknödel genannt werden, paßt ein Zwetschgenröster oder ein Beerenragout mit Vanillesauce (Rezepte Seite 214, 61 und 26).

Wiener Wäschermädel

Für 4 Portionen
Zubereitungszeit: 40 Minuten
Ruhezeit: 30 Minuten

8 Aprikosen oder Marillen

20 g Puderzucker

60 ml Marillenlikör (Aprikosenlikör)

125 ml trockener Weißwein

125 g Mehl, Type 550

25 ml Öl

1 Eigelb, 20 g

Fritierfett zum Ausbacken, z. B. Biskin

80 g Rohmarzipan

1 Eiweiß, 30 g

15 g Zucker

1 Prise Salz

Weizenstärkemehl zum Wenden

Puderzucker zum Bestäuben

1. Die Aprikosen kurz blanchieren, in Eiswasser abschrecken, die Haut abziehen und die Früchte trockentupfen. Auf der Seite mit der Narbe einschneiden und die Steine herauslösen. Die Aprikosen mit dem Puderzucker und dem Likör marinieren.
2. Weißwein, Mehl und Öl gründlich verrühren, dann das Eigelb untermengen. Den Teig 30 Minuten ruhen lassen. Danach das Fett in der Friteuse auf 180° C erhitzen.
3. Aus dem Marzipan 8 kleine Kugeln formen und sie anstelle der Steine in die Aprikosen füllen. Das Eiweiß mit dem Zucker und der Prise Salz zu einem cremigen Schnee aufschlagen und unter den Teig heben.
4. Die gefüllten Aprikosen kurz im Weizenstärkemehl wenden, überschüssige Stärke gründlich abklopfen. So hält der Teig anschließend besser. Die Aprikosen mit Hilfe eines Zahnstochers durch den Teig ziehen.
5. Die Wiener Wäschermädel schwimmend im heißen Fett goldgelb fritieren. Dabei mit einem trockenen Holzlöffel hin und wieder umrühren, damit sie schön gleichmäßig bräunen. Zum Entfetten anschließend auf Küchenkrepp setzen. Die Wäschermädel mit Puderzucker bestäuben und nach Geschmack mit Vanillesauce servieren (Rezept Seite 26).

MEHLSPEISEN

ECKART WITZIGMANN

Dieses Rezept wurde in den 60er Jahren
als Pendant zu den Schlosserbuben anläßlich eines
Festivals niederösterreichischer Mehlspeisen von
Kommerzialrat Winkler kreiert. Die Wiener Wäschermädel
genossen in der K. K.-Zeit besondere Reputation,
sogar ein eigener Ball wurde für sie veranstaltet.

MEHLSPEISEN

Kaiserschmarrn

Für 3 Portionen
Zubereitungszeit: 40 Minuten
Foto: Seite 29

30 g Mehl

100 ml Milch

1 Prise Salz

1 Prise Vanillezucker

abgeriebene Schale von

1/8 unbehandelter Zitrone

10 ml Strohrum, 80 Vol.%

3 Eier, 150 g

10 g geklärte Butter oder Butterschmalz

20 g Rosinen

30 g frische Butter

30 g Puderzucker

1. Den Backofen auf 200°C vorheizen. Das Mehl mit Milch, Salz, Vanillezucker, Zitronenschale und Rum glattrühren. Die Eier nur leicht unter den Teig ziehen, nicht verschlagen.
2. Die geklärte Butter in einer Teflonpfanne mit feuerfestem Griff leicht erhitzen. Den Teig hineingeben und mit den Rosinen bestreuen. Die Pfanne in den Ofen schieben. Wenn der Teig an der Oberfläche trocken wird, 10 g frische Butter zugeben und die Teigplatte wenden.
3. Wenn der Schmarrn eine schöne Farbe bekommen hat, ihn mit zwei Gabeln in rhombenförmige Stücke reißen. 20 g Puderzucker darüberstäuben und 20 g Butter, in feine Scheiben geschnitten, auf dem Schmarrn verteilen.
4. Das Gericht erneut in den Backofen schieben und bei starker Oberhitze oder unter dem Grill zart karamelisieren lassen. Den Kaiserschmarrn vor dem Anrichten mit dem restlichen Puderzucker bestäuben. Als Beilage gedünstete Apfel- oder Birnenspalten oder Zwetschgenröster (Rezept Seite 214) servieren.

Rahmschmarrn

Für 4 Portionen
Zubereitungszeit: 40 Minuten

100 g süße Sahne

4 Eigelb, 80 g

1 Prise Vanillezucker

abgeriebene Schale von

1/8 unbehandelter Zitrone

10 ml Strohrum, 80 Vol.%

50 g Mehl

4 Eiweiß, 120 g

50 g Zucker

1 Prise Salz

20 g geklärte Butter oder Butterschmalz

10 g frische Butter

30 g Puderzucker

1. Den Backofen auf 200°C vorheizen. Die Sahne mit dem Eigelb, dem Vanillezucker, der Zitronenschale, dem Strohrum und dem Mehl zu einem glatten Teig verrühren. Das Eiweiß mit dem Zucker und der Prise Salz zu steifem Schnee aufschlagen.
2. Die geklärte Butter in einer ofenfesten Teflonpfanne leicht erhitzen und den Teig hineingeben. Die Pfanne dann in den Ofen stellen. Wenn der Teig an der Oberfläche trocken wird, mit einer Palette vierteln und jedes Stück umdrehen. Die frische Butter in Scheiben auf dem Schmarrn verteilen und alles nochmals kurz in den Ofen geben.
3. Hat der Rahmschmarrn von beiden Seiten eine schöne Farbe angenommen, wird er mit zwei Gabeln in rhombenförmige Stücke zerrissen. 20 g Puderzucker überstäuben und im Backofen bei starker Oberhitze oder unter dem Grill karamelisieren. Mit dem restlichen Puderzucker bestreut serviert.

Rahmschmarrn schmeckt cremiger als der Kaiserschmarrn – eine Alternative, die sich lohnt auszuprobieren.

MEHLSPEISEN

Scheiterhaufen

Für 4 Portionen
Zubereitungszeit: 1 Stunde 30 Minuten
Ruhezeit: 12 Stunden

Für den Teig:

4 ungeschwefelte gedörrte Aprikosen

75 g Zucker

40 ml Aprikosenlikör

120 g ungesalzene Süßrahmbutter

4 hausgemachte Brioches zu je 20 g (Rezept Seite 204)

30 ml warme Milch

4 säuerliche Äpfel, z. B. Boskop

Schale von 1 unbehandelten Orange oder Mandarine

Butter für die Form

Zimtzucker (5 TL Zucker vermischt mit 1/2 TL gemahlenem Zimt)

Für den Eierguß:

1 Ei, 50 g

125 ml lauwarme Milch

20 g Zucker

Außerdem:

Reste von Biskotten, wenn vorhanden

Puderzucker zum Bestäuben

1/2 Portion Vanillesauce (Rezept Seite 26)

1. Die Dörraprikosen in Wasser einweichen. 100 ml Wasser mit dem Zucker kräftig aufkochen und die Aprikosen darin durchkochen. Gut auskühlen lassen und über Nacht in Aprikosenlikör marinieren.
2. Die Butter vorsichtig erwärmen und den Schaum abschöpfen. Die geklärte Butter durch ein Mulltuch abseihen. Die Brioches in 0,5 cm dicke Scheiben schneiden und auf einem Blech anordnen. Die Scheiben mit der warmen Milch leicht benetzen.
3. Die Äpfel schälen, halbieren, die Kerngehäuse entfernen und die Äpfel in 0,5 cm dicke Scheiben schneiden. Die Orangenschale ohne die weiße Innenhaut sehr fein hacken, in kochendem Wasser einmal aufkochen und in einem Sieb abtropfen lassen. Die Aprikosen in feine Streifen schneiden, mit den Orangenzesten vermischen und dem Aprikosenlikör beträufeln.
4. Vier feuerfeste Förmchen von 12 cm Durchmesser mit weicher Butter gut ausstreichen und mit Zimtzucker ausstreuen. In einer beschichteten Pfanne etwas von der geklärten Butter erhitzen, die Briochescheiben von beiden Seiten goldgelb backen und zum Entfetten auf Küchenkrepp legen. In weiterer geklärter Butter nach und nach die Apfelscheiben goldgelb braten.
5. Den Backofen auf 200° C vorheizen. Für den Eierguß die Zutaten verquirlen. Nun schichtweise abwechselnd Apfel- und Briochescheiben hübsch in den Förmchen anordnen. Jede Schicht mit der Mischung aus Aprikosen und Orangenzesten bestreuen. Falls vorhanden, auch den Biskottenbruch darüberstreuen.
6. Mit einer Schicht Brioche abschließen und mit Eierguß auffüllen. Die Förmchen mit Alufolie zudecken und 20 Minuten backen. Danach 10 Minuten ruhen lassen.
7. Die Scheiterhaufen auf Dessertteller stürzen, mit Puderzucker bestäuben und unter dem Grill bei starker Oberhitze glasieren. Mit Vanillesauce umgossen servieren.

Eine delikate Alternative zu den Äpfeln ist süßer Kürbis. Dafür die gleiche Menge geschälten Kürbis auf der Aufschnittmaschine in sehr dünne Scheiben schneiden. Diese in der Pfanne mit wenig Butter und Zucker, 1 Msp feingehacktem frischen Ingwer sowie etwas Wasser kurz weichdünsten und auf Küchenkrepp trocknen lassen. Weiterverarbeiten wie die Äpfel.

Besoffener Kapuziner

Für 1 Springform von 26 cm Durchmesser
Zubereitungszeit: 45 Minuten
Ruhezeit: 12 Stunden

Für den Teig:

4 Eier, 200 g

120 g Zucker

150 g Hartweizengrieß

50 g geschälte und feingeriebene Mandeln

50 g flüssige Butter und Butter für die Form

Semmelbrösel für die Form

Zum Tränken:

1 Blatt weiße Gelatine

280 ml trockener Weißwein

100 g Zucker

Saft von je 1 Orange und Zitrone

1 Vanilleschote

1 Zimtstange

40 ml Rum

50 g Glukose

1. Die Eier mit dem Zucker im Wasserbad weißschaumig aufschlagen, bis sie die Temperatur von 45°C erreicht haben. Dann vom Herd nehmen und mit dem elektrischen Handmixer so lange schlagen, bis sie abgekühlt sind. Den Backofen auf 170°C vorheizen.
2. Nun vorsichtig Grieß, geriebene Mandeln und die flüssige Butter unterheben. Die Springform mit Butter einfetten und mit Semmelbröseln dünn ausstreuen. Die Masse hineinfüllen und 40 bis 50 Minuten backen.
3. Die Gelatine in etwas Wasser einweichen. Unterdessen Weißwein, Zucker, Orangen- und Zitronensaft mit der aufgeschnittenen Vanilleschote und der Zimtstange zum Kochen bringen. Alles kurz durchkochen lassen, vom Herd ziehen. Erst dann den Rum, die ausgedrückte Gelatine und die Glukose hinzufügen. Auskühlen lassen und durch ein feines Sieb abseihen.
4. Den fertigen Kuchen aus dem Ring nehmen, auf eine Platte setzen und mit der Flüssigkeit beträufeln. Den Kuchen gut auskühlen lassen (am besten über Nacht), dabei zweimal wenden, damit sich die Flüssigkeit gut verteilt. Mit Schlagobers servieren.

MEHLSPEISEN

E CKART W ITZIGMANN

Zum Besoffenen Kapuziner gibt es folgende K.K.-Legende:
Als lebensfrohe Anhänger ihres Klosters waren die Kapuzinermönche
dem Wein nicht abgeneigt. Als sie eines Tages Besuch vom Kardinal
erwarteten, wurde ein großes Essen vorbereitet. Die Klosterköche backten
auch einen Kuchen, welcher mit Grieß und Nüssen zubereitet wurde.
Jedoch war auch hier wieder der Krug mit dem Lieblingswein
der Mönche mit in der Küche. Der Krug fiel um und tränkte den Kuchen
mit dem Weißwein. Bis heute ist nicht geklärt, ob der Krug
unter Alkoholeinfluß umgestoßen wurde. Sicher ist jedoch, daß
der Kardinal von dieser neuen Kuchenkreation begeistert war.

MEHLSPEISEN

ECKART WITZIGMANN

★ ★ ★

Der echte Salzburger Apfelstrudel
wird vor dem Backen mit
leicht gezuckerter, warmer Milch übergossen,
damit er schön saftig bleibt.

Altwiener Apfelstrudel

Für 1 Reine von 30 bis 35 cm Länge
Zubereitungszeit: 2 Stunden
Ruhezeit: 1 Stunde

Für den Teig:

300 g Mehl, Type 405

150 ml lauwarmes Wasser

50 ml Pflanzenöl

5 g Salz

80 g geklärte Butter oder Butterschmalz zum Bestreichen

Für die Füllung:

1200 g aromatische Äpfel,

z. B. Cox Orange

60 g Butter

120 g Briochebrösel (Rezept Seite 12)

100 g Zucker

Saft und abgeriebene Schale von

1 unbehandelten Zitrone

abgeriebene Schale von

1 unbehandelten Orange

80 g feingehackte Walnüsse

1 TL gemahlener Zimt

60 g Rosinen

30 ml Rum

250 g Sauerrahm

1. Das Mehl sieben. Alle Zutaten für den Teig mit der Hand oder einer Küchenmaschine zu einem ganz glatten Teig verkneten. Den Teig zu einer Kugel formen, dünn mit Öl einreiben und in Klarsichtfolie wickeln. 1 Stunde bei Zimmertemperatur ruhen lassen.
2. Für die Füllung die Äpfel schälen, vierteln, entkernen und in nicht zu feine Scheiben schneiden. Die Butter aufschäumen lassen und die Briochebrösel darin goldbraun anrösten. Ein Drittel der Brösel aus dem Topf nehmen. Ein Drittel der Äpfel zu den Bröseln in dem Topf geben und mit anrösten bzw. kurz mit erhitzen.
3. Nun Zucker, Zitrussaft und -schalen, Walnüsse, Zimt, Rosinen und Rum hinzufügen und alles gut vermengen. Diese Mischung unter die rohen Äpfel mengen.
4. Ein großes Tuch auf einem Tisch ausbreiten und mit Mehl bestäuben. Den Teig mit dem Rollholz etwas flach rollen. Dann mit bemehlten Händen von innen nach außen über die beiden Tischkanten hinaus sehr dünn ausziehen. Der Strudelteig soll so dünn sein, daß man durch ihn hindurch Zeitung lesen kann.
5. Dann den Teig mit einem Teil flüssiger, warmer, aber nicht heißer Butter bestreichen, damit er später schön blättrig wird.
6. Den Backofen auf 220° C vorheizen. Eine Reine mit Butter einpinseln. Die restlichen Butterbrösel als Strang auf eine Seite des Strudelteiges geben und darauf die Apfelfüllung verteilen. Obenauf den Sauerrahm gießen. Nun den Strudel mit Hilfe des Tuches etwa drei- bis fünfmal zusammenrollen. Sollte beim Aufrollen Mehl auf dem Teig haften, dieses mit einem trockenen Pinsel abstreifen.
7. Den Strudel in die Reine legen und die Oberfläche mit geklärter Butter bestreichen. Auf der mittleren Schiene des Ofens 20 bis 30 Minuten backen. Zwischendurch immer wieder mit Butter einpinseln.

> In Österreich werden auch gerne statt der Briochebrösel Reste von Vanillekipferln oder Biskotten (Löffelbiskuits) verwendet.

MEHLSPEISEN

Rhabarberstrudel

Für 1 Reine von 30 bis 35 cm Länge
Zubereitungszeit: 2 Stunden
Ruhezeit: 1 Stunde

Für den Teig:
Alle Zutaten wie beim
Altwiener Apfelstrudel (Rezept Seite 33)

Für die Füllung:
1200 g Erdbeerhabarber (junger, roter Rhabarber)
2 Vanilleschoten
2 Zimtstangen
200 g tiefgekühlte Himbeeren
400 g Zucker

Für die Crème pâtissière:
125 ml Milch
30 g Zucker
1 Eigelb, 20 g
10 g Vanillepuddingpulver
30 g Butter

Für die Mandelmasse:
125 g zimmerwarme Butter
125 g Puderzucker
2 Eier, 100 g
125 g geschälte feingeriebene Mandeln
25 g Mehl
5 ml Rum

1. Strudelteig und Verarbeitung wie Altwiener Apfelstrudel, Schritte 1 und 4 bis 7.

2. Den Backofen auf 200°C vorheizen. Den Rhabarber kalt abspülen, die Stangen in 2 bis 3 cm lange Stücke schneiden, ohne sie zu schälen. Die Rhabarberstücke mit den aufgeschnittenen Vanilleschoten und den Zimtstangen in eine flache Pfanne mit feuerfestem Griff legen und die gefrorenen Himbeeren darübergeben.

3. 100 ml Wasser mit dem Zucker 2 bis 3 Minuten kochen und über das Obst gießen. (Der Zucker muß so weit eingekocht sein (121°C), daß er nach dem Übergießen der Himbeeren und des Rhabarbers schnell fest wird.) Anschließend die Pfanne mit einem Deckel oder Alufolie abdecken und 15 bis 20 Minuten in den Ofen geben. Die Garzeit richtet sich nach der Dicke der Rhabarberstücke, sie dürfen auf keinen Fall zerfallen.

4. Für die Crème pâtissière etwas von der Milch mit dem Zucker, dem Eigelb und dem Vanillepuddingpulver vermischen. Die restliche Milch aufkochen und in die vorbereitete Mischung rühren. Alles zurück in den Topf geben und noch einmal aufkochen lassen. Danach die Creme unter Zugabe der Butter kalt rühren.

5. Für die Mandelmasse die Butter mit dem Zucker weißschaumig aufschlagen. Die Eier nacheinander einlaufen lassen. Zum Schluß die geriebenen Mandeln mit dem Mehl vermischen, unter die Buttermasse ziehen und den Rum untermengen.

6. Den fertiggegarten Rhabarber gut abtropfen lassen, Vanilleschoten und Zimtstangen entfernen. Die abgekühlte Crème pâtissière mit der Mandelmasse vermischen und alles unter den Rhabarber heben. Die Füllung in den Strudel einschlagen und backen, wie im Rezept zuvor beschrieben.

> Junger roter Rhabarber braucht nie geschält zu werden, auch junger grüner Rhabarber nur nach Wunsch. Doch Vorsicht: Nach dem 17. Juni geernteter Rhabarber muß immer geschält werden, da die dünne Schale dann zuviel Blausäure enthält und giftig ist.

Schmärstrudel

Für 1 Strudel von etwa 40 cm Länge
Zubereitungszeit: 60 Minuten
Ruhezeit: 2 Stunden

Für den Teig:

4 Eigelb, 80 g

80 g Schmär bzw.

Schweineschmalz aus Flomen

15 ml trockener Weißwein

15 g Vanillezucker

etwas abgeriebene Schale von

1 unbehandelten Zitrone

1 Prise Salz

160 g Mehl und Mehl zum Arbeiten

Zum Füllen:

200 g rote Johannisbeermarmelade

Zum Bestreichen:

1 Eigelb

90 ml Milch

je 1 Prise Salz und Zucker

Puderzucker zum Bestreuen

1. Den Teig wie einen Mürbeteig zubereiten. Dafür nach und nach das Eigelb unter das Schmalz arbeiten, Weißwein und Gewürze dazugeben. Zum Schluß kurz das Mehl unterkneten und den Teig 2 Stunden zugedeckt kühl ruhen lassen.

2. Den Backofen auf 200° C vorheizen. Den Strudelteig auf einer bemehlten Fläche messerrückendick zu einem Rechteck ausrollen. Die Marmelade in die Mitte geben und die Längsseiten übereinanderschlagen. Eigelb, Milch, Salz und Zucker miteinander verquirlen und den Teig damit bestreichen. Die Kanten des Strudels damit festkleben.

3. Den Strudel nach Belieben mit Ornamenten aus Teigresten verzieren und ebenfalls mit der Eimilch bestreichen. Den Strudel für 30 Minuten in den Ofen schieben. Vor dem Servieren mit Puderzucker bestreuen und unbedingt warm servieren.

Die Rezeptangabe bezieht sich auf fertiges, ausgelassenes Schmalz, das über Nacht im Kühlschrank erkaltet ist. Es gibt dem Schmärstrudel seinen besonderen, sehr aromatischen Geschmack.

MEHLSPEISEN

ECKART WITZIGMANN

Schmär ist Schweinefett, genau gesagt Schweineflomen aus der Nierengegend. Dieses Fett wird klein geschnitten oder durch die grobe Scheibe des Fleischwolfs gedreht. Anschließend wird es mit wenig Wasser in einem mittelgroßen Topf zu Schmalz gekocht. Nützlich für einen Test ist ein Stück alte Semmel, das man ins Fett gibt: Färbt es sich braun, ist genügend Wasser aus dem Fett ausgetreten und das Schmalz fertig.

MEHLSPEISEN

Liwanzen

Für 6 bis 8 Stück
Zubereitungszeit: 50 Minuten
Ruhezeit: 1 Stunde
Besondere Geräte: Liwanzenpfanne (eine gußeiserne Pfanne mit runden Vertiefungen) oder 1 Teflonpfanne mit ofenfestem Griff und Ringe von 8 cm Durchmesser

10 g Butter
10 g Hefe
160 ml lauwarme Milch
60 g Mehl
60 g Vollkornmehl
1 Eigelb, 20 g
Mark von ½ Vanilleschote
abgeriebene Schale von ¼ unbehandelten Zitrone
1 Eiweiß, 30 g
15 g Zucker
1 Prise Salz
80 g geklärte Butter oder Butterschmalz
100 g Powidl (Rezept Seite 215)
Puderzucker zum Bestäuben

1. Die Butter in einem kleinen Topf schmelzen, die Hefe in der Milch auflösen. Das gesiebte Mehl mit dem Vollkornmehl in der Hefemilch glattrühren. Dann das Eigelb, Vanillemark, Zitronenschale und die flüssige Butter hinzugeben und alles verrühren.

2. Den Teig zugedeckt bei Zimmertemperatur einmal gehen lassen (das dauert etwa 1 Stunde). Dann mit dem Schneebesen wieder zusammenrühren. Das Eiweiß mit dem Zucker und der Prise Salz zu cremig festem Schnee aufschlagen. Den Eischnee unter den Hefeteig heben. Den Backofen auf 200° C vorheizen.

3. In der speziellen Liwanzenpfanne die geklärte Butter erhitzen und portionsweise Teig in die Vertiefungen geben. Wenn die Liwanzen von unten goldbraun sind, mit der Fleischgabel wenden und für 5 Minuten in den Backofen schieben.

4. Werden die Liwanzen in Ringen zubereitet, diese gut ausbuttern und in die Pfanne setzen. Nun den Teig hineinfüllen und die Pfanne kurz in den Backofen schieben. Wenn die Oberflächen der Liwanzen leicht angetrocknet sind, aus dem Ofen nehmen und reichlich Butter in die Pfanne geben. Die Ringe entfernen, die Liwanzen sofort umdrehen und in der Pfanne auf dem Herd fertigbacken.

5. Etwas Powidl auf die Liwanzen geben und diese mit Puderzucker bestäuben.

MEHLSPEISEN

E CKART W ITZIGMANN

Liwanzen sind eine Spezialität, die wir den Böhmen
zu verdanken haben. Sie sind auch bekannt unter dem Namen
»Böhmische Dalken«. Man kann sie zum Schluß auch
mit Topfen, angerührt mit Milch und Zucker, begießen
oder mit geriebenen Lebkuchen bestreuen.

Crêpes »Thomalla«

Für 4 Personen
Zubereitungszeit: 45 Minuten
Ruhezeit: 30 Minuten

---

170 g Butter

370 ml Milch

150 g Mehl

4 Eier, 200 g

abgeriebene Schale von je

1 unbehandelten Zitrone und Orange

20 g Vanillezucker

1 Prise Salz

50 ml geschmacksneutrales Pflanzenöl

60 g geklärte Butter oder Butterschmalz

200 g Powidl (Rezept Seite 215)

40 g Zucker

1 Messerspitze gemahlener Zimt

160 g Crème fraîche

80 ml Slivovitz (Pflaumenschnaps)

MEHLSPEISEN

1. Die Butter vorsichtig erhitzen, den Schaum abschöpfen und die Butter leicht bräunen. Hat sie genug Farbe angenommen, sofort durch ein Mulltuch in eine Schüssel abseihen. Die so entstandene Nußbutter leicht abkühlen lassen.
2. Milch und Mehl verrühren, dann die Eier zugeben und schließlich die Orangen- und Zitronenschale sowie den Vanillezucker und die Prise Salz untermischen. Mit dem elektrischen Stabmixer anschließend die handwarme Nußbutter und das Öl untermixen.
3. Den Crêpeteig 30 Minuten ruhen lassen, danach durch ein Haarsieb passieren. Die gußeiserne Pfanne mit geklärter Butter ausreiben und erhitzen. Eine kleine Portion Teig hineingeben und die Crêpe hauchdünn ausbacken. Für jede weitere Crêpe erst den Teig in die Pfanne geben, dann den Pfannenrand mit Butterschmalz dünn einpinseln. Die Crêpes bis zu ihrer Verwendung zwischen Backpapier aufbewahren. Den Backofen auf 75° C vorheizen.
4. Die Crêpes mit Powidl bestreichen und zusammenrollen. Zucker und Zimt mischen, die Hälfte davon auf die Crêpes streuen und diese im Backofen warm stellen.
5. Auf 4 vorgewärmte Teller je 4 EL Crème fraîche anrichten und je 4 Crêpesrollen darauf legen. Den restlichen Zimtzucker darüber streuen. Den Slivovitz in einem kleinen Topf erwärmen und anzünden. Die vorbereiteten Crêpes damit flambieren und sofort servieren.

ECKART WITZIGMANN

Benannt sind diese Crêpes nach dem Schauspieler und Koch Georg Thomalla. Er kam in die »Aubergine« und bestellte sich dieses Dessert, welches er aus seiner Heimat noch kannte.

Powidltascherl mit Quarkteig

Zutaten für 16 bis 20 Stück
(4 bis 5 Portionen)
Zubereitungszeit: 1 Stunde
Ruhezeit: 3 Stunden

60 g weiche Butter

1 Ei, 50 g

abgeriebene Schale von

1/2 unbehandelten Zitrone

Salz

250 g leicht ausgedrückter Magerquark

170 g Mehl, Type 550, und

Mehl zum Arbeiten

150 g Powidl (Rezept Seite 215)

1 Eigelb, 20 g

30 ml Milch

1 Prise Zucker

1 Portion Briochebrösel (Rezept Seite 12)

15 g Puderzucker

1. Butter, Ei, Zitronenschale und 1 Prise Salz glattrühren. Quark und Mehl zufügen und alles gut durcharbeiten und durchkneten. Den Teig abgedeckt 3 Stunden im Kühlschrank ruhen lassen.
2. Vor dem Weiterarbeiten eine Probe kochen, um festzustellen, ob der Teig zu weich ist. In diesem Fall gibt man noch etwas Mehl hinzu, ist er zu fest, etwas Butter.
3. Den gekühlten Teig etwa 3 mm dick ausrollen und Kreise mit einem Durchmesser von 8 cm ausstechen. In die Mitte der Kreise jeweils 1 TL Powidl geben.
4. Eigelb mit Milch, je 1 Prise Salz und Zucker verquirlen und die Teigränder damit einstreichen. Ränder übereinander schlagen und gut verschließen.
5. In einem genügend großen Topf reichlich Wasser mit etwas Salz zum Kochen bringen. Den Topf vom Herd ziehen und die Tascherl darin 5 Minuten zugedeckt garziehen lassen.
6. Danach mit der Schaumkelle herausnehmen und leicht trockentupfen. Mit Briochebrösel und Puderzucker bestreut servieren.

MEHLSPEISEN

ECKART WITZIGMANN

Powidl ist sozusagen das Herz vieler österreichisch-böhmischer Schmankerl aus Mehl-Kartoffel-Teig, wie auch bei diesen Tascherln. Da liefert ein fertiggekauftes Pflaumenmus lange keinen Ersatz. Deshalb rate ich, in der Herbstzeit unbedingt ausreichend Powidl herzustellen, denn es schmeckt auch hervorragend auf einem guten Brot.

Salzburger Nockerln

Für 4 Portionen
Zubereitungszeit: 40 Minuten

150 ml Milch
1/2 Vanilleschote
Butter für die Form
1/2 TL Zitronensaft
7 Eiweiß, 210 g
1 Prise Salz
80 g Zucker
4 Eigelb, 80 g
abgeriebene Schale von 1 unbehandelten Zitrone
10 g Vanillezucker
10 g Mehl
10 g Weizenstärkemehl
Puderzucker zum Bestäuben

1. Die Milch mit der aufgeschnittenen Vanilleschote aufkochen, vom Herd nehmen und 30 Minuten durchziehen lassen, Schote entfernen. Eine ovale feuerfeste Form ausbuttern und dünn mit der Vanillemilch ausgießen. Die Schüssel, in der das Eiweiß aufgeschlagen werden soll, mit Zitronensaft ausreiben. So werden alle Fettrückstände entfernt und der Eischnee kann optimal gelingen.
2. Das gekühlte Eiweiß in die Schüssel geben, mit dem Salz und ein Drittel des Zuckers bei mittlerer Geschwindigkeit des elektrischen Handmixers fast vollständig fest aufschlagen. Dann langsam den restlichen Zucker einlaufen lassen. Weiterschlagen, bis das Eiweiß cremig fest ist. Schließlich noch kurz auf höchster Stufe schlagen, damit das Eiweiß an Volumen gewinnt.
3. Den Backofen auf 250° C vorheizen. Jetzt Eigelb, Zitronenschale, Vanillezucker, Mehl und Weizenstärkemehl auf den Eischnee geben. Die Zutaten mit dem Schneebesen in drei bis vier Bewegungen unterheben. Dies läßt sich auch gut mit der Hand mit gespreizten Fingern durchführen. Dabei dreimal durch den Schnee fahren.
4. Nun mit einer Teigkarte 4 typische pyramidenförmige Nockerln abheben und nebeneinander in die Form setzen. Für 10 bis 12 Minuten in den Ofen stellen. Mit Puderzucker bestäubt servieren. Gut dazu paßt Preiselbeerkompott (Rezept Seite 211). Die Nockerln schmecken auch hervorragend, wenn man sie auf einem Bett aus Preiselbeerkompott gart.

E CKART W ITZIGMANN

Ursprünglich wurden die Salzburger Nockerln
in geklärter Butter gebraten. Dafür 30 g geklärte Butter in einer
Teflonpfanne bei Mittelhitze schmelzen und die pyramiden-
förmigen Nockerln unter zweimaligem Wenden hellgolden braten.
Ebenfalls mit Puderzucker bestreut servieren.

MEHLSPEISEN

PUDDINGE, OMELETTS UND SOUFFLÉS

PUDDINGE, OMELETTS UND SOUFFLÉS

Topfensoufflé

Für 8 Portionen
Zubereitungszeit: 50 Minuten
Foto: Umschlag Vorderseite

Butter für die Förmchen
---
60 g Zucker und

Zucker für die Förmchen
---
200 g Magerquark
---
3 Eigelb, 60 g

Mark von 1/2 Vanilleschote
---
abgeriebene Schale von
---
1 unbehandelten Zitrone
---
3 Eiweiß, 90 g
---
1 Prise Salz

PUDDINGE, OMELETTS UND SOUFFLÉS

1. Den Backofen auf 250°C Oberhitze und 80°C Unterhitze vorheizen (siehe Tip Seite 49). Ein tiefes Backblech mit Küchenpapier auslegen und so viel Wasser einfüllen, daß die Förmchen mit 8 cm Durchmesser später zu einem Drittel im Wasserbad stehen. Die Formen ausbuttern, mit Zucker ausstreuen und im Kühlschrank kalt stellen.

2. Den Quark mit Eigelb, Vanillemark und Zitronenschale glattrühren. Das Eiweiß mit der Prise Salz und einem Drittel des Zuckers langsam aufschlagen. Wenn das Eiweiß fest wird, nach und nach den restlichen Zucker hinzugeben, aber immer erst dann, wenn das Eiweiß wieder steif geworden ist. Damit der Eischnee mehr Volumen bekommt, zum Schluß 1 Minute auf höchster Stufe schlagen.

3. Erst ein Drittel des Eischnees unter die Quarkmasse ziehen, dann den Rest vorsichtig unterheben. Das Wasserbad auf dem Herd zum Kochen bringen. Die Soufflémasse in die Förmchen füllen. Die Soufflés ins Wasserbad setzen und 20 bis 25 Minuten im Ofen garen. Vor dem Stürzen kurz setzen lassen. Man kann die Soufflés aber auch in Förmchen servieren und leicht mit Puderzucker bestäuben.

E CKART W ITZIGMANN

Mit dem Topfensoufflé lassen sich fast alle Früchte,
frisch oder eingemacht, gut kombinieren:
zum Beispiel Apfel-, Rhabarber- oder Aprikosenkompott
oder Kirschragout (Rezept Seite 112).

Maronensoufflé

Für 10 Portionen
Zubereitungszeit: 1 Stunde

40 g Vollmilchkuvertüre, gehackt

60 g zimmerwarme Butter und

Butter für die Formen

80 g Zucker und Zucker für die Formen

5 Eigelb, 100 g

125 g Maronenpüree, ohne

Zucker oder Salz

10 ml Rum, 40 Vol.%

Mark von 1/2 Vanilleschote

abgeriebene Schale von

1/2 unbehandelten Orange

1 Prise gemahlener Zimt

5 Eiweiß, 150 g

1 Prise Salz

1. Den Backofen auf 250° C Unterhitze und 80° C Oberhitze vorheizen (siehe Tip auf Seite 49). Die Vollmilchkuvertüre im Wasserbad schmelzen und auf Zimmertemperatur abkühlen lassen. Ein tiefes Backblech mit Küchenpapier auslegen und so viel Wasser einfüllen, daß die Formen (von 8 cm Durchmesser) später zu einem Drittel im Wasserbad stehen. Die Formen ausbuttern, mit Zucker ausstreuen und im Kühlschrank kalt stellen.
2. Die Butter schaumig schlagen und das Eigelb nach und nach einlaufen lassen. Nun zuerst die Kuvertüre, dann das Maronenpüree hinzugeben und glattrühren. Rum, Vanillemark, Orangenschale und Zimt untermischen.
3. Das Eiweiß mit der Prise Salz und einem Drittel des Zuckers langsam aufschlagen. Wird das Eiweiß fest, gibt man nach und nach den restlichen Zucker hinzu, aber immer erst dann, wenn das Eiweiß wieder steif geworden ist. Am Ende kurz auf höchster Stufe schlagen, damit der Eischnee Volumen bekommt.
4. Erst ein Drittel des Eischnees unter die Maronenmasse ziehen, dann den Rest vorsichtig unterheben. Das Wasserbad auf dem Herd zum Kochen bringen.
5. Die Soufflémasse dreiviertelhoch in die Formen füllen. Diese ins Wasserbad setzen und im Ofen 20 bis 25 Minuten garen. Kurz stehen lassen, dann stürzen. Dazu passen sehr gut in Weißwein pochierte Birne, Orangenragout und Pralineneis (Rezepte Seite 56 und 91).

PUDDINGE, OMELETTS UND SOUFFLÉS

E CKART W ITZIGMANN

Soufflés lassen sich nur in größeren Mengen herstellen.
Würde man die Zutaten reduzieren, würde sich
dies negativ auf das Gesamtergebnis auswirken. Doch
keine Angst, daß etwas übrigbleibt: Kaum
einer wird einer zweiten Portion widerstehen können.

Mohr im Hemd

Für 6 bis 8 Portionen
Zubereitungszeit: 1 Stunde

Für die Mohren:

70 g dunkle Kuvertüre

70 g zimmerwarme Butter und

Butter für die Formen

80 g Zucker und Zucker für die Formen

6 Eigelb, 120 g

10 ml Strohrum, 80 Vol.%

6 Eiweiß, 180 g

1 Prise Salz

40 g leicht geröstete, geschälte und

geriebene Mandeln

Für die warme Schokoladensauce:

100 g dunkle Kuvertüre

50 g Vollmilch-Kuvertüre

125 ml Milch

100 g süße Sahne

$1/2$ Vanilleschote

75 g handwarme Butter

nach Belieben 10 ml Cognac, Rum oder

Grand Marnier

250 g halb aufgeschlagene Sahne

(Für eine kalte Schokoladensauce

zusätzlich 15 g Zucker und 70 ml mehr

Milch hinzufügen.)

1. Den Backofen auf 250° C Unterhitze und 80° C Oberhitze vorheizen (siehe Tip Seite 49). Die feingehackte Kuvertüre im Wasserbad schmelzen und auf Zimmertemperatur abkühlen lassen. Ein tiefes Backblech mit Küchenpapier auslegen und so viel Wasser einfüllen, daß die Formen (von 8 cm Durchmesser) später zu einem Drittel im Wasserbad stehen. Die Formen ausbuttern, mit Zucker ausstreuen und im Kühlschrank kalt stellen.
2. Butter schaumig schlagen und jedes Eigelb einzeln einlaufen lassen. Die Kuvertüre und den Rum unterrühren.
3. Das Eiweiß mit der Prise Salz und einem Drittel des Zuckers langsam aufschlagen. Wird das Eiweiß fest, gibt man nach und nach den restlichen Zucker hinzu, aber immer nur so viel, daß das Eiweiß wieder fest wird. Erst dann weiteren Zucker zugeben. Am Ende kurz auf höchster Stufe schlagen, damit der Eischnee an Volumen gewinnt.
4. Erst ein Drittel des Eischnees unter die Schokoladenmasse ziehen, dann den Rest. Zum Schluß die Mandeln vorsichtig unterheben. Das Wasserbad auf dem Herd zum Kochen bringen. Unterdessen die Formen dreiviertelhoch mit Soufflémasse füllen.
5. Die Soufflés ins Wasserbad setzen und im Ofen in 20 Minuten garen. Aus dem Backofen nehmen und kurz stehen lassen.
6. Für die Sauce die Kuvertüren hacken. Milch und süße Sahne mit der aufgeschnittenen Vanilleschote aufkochen, zur Kuvertüre geben und diese sorgfältig auflösen. Die handwarme Butter aufschlagen. Wenn die Kuvertüre-Milch-Mischung und die Butter die gleiche Temperatur haben, läßt man die Mischung unter Rühren in die Butter einlaufen. Diese Schokoladensauce warm servieren. Nach Belieben kann die Sauce noch mit Cognac, Rum oder Grand Marnier aromatisiert werden.
7. Den Mohr auf eine Schokoladensauce stürzen und mit einer Haube aus halb aufgeschlagener Sahne versehen.

Dieses Rezept ist die leichte Version des klassischen Schokoladenauflaufs mit Nüssen.

PUDDINGE, OMELETTS UND SOUFFLÉS

Haselnußpudding

Für 6 Portionen
Zubereitungszeit: 1 Stunde

Für den Pudding:

40 g dunkle Kuvertüre

15 g Nougat

100 g Butter und Butter für die Formen

65 g Zucker und Zucker für die Formen

5 Eigelb, 100 g

60 g gehackte Haselnußkerne

60 g geriebene Haselnußkerne

40 g Briochebrösel (Rezept Seite 12) oder Biskuitbrösel

5 Eiweiß, 150 g

1 Prise Salz

Für das Champagnersabayon:

130 ml Champagner

60 g Zucker

3 Eigelb, 60 g

Saft von 1 Zitrone

evtl. 1/2 Blatt weiße Gelatine

4 bis 5 EL leicht geschlagene Sahne

1. Den Backofen auf 220°C Unterhitze und 100°C Oberhitze einstellen (siehe Tip Seite 49). Die Kuvertüre und das Nougat im Wasserbad auflösen. Ein tiefes Backblech mit Küchenpapier auslegen und so viel Wasser einfüllen, daß die Formen später zu einem Drittel im Wasser stehen. Die Formen von 8 cm Durchmesser mit Butter einfetten und mit Zucker ausstreuen, im Kühlschrank kalt stellen.

2. Die Butter schaumig schlagen und das Eigelb nach und nach unterrühren. Die auf Zimmertemperatur abgekühlte Kuvertüre und das Nougat untermengen. Gehackte und geriebene Haselnußkerne und die Briochebrösel unter die Schokoladen-Eier-Masse heben.

3. Das Eiweiß mit dem Zucker und der Prise Salz zu einem cremig festen Schnee aufschlagen. Ein Drittel des Eischnees unter die Masse ziehen, den Rest vorsichtig unterheben. Die Puddingmasse in die vorbereiteten Formen füllen. Formen ins Wasserbad setzen und den Pudding im Ofen 25 bis 30 Minuten garen. Danach kurz stehen lassen, dann aus den Formen stürzen.

4. Für das Sabayon Champagner, Zucker und Eigelb in eine Schüssel geben und auf dem Wasserbad bei mäßiger Hitze aufschlagen. (Vorsicht: Ist das Wasserbad zu heiß, bekommt das Sabayon kein Volumen und das Eigelb gerinnt!) Den passierten Zitronensaft hinzugeben. Weiterschlagen, bis das Sabayon eine Temperatur von mindestens 72°C angenommen hat. Wer möchte, kann auch 1/2 Blatt weiße, eingeweichte und ausgedrückte Gelatine zugeben. So ist garantiert, daß sich das Sabayon nicht absetzt. Das warmgeschlagene Sabayon nun auf Eis kalt schlagen. Vor dem Servieren mit 4 bis 5 EL leicht geschlagener Sahne und mit etwas Champagner abschmecken.

Am besten schmeckt zum Haselnußpudding ein Sauerkirschragout (Rezept Seite 112) oder ein Champagnersabayon.

Pumpernickelpudding

Für 6 Portionen
Zubereitungszeit: 1 Stunde

60 g dunkle Kuvertüre

100 g zimmerwarme Butter und

Butter für die Formen

80 g Zucker und Zucker für die Formen

100 g Pumpernickel

50 g leicht geröstete, geschälte und geriebene Mandeln

20 g Honig, 20 ml Kirschwasser

Mark von 1 Vanilleschote

abgeriebene Schale von

1/2 unbehandelten Zitrone

je 1 Prise Zimt- und Nelkenpulver

5 Eigelb, 100 g

5 Eiweiß, 150 g

1 Prise Salz

1. Die feingehackte Kuvertüre im Wasserbad schmelzen und auf Zimmertemperatur abkühlen lassen. Den Backofen auf 250° C Unterhitze und 100° C Oberhitze vorheizen. Ein tiefes Backblech mit Küchenkrepp auslegen und so viel Wasser einfüllen, daß die Formen später zu einem Drittel im Wasserbad stehen. Die Formen von 8 cm Durchmesser ausbuttern, mit Zucker ausstreuen und im Kühlschrank kalt stellen.
2. Den Pumpernickel mit den geriebenen Mandeln, Honig und Kirschwasser im Blitzhacker nicht zu fein zerkleinern. Butter mit den Gewürzen weißschaumig aufschlagen und jedes Eigelb einzeln einlaufen lassen. Anschließend erst die Kuvertüre, dann die Pumpernickel-Mischung untermengen.
3. Das Eiweiß mit Salz und einem Drittel des Zuckers langsam aufschlagen. Wird das Eiweiß fest, nach und nach den restlichen Zucker hinzugeben, aber immer erst, wenn das Eiweiß wieder steif geworden ist. Am Ende kurz auf höchster Stufe schlagen, damit der Eischnee an Volumen gewinnt.
4. Erst ein Drittel des Eischnees unter die Pumpernickelmasse ziehen, den Rest dann vorsichtig unterheben. Das Wasserbad auf dem Herd zum Kochen bringen. Die Puddingmasse in die Souffléformen füllen und diese ins Wasserbad setzen. Die Puddinge für 30 Minuten in den Ofen schieben. Aus dem Ofen nehmen und kurz stehen lassen. Dann die Formen stürzen und die Puddinge vorsichtig wieder umdrehen. Dazu empfehlen sich Dörrpflaumenragout mit Orangenzesten oder – für Eisfans – ein Pralinen- oder Kirschwassereis (Rezepte Seite 214, 221, 91 und 96).

E CKART   W ITZIGMANN

Wer keinen Backofen mit unterschiedlich einstellbarer
Unter- und Oberhitze hat, kann sich so helfen:
Je nach Temperaturunterschied ein bis zwei Backbleche auf den
Boden und die unterste Schiene setzen bzw. zwei Bleche
auf die oberste Schiene schieben, eines mit der Wölbung nach
oben und eines mit der Wölbung nach unten.
Werden die Bleche zudem noch mit Alufolie umwickelt,
halten sie noch mehr Hitze ab.

PUDDINGE, OMELETTS UND SOUFFLÉS

Grießsoufflé

Für 10 bis 12 Portionen
Zubereitungszeit: 1 Stunde

Für das Soufflé:

60 g Butter und Butter für die Formen

80 g Zucker und Zucker für die Formen

500 ml Milch

Mark von 1 Vanilleschote

90 g Hartweizengrieß

5 Eigelb, 100 g

abgeriebene Schale von

½ unbehandelten Zitrone

10 ml Rum

5 Eiweiß, 150 g

1 Prise Salz

Für die Nougatsauce:

250 g süße Sahne oder Vollmilch

1 Vanilleschote

50 g Zucker

5 Eigelb, 100 g (bei Vollmilch 6 Eigelb)

50 g Nougat

100 g süße Sahne

1. Den Backofen auf 250° C Unterhitze und 80° C Oberhitze vorheizen (siehe Tip Seite 49). Ein tiefes Backblech mit Küchenpapier auslegen und so viel Wasser einfüllen, daß die Formen (von 8 cm Durchmesser) später zu einem Drittel im Wasserbad stehen. Die Formen ausbuttern, mit Zucker ausstreuen und im Kühlschrank kalt stellen.

2. Milch, Butter und Vanillemark aufkochen. Den Grieß einrieseln lassen und alles unter ständigem Rühren aufkochen. Die Grießmasse muß gut abgebrannt werden, sie darf nicht mehr kleben. Die Masse in eine Rührschüssel umfüllen und das Eigelb nach und nach unterrühren. Zitronenschale und Rum hinzufügen.

3. Das Eiweiß mit der Prise Salz und ein Drittel des Zuckers langsam cremig aufschlagen. Dann nach und nach den restlichen Zucker einarbeiten, aber immer erst dann, wenn das Eiweiß wieder steif geworden ist. Zum Schluß, um dem Eischnee mehr Volumen zu geben, 1 Minute auf höchster Stufe schlagen.

4. Erst ein Drittel des Eischnees, dann den Rest vorsichtig unter die Grießmasse heben. Das Wasserbad auf dem Herd zum Kochen bringen. Die Soufflémasse in die Formen füllen und diese ins Wasserbad setzen. Im Ofen 20 bis 25 Minuten garen. Vor dem Stürzen etwas ruhen lassen, damit die Soufflés stabiler werden.

5. Als Begleitung empfehlen sich Birnenkompott und Nougatsauce oder einfach nur Kirschen.

6. Für die Nougatsauce Sahne oder Vollmilch mit der aufgeschnittenen Vanilleschote aufkochen. Zucker und Eigelb gut verrühren und die gekochte Sahne unter ständigem Rühren in die Eiermasse einlaufen lassen. Die Sauce auf dem Wasserbad zur Rose abziehen, dann durch ein feines Sieb passieren. Den Nougat im Wasserbad auflösen und mit weiteren 50 g süßer Sahne unter die Sauce rühren. Mit dem Stabmixer kräftig aufschlagen und die schaumige Sauce zum Dessert anrichten.

PUDDINGE, OMELETTS UND SOUFFLÉS

ECKART WITZIGMANN

★ ★ ★

In der österreichischen Mehlspeisen-Küche wird viel
mit Grieß gearbeitet. Dabei verwendet man
ausschließlich Grieß aus dem kleberreichen Hart- oder
Durumweizen. Dieser besitzt mehr Eiweiß
als Weich- oder gewöhnlicher Weizen, was für den
Zusammenhalt und die Stabilität der Knödel,
Nockerln und Soufflés von Bedeutung ist. Im Nachbarland
Italien wird auch die Pasta daraus hergestellt.

Marmoriertes Vanillesoufflé

Für 6 Portionen
Zubereitungszeit: 1 Stunde 15 Minuten
Foto: Seite 42/43

Für das Soufflé:

Butter für die Formen

70 g Zucker und Zucker für die Formen

250 ml Milch

2 Vanilleschoten

10 g Vanillepuddingpulver

10 g Mehl

4 Eigelb, 60 g

20 ml Kirschwasser

15 ml Rum

10 g stark entöltes Kakaopulver

4 Eiweiß, 120 g

1 Prise Salz

Für die Walnußsauce:

100 g Walnußkerne

300 ml Milch

250 ml Vollmilch

1 Vanilleschote

60 g Zucker

5 Eigelb, 100 g

10 ml Cognac

1. Den Backofen auf 250°C Unterhitze und 80°C Oberhitze vorheizen (siehe Tip Seite 49). Ein tiefes Backblech mit Küchenpapier auslegen und so viel Wasser einfüllen, daß die Formen (von 8 cm Durchmesser) später zu einem Drittel im Wasserbad stehen. Die Formen ausbuttern, mit Zucker ausstreuen und im Kühlschrank kalt stellen.

2. 200 ml Milch mit dem ausgekratzten Vanillemark und den beiden Schoten aufkochen. Die restliche Milch mit 10 g Zucker, dem Puddingpulver und dem Mehl verrühren. Die aufgekochte Vanillemilch unter Rühren in die Milchmischung gießen, alles zurück in den Topf geben und unter ständigem Rühren einmal kräftig durchkochen lassen.

3. Die Masse in eine Schüssel umfüllen und auf Eis kalt rühren. Die Vanilleschoten herausnehmen. Die Eigelb und das Kirschwasser hinzufügen. Rum separat mit dem Kakaopulver vermischen. Das Eiweiß mit dem restlichen Zucker und einer Prise Salz zu einem festen und cremigen Schnee aufschlagen. Das geht am besten, wenn man den Zucker in Etappen einrieseln läßt, so daß das Eiweiß zwischendurch immer wieder fest werden kann.

4. Erst ein Drittel des Schnees unter die Creme heben, dann den restlichen Eischnee vorsichtig unterziehen. Ein Drittel dieser Masse separat in einer Schüssel mit der Kakaomischung vermengen.

5. Nun erst etwas von der hellen Creme in die Formen füllen, dann immer abwechselnd mit der dunklen Creme in Schichten bis ein Drittel unter den Rand auffüllen. Mit einem kleinen Löffel in kreisenden Bewegungen ein Marmormuster durch die Creme ziehen.

6. Die Soufflés ins Wasserbad setzen und im Ofen 20 bis 30 Minuten garen. Kurz stehen lassen, die Soufflés dann stürzen.

7. Für die Sauce die Walnußkerne in der Milch kochen, mit dem Mixstab pürieren und durch eine feines Sieb passieren. Die Sahne oder Vollmilch mit der aufgeschnittenen Vanilleschote aufkochen. Vanilleschote entfernen. Zucker und Eigelb gut verrühren und die gekochte Sahne unter ständigem Rühren in die Eiermasse einlaufen lassen. Diese Grundmasse auf dem Wasserbad zur Rose abziehen, anschließend durch ein feines Sieb passieren. Die Sauce mit der vorbereiteten Walnußmilch und 10 ml Cognac verrühren. Die Sauce um das Soufflé gießen und die Früchte darauf anrichten.

Lebkuchensoufflé

Für 8 Portionen
Zubereitungszeit: 1 Stunde

Für das Soufflé:

80 g Butter und Butter für die Formen

75 g Zucker und Zucker für die Formen

80 g dunkle Kuvertüre, grobgehackt

140 g Oblaten-Lebkuchen oder Honigkuchen

60 g gehackte Walnußkerne

abgeriebene Schale von

1/2 unbehandelten Zitrone

4 Eigelb, 80 g

40 ml warme Milch

4 Eiweiß, 120 g

1 Prise Salz

Für das Altbiersabayon:

125 ml Guinness-Bier, 20 g Zucker

1 Messerspitze gemahlener Zimt

4 Eigelb, 80 g

Saft von 1/4 Zitrone

1. Den Backofen auf 220°C Unterhitze und 100°C Oberhitze vorheizen (siehe Tip Seite 49). Ein tiefes Backblech mit Küchenkrepp auslegen und so viel Wasser einfüllen, daß die Formen (von 8 cm Durchmesser) später zu einem Drittel im Wasserbad stehen. Formen ausbuttern, mit Zucker ausstreuen und kalt stellen. Die Kuvertüre im Wasserbad schmelzen und auf Zimmertemperatur abkühlen lassen.
2. Die Lebkuchen grob reiben und mit den gehackten Walnußkernen mischen. Butter, 15 g Zucker und Zitronenschale schaumig rühren. Jedes Eigelb einzeln unterrühren, zuletzt die Kuvertüre zufügen. Die erwärmte Milch über die Lebkuchenbrösel gießen.
3. Eiweiß mit einem Drittel des restlichen Zuckers und Salz aufschlagen. Dann nach und nach den übrigen Zucker zufügen, vorher aber immer so lange schlagen, bis das Eiweiß wieder fest ist. Zum Schluß 1 Minute auf höchster Stufe schlagen, damit der Eischnee an Volumen gewinnt.
4. Die eingeweichten Lebkuchenbrösel unter die Buttermasse heben. Zum Schluß erst ein Drittel des Eischnees, dann den Rest unterheben. Das Wasserbad auf dem Herd zum Kochen bringen.
5. Die Soufflémasse in die Förmchen füllen und diese ins Wasserbad setzen. Im Ofen 20 bis 25 Minuten garen. Nach dem Herausnehmen kurz setzen lassen, die Soufflés dann auf Portionsteller stürzen.
6. Für das Sabayon Bier, Zucker, Zimt und Eigelb in einer Metallschüssel über dem Wasserbad bei mittlerer Hitze (etwa 80°C) aufschlagen. Den Zitronensaft zugeben und das Sabayon auf Eis kalt rühren. Mit Zitronensaft abschmecken und zu dem Soufflé servieren.

PUDDINGE, OMELETTS UND SOUFFLÉS

ECKART WITZIGMANN

Dieses Soufflé bereite ich schon seit über 15 Jahren auf die gleiche Weise zu. Serviert wird es mit Altbiersabayon und Preiselbeersahne (Rezept Seite 59), die als ideale Begleiter dem Lebkuchensoufflé seit seiner Erfindung die Treue halten.

Mohnauflauf

Für 8 bis 10 Portionen
Zubereitungszeit: 1 Stunde

---

140 g zimmerwarme Butter und
Butter für die Formen
100 g Zucker und Zucker für die Formen
80 g Kastenweißbrot (kein Toastbrot)
125 ml trockener Rotwein
20 g Honig
15 ml Rum
abgeriebene Schale von
1 unbehandelten Zitrone
7 Eigelb, 140 g
120 g gemahlener Mohn
8 Eiweiß, 240 g
1 Prise Salz

1. Den Backofen auf 250° C Unterhitze und 80° C Oberhitze (siehe Tip Seite 49). vorheizen. Ein tiefes Backblech mit Küchenpapier auslegen und so viel Wasser einfüllen, daß die Förmchen (von 8 cm Durchmesser) später zu einem Drittel im Wasserbad stehen. Die Förmchen ausbuttern, mit Zucker ausstreuen und im Kühlschrank kalt stellen.

2. Das Kastenweißbrot in kleine Würfel schneiden und im Rotwein einweichen. Butter und Honig mit dem Rum und der Zitronenschale schaumig schlagen. Nach und nach jedes Eigelb einzeln unterrühren, zum Schluß das eingeweichte, leicht ausgedrückte Weißbrot und den Mohn.

3. Das Eiweiß mit der Prise Salz und einem Drittel des Zuckers langsam cremig aufschlagen. Dann den restlichen Zucker nach und nach einlaufen lassen. Nun den Eischnee 1 Minute bei höchster Stufe aufschlagen, damit er ein schönes Volumen bekommt.

4. Zuerst ein Viertel des Schnees unter die Mohnmasse ziehen, dann den restlichen Eischnee unterheben. Das Wasserbad auf dem Herd zum Kochen bringen. Die Auflaufmasse in die Förmchen füllen und diese ins heiße Bad stellen.

5. Die Aufläufe etwa 20 Minuten im Ofen garen. Danach herausnehmen und kurz setzen lassen. Auf Teller stürzen und zum Beispiel mit eingemachten Kumquats und roten Orangenzesten (Rezepte Seite 219 und 221) servieren.

PUDDINGE, OMELETTS UND SOUFFLÉS

PUDDINGE, OMELETTS UND SOUFFLÉS

E CKART W ITZIGMANN

★ ★ ★

Blaumohn ist eine gern verwendete Zutat in
vielen Süßspeisen, die ihren Ursprung in Böhmen haben.
Dort werden die kleinen schwarzen Samenkörner
noch heute auf Plantagen gewonnen. Mohn sollte immer
vor der Verwendung frisch gemahlen werden.

Sacheromelett

Für 8 Portionen
Zubereitungszeit: 45 Minuten

Für das Omelett:

50 g dunkle Kuvertüre
30 g kalte Butter
45 g Mehl
200 ml Milch
Mark von 1 Vanilleschote
4 Eigelb, 80 g
30 ml Rum
abgeriebene Schale von
1/2 unbehandelten Orange
4 Eiweiß, 120 g
1 Prise Salz
50 g Zucker
40 g geklärte Butter, ersatzweise Butterschmalz

Für das Orangenragout:

4 bis 6 süße Orangen
100 ml Grenadinesirup
6 bis 7 Korianderkörner
15 g Vanillepuddingpulver
40 ml Orangenlikör
20 ml Amaretto
Saft von 1 1/2 Zitronen

1. Die Kuvertüre im Wasserbad schmelzen und leicht abkühlen lassen. Die Butter mit dem Mehl verkneten. Die Milch mit der aufgeschlitzten, ausgekratzten Vanilleschote aufkochen, die Schote anschließend entfernen.

2. Die Mehlbutter nach und nach in die kochende Milch einrühren, so wird verhindert, daß sich Klumpen bilden. Den Brandteig auf dem Herd nun gut abbrennen, bis er zäh und klebrig ist. Anschließend in eine Rührschüssel umfüllen.

3. Den Teig etwas abkühlen lassen, dann jedes Eigelb einzeln unterrühren. Zum Schluß die Kuvertüre, den Rum und die Orangenschale in den Teig einarbeiten.

4. Das Eiweiß mit der Prise Salz und einem Drittel des Zuckers cremig aufschlagen. Dann portionsweise den restlichen Zucker darunterschlagen. Um dem Eischnee mehr Volumen zu geben, 1 Minute auf höchster Stufe schlagen.

5. Den Backofen auf 220°C vorheizen. Erst ein Drittel des Eischnees unter den Brandteig heben, dann den Rest mit dem Gummispatel oder einem Holzlöffel unterziehen.

6. Geklärte Butter in einer Pfanne von 10 cm Durchmesser bei Mittelhitze schmelzen, 2 gehäufte EL Omelett-Teig hineingeben und glattstreichen. Wenn das Omelett von unten goldbraun ist, für 5 bis 7 Minuten in den Backofen geben, um es von oben trocknen zu lassen.

7. Immer darauf achten, daß genug Butter in der Pfanne ist und sie nicht zu heiß wird, sonst lösen sich die Omeletts nicht von der Pfanne. Die restlichen Omeletts gleichermaßen herstellen. Omeletts gefüllt und zusammengeschlagen servieren.

8. Gut dazu schmeckt das Orangenragout. Dafür die Orangen mit einem scharfen Messer rundum schälen, auch die weiße Haut entfernen. Zwischen den einzelnen Lamellen die Filets herausschneiden (das ergibt etwa 40 Stück). Die Filets in einem Sieb abtropfen lassen und den gewonnenen Saft mit ausgepreßtem Orangensaft auf 400 ml auffüllen. Den Saft mit Grenadinesirup und Korianderkörnern aufkochen. Puddingpulver mit Orangenlikör und Amaretto verrühren und den Saft damit binden. Kurz aufkochen, den Zitronensaft untermischen und leicht abkühlen lassen. Durch ein Sieb passieren. Die Orangenfilets auf Teller verteilen und den Fond darübergeben.

Frankfurter Kirschpudding

Für 6 bis 8 Portionen
Zubereitungszeit: 1 Stunde

Für den Pudding:

130 g Butter und Butter für die Formen

80 g Zucker und Zucker für die Formen

200 g entkernte Kirschen,

am besten Weichselkirschen

20 ml Strohrum, 80 Vol.%, oder

gutes Kirschwasser

100 g Briochebrösel (Rezept Seite 12)

20 g Vanillezucker

15 g stark entöltes Kakaopulver

1 Prise gemahlener Zimt

abgeriebene Schale von

1 unbehandelten Zitrone

5 Eigelb, 100 g

5 Eiweiß, 150 g

1 Prise Salz

Für die Mandelsauce:

250 g süße Sahne oder Vollmilch

1 Vanilleschote

50 g Zucker

5 Eigelb

100 g Mandelblätter

20 ml Amaretto

10 ml Rum

evtl. noch etwas Milch

1. Den Backofen auf 200 bis 220° C Unterhitze und 120° C Oberhitze vorheizen (siehe Tip Seite 49). Ein tiefes Backblech mit Küchenpapier auslegen und so viel Wasser einfüllen, daß die Formen später zu einem Drittel im Wasser stehen. Wasser im Backofen erhitzen. Die Formen (von 8 cm Durchmesser) ausbuttern, mit Zucker ausstreuen und im Kühlschrank kalt stellen.
2. Die Kirschen in Rum oder Kirschwasser marinieren. Die Briochebrösel mit 30 g Butter in der Pfanne goldbraun anrösten. Die Brösel abgekühlt zu den Kirschen geben.
3. Die restliche Butter mit Vanillezucker, Kakaopulver, Zimt und Zitronenschale aufschlagen und das Eigelb nach und nach unterrühren. Dabei soll eine schaumige, leichte Masse entstehen.
4. Das Eiweiß mit der Prise Salz aufschlagen und den Zucker langsam einlaufen lassen. Den Eischnee unter die Eimasse heben, zuletzt die Kirschen vorsichtig unterheben.
5. Die fertige Masse in die vorbereiteten Förmchen füllen und ins heiße Wasserbad stellen. Im Ofen 25 bis 30 Minuten garen, aus dem Ofen nehmen und kurz stehen lassen, dann aus den Formen stürzen und gleich wieder umdrehen.
6. Gut dazu schmeckt eine Mandelsauce. Dafür Sahne oder Vollmilch mit der aufgeschnittenen Vanilleschote aufkochen. Zucker und Eigelb gut verrühren und die gekochte Sahne unter ständigem Rühren in die Eiermasse einlaufen lassen. Diese Grundmasse auf dem heißen Wasserbad zur Rose abziehen. 100 g Mandelblätter leicht rösten und mit dem Amaretto und dem Rum zur Sauce geben. Alles mit dem Stabmixer sehr fein zerkleinern und die Sauce durch ein Haarsieb passieren. Nach Belieben mit weiterer Milch verdünnen.

Es ist auch möglich, tiefgefrorene oder frische Sauerkirschen für diesen Pudding zu verwenden. Tiefgekühlte Sauerkirschen müssen über Nacht in einem Sieb abtropfen. Aus der Flüssigkeit kann man eine Sauce zum Pudding kochen. Dafür bindet man sie mit etwas Vanillepuddingpulver und schmeckt sie mit Zucker ab.

Mandelomelett

Für 6 Portionen
Zubereitungszeit: 45 Minuten

Für das Omelett:

40 g geschälte geriebene Mandeln

10 g kalte Butter

25 g Mehl

200 ml Milch

1 Vanilleschote

3 Eigelb, 60 g

20 ml Amaretto

10 ml Rum, 40 Vol.%

3 Eiweiß, 90 g

1 Prise Salz

60 g Zucker

30 g geklärte Butter, ersatzweise Butterschmalz

Für das Mandelsabayon:

50 g Akazienhonig

100 g süße Sahne

3 Eigelb, 60 g

30 ml Amaretto

5 ml Rum

1. Die geriebenen Mandeln im Backofen leicht anrösten, damit sie den Omeletts mehr Aroma geben. Die Butter mit dem Mehl verkneten. Die Milch mit der aufgeschnittenen Vanilleschote und dem Mark aufkochen, dann die Schote entfernen.

2. Die Mehlbutter Stück für Stück in die kochende Milch einrühren, so wird verhindert, daß sich Klumpen bilden. Den Brandteig auf dem Herd sehr gut abbrennen, bis er zäh und klebrig ist. Anschließend in eine Rührschüssel umfüllen.

3. Backofen auf 220°C erhitzen. Einzeln jedes Eigelb unter den Teig rühren, dann Mandeln, Amaretto und Rum unterkneten. Das Eiweiß mit der Prise Salz und einem Drittel des Zuckers cremig aufschlagen. Dann nach und nach den restlichen Zucker zugeben. Schließlich, um dem Eischnee mehr Volumen zu geben, 1 Minute auf höchster Stufe schlagen.

4. In einer ofenfesten Pfanne von 10 cm Durchmesser etwas geklärte Butter bei Mittelhitze schmelzen. 2 gehäufte EL des Teiges hineingeben, glattstreichen und so lange braten, bis die Unterseite schön goldbraun ist. Aufpassen, daß nichts ansetzt (es muß immer genug Butter in der Pfanne sein, und die Butter darf nicht zu heiß werden).

5. Das Omelett anschließend zum Trocknen der Oberfläche etwa 5 bis 7 Minuten in den Backofen geben, bis es leicht Farbe genommen hat. Alle weiteren Omeletts ebenso zubereiten. Die Omeletts in der Mitte leicht anritzen, zusammenklappen und zum Beispiel mit Kirschragout (Rezept Seite 112) und Mandelsabayon servieren.

6. Für das Sabayon Akazienhonig mit süßer Sahne, Eigelb, Amaretto und Rum in eine Schüssel geben und auf dem Wasserbad bei mäßiger Hitze aufschlagen. Danach auf Eis kalt rühren und servieren.

Kaiseromelett

Für 8 bis 10 Portionen
Zubereitungszeit: 45 Minuten

30 g kalte Butter

50 g Mehl

175 ml Milch

1 Vanilleschote

5 Eigelb, 100 g

30 ml Orangensaft

30 ml Grand Marnier

abgeriebene Schale von

1/2 unbehandelten Orange

4 Eiweiß, 120 g

1 Prise Salz

50 g Zucker

50 g geklärte Butter, ersatzweise Butterschmalz

1. Die Butter mit dem Mehl verkneten. Die Milch mit der aufgeschnittenen Vanilleschote und dem ausgekratzten Mark aufkochen, Schote anschließend entfernen. Die Mehlbutter Stück für Stück mit dem Schneebesen in die kochende Milch einrühren, so daß keine Klumpen entstehen.

2. Den Brandteig sehr gut abbrennen, dann in eine Rührschüssel umfüllen und leicht abkühlen lassen. Jedes Eigelb einzeln unter den zähen, klebrigen Teig arbeiten, zum Schluß Orangensaft, Grand Marnier und die Orangenschale untermengen.

3. Den Backofen auf 220° C vorheizen. Jetzt das Eiweiß mit der Prise Salz und einem Drittel des Zuckers cremig aufschlagen. Den restlichen Zucker portionsweise einarbeiten. Um dem Eischnee mehr Volumen zu geben, zum Schluß 1 Minute auf höchster Stufe schlagen. Erst ein Drittel des Eischnees, dann den Rest unter den Omelett-Teig heben.

4. In einer ofenfesten Pfanne von 10 cm Durchmesser etwas geklärte Butter bei Mittelhitze schmelzen. 2 gehäufte EL Omelett-Teig hineingeben und glattstreichen. So lange braten, bis die Unterseite schön goldbraun ist. Darauf achten, daß genug Butter in der Pfanne ist und sie nicht zu heiß wird, das Omelett setzt sonst an.

5. Das Omelett schließlich zum Trocknen der Oberfläche für 5 bis 7 Minuten in den Backofen geben. Die weiteren Omeletts gleichermaßen zubereiten.

Sehr gut schmeckt zu den Kaiseromeletts eine Preiselbeersahne. Dafür etwa ein Drittel kaltgerührte Preiselbeeren (Rezept Seite 211) unter zwei Drittel steifgeschlagene süße Sahne heben.

PUDDINGE, OMELETTS UND SOUFFLÉS

E CKART   W ITZIGMANN

Besonders feine Pfannkuchen hießen
früher in Wien »französische Strudelflecken«,
bis schließlich im 18. Jahrhundert die
Bezeichnung »Omelett« übernommen wurde.
Gegenüber dem klassischen Omelett wurde
bei diesem luftigen, souffléartigen Kaiseromelett
das Mehl reduziert.

Quarkomelett

Für 8 Portionen
Zubereitungszeit: 50 Minuten

300 g Magerquark

100 g Crème fraîche

abgeriebene Schale von
je 1 unbehandelten Zitrone und Orange

45 g Weizenstärkemehl

4 Eigelb, 80 g

4 Eiweiß, 120 g

50 g Zucker

1 Prise Salz

40 g geklärte Butter

1. Den Quark mit der Crème fraîche, der abgeriebenen Zitronen- und Orangenschale und dem Weizenstärkemehl glattrühren. Dann jedes Eigelb einzeln einrühren.
2. Das Eiweiß langsam mit einem Drittel des Zuckers und der Prise Salz cremig aufschlagen. Ist das Eiweiß fest, nach und nach den restlichen Zucker einlaufen lassen. Den Backofen auf 220° C vorheizen.
3. Zuerst ein Drittel des Eischnees unter die Quarkmasse heben, danach den restlichen Schnee unterziehen.
4. In einer Pfanne mit ofenfestem Griff und 10 cm Durchmesser die geklärte Butter schmelzen. 2 gehäufte EL des Omelett-Teiges in die Pfanne geben und glattstreichen.
5. So lange braten, bis das Omelett von unten goldbraun ist. Dann für etwa 5 bis 7 Minuten in den Ofen stellen, damit es von oben trocknet. Die übrigen Omeletts entsprechend ausbacken. Bis zum Servieren warm stellen. Danach kann man die Omeletts zum Beispiel mit Zwetschgenröster oder Früchtekompott füllen (Rezepte Seite 214 und 211) und zusammengeklappt servieren.

PUDDINGE, OMELETTS UND SOUFFLÉS

ECKART WITZIGMANN

Auch ungefüllt, mit frischen, marinierten Beeren
angerichtet, sind die Quarkomeletts eine Delikatesse.
Für die Marinade ein Drittel der frischen
oder gefrorenen Beeren mit dem Stabmixer pürieren
und nach Geschmack mit etwas
Zucker, abgeriebener Zitronenschale und dem
jeweiligen Alkohol abschmecken.

CREMES, MOUSSES UND FLAMMERIS

CREMES, MOUSSES UND FLAMMERIS

Orangencreme

Für 8 Portionen
Zubereitungszeit: 45 Minuten
Ruhezeit: 3 Stunden
Foto: Seite 62/63

750 ml frisch gepreßter, passierter Orangensaft
7 Blatt Gelatine
40 ml Grenadinesirup
60 ml Cointreau
20 ml Amaretto
Saft von 1 Zitrone
125 g Sahne
125 g Crème fraîche
3 Eiweiß, 90 g
50 g Zucker

1. 500 ml Orangensaft in eine Kasserolle geben und auf 250 ml einkochen lassen. Dann mit 250 ml frischem Orangensaft auffüllen. Gelatine in kaltem Wasser einweichen. Grenadinesirup und Alkohol leicht erwärmen. Gelatine ausdrücken, in dem Alkohol auflösen und unter den Orangensaft rühren. (Wer das Aroma verstärken möchte, gibt ein Stück dünn abgeriebene Schale einer unbehandelten Orange oder 1 TL Orangensaftkonzentrat hinzu.)
2. Zitronensaft durch ein kleines Sieb dazugießen. Die Flüssigkeit auf einer Schüssel mit Wasser und Eiswürfeln kalt rühren, bis sie zu stocken beginnt.
3. Sahne und Crème fraîche in einer Schüssel aufschlagen. Eiweiß mit dem Zucker in einer zweiten Schüssel zu einem cremigen Schnee schlagen. Zuerst die geschlagene Sahne und Crème fraîche unter die Creme ziehen, dann den Eischnee.
4. Creme in kleine Kugelformen füllen und für etwa 3 Stunden zum Erkalten in den Kühlschrank stellen. Creme auf Dessertteller stürzen und mit eingelegten Kumquats und Orangenhippen (Rezepte Seite 219 und 185) servieren.

CREMES, MOUSSES UND FLAMMERIS

ECKART WITZIGMANN

Möchten Sie die Orangencreme wie auf dem Foto anrichten, müssen Sie vorher einen sehr dünnen Mandelbiskuit zubereiten (Rezept Seite 145). Die Creme in Förmchen füllen, im gleichen Durchmesser kleine Biskuitböden ausstechen und damit bedecken. Nach dem Abkühlen vorsichtig auf ein Gitter stürzen. Backpapier unterlegen! 250 g dunkle Kuvertüre schmelzen und mit 50 ml neutralem Öl verrühren. Mit Hilfe einer Suppenkelle die Kuvertüre über die Cremekuppeln gießen und fest werden lassen. Die Portionen mit einem heißen Messer halbieren.

Crème pâtissière

Für 1 Torte von 26 cm Durchmesser
Zubereitungszeit: 45 Minuten
Kühlzeit: 1 Stunde

500 ml Milch
1 Vanilleschote
100 g Zucker
6 Eigelb, 120 g
20 g Mehl
20 g Vanillepuddingpulver
oder Speisestärke

1. Die Milch in einen Topf gießen. Die Vanilleschote aufschneiden und das Mark auskratzen. Schote und Mark zusammen mit 25 g Zucker in die Milch geben und aufkochen.
2. Eigelb mit 75 g Zucker, dem gesiebten Mehl und dem Puddingpulver in einer Rührschüssel weißschaumig aufschlagen. Dazu eignet sich am besten eine kleine Küchenmaschine oder der Handmixer.
3. Die gekochte Milch unter ständigem Rühren in das aufgeschlagene Eigelb laufen lassen. Alles zurück in den Topf geben und auf dem Herd noch einmal richtig durchkochen.
4. Die Vanilleschote entfernen. Die Creme über einer größeren Schüssel mit Eiswasser kalt rühren. Man kann sie auch mit einer mehrmals eingestochenen Folie abdecken und im Kühlschrank kalt werden lassen.

Buttercreme

Für 1 Torte von 26 cm Durchmesser
Zubereitungszeit: 40 Minuten

3 Eier, 150 g
150 g Zucker
25 g Traubenzucker oder Glukosesirup
350 g zimmerwarme Butter
Mark von 1 Vanilleschote

1. Die Eier in einer Schüssel schaumig schlagen. Zucker, Traubenzucker oder Glukosesirup und 100 ml Wasser aufkochen und abschäumen. Weiterkochen, bis 121° C auf dem Zuckerthermometer erreicht sind. Dann unter weiterem Rühren die gesamte Zuckerlösung zu den aufgeschlagenen Eiern geben. Weiterschlagen, bis die Masse auf Zimmertemperatur abgekühlt ist.
2. Die temperierte Butter cremig schlagen und die Eier-Zucker-Mischung nach und nach unterrühren. Das Vanillemark hinzufügen und alles gründlich vermischen. 10 Minuten ruhen lassen. Danach nochmals kräftig durchschlagen.
3. Die Buttercreme läßt sich auch gut aromatisieren: Dafür rührt man 25 ml des gewünschten Alkohols unter die angegebene Crememenge.

Die Buttercreme ist sehr schnell zubereitet und hält sich im Kühlschrank problemlos bis zu fünf Tage. Man kann mit ihr Eclairs, Profiteroles, Petits Fours und Torten füllen.

Grießflammeri mit Ingwer

Für 4 bis 6 Portionen
Zubereitungszeit: 45 Minuten
Ruhezeit: 3 bis 4 Stunden

50 g Zucker

250 ml Milch

1 Vanilleschote

1 Zimtstange

1 Prise Salz

40 g Hartweizengrieß

1½ Blatt Gelatine

abgeriebene Schale von

je ¼ unbehandelten Orange und Zitrone

3 EL Orangensaft

1 EL Sirup von eingelegtem Ingwer

20 ml Orangenlikör

250 g Sahne

Butter für die Förmchen

Für den geeisten Grießflammeri:

Zutaten wie oben, jedoch

statt 40 g nur 30 g Hartweizengrieß

2 Eigelb, 40 g

1. Zucker und Milch in einen Topf geben. Die Vanilleschote aufschneiden, das Mark auskratzen und mit der Schote hinzufügen, ebenso die Zimtstange und das Salz. Die Milch aufkochen. Den Topf vom Herd ziehen. Vanilleschote und Zimtstange herausnehmen (Vanillestange nicht wegwerfen!).
2. Mit dem Schneebesen rühren und dabei den Grieß einrieseln lassen, bei sanfter Hitze unter Rühren etwa 4 Minuten kochen, dann abkühlen lassen.
3. Gelatine in wenig kaltem Wasser einweichen, ausdrücken und unter die lauwarme Grießmasse rühren. Orangen- und Zitronenschale mit Orangensaft, Ingwersirup und Orangenlikör unter die Grießmasse rühren.
4. Sahne halbsteif schlagen und vorsichtig unterheben, damit die Masse schön locker wird.
5. 4 bis 6 Portionsförmchen mit etwas Butter ausstreichen, die Grießmasse einfüllen und, mit Frischhaltefolie abgedeckt, im Kühlschrank in 3 bis 4 Stunden völlig abkühlen und fest werden lassen.
6. Zum Servieren die Förmchen stürzen. Dazu kurz in heißes Wasser tauchen, damit die Butter schmilzt und die Flammeris leicht herausfallen.
7. Grießflammeri läßt sich auch gut gefroren servieren: Dafür statt 40 g nur 30 g Hartweizengrieß verwenden und wie beschrieben in die kochende Milch einrieseln lassen. Unter Rühren etwa 4 Minuten kochen. Dann die Eigelb schaumig schlagen und unter die heiße Grießmasse rühren. Wie im Rezept oben weiterarbeiten und die Grießmasse auf Eiswasser kalt rühren. Den Flammeri für 1 bis 1½ Stunden in den Tiefkühler stellen. Oder das Dessert vorbereiten, in den Kühlschrank stellen und erst 45 Minuten bis 1 Stunde vor dem Servieren in den Tiefkühler stellen.

Die Vanilleschote besitzt auch nach dem Mitkochen noch so viel Aroma, daß man sie für Vanillezucker verwenden kann. Die Schote dafür abspülen, trockentupfen, in Stückchen schneiden und zwischen Zucker in ein Glas legen.

CREMES, MOUSSES UND FLAMMERIS

E CKART   W ITZIGMANN

★ ★ ★

Die Flammeris gehören mit zu den
unkompliziertesten Süßspeisen, die sich mit den
Früchten der jeweiligen Jahreszeit
variieren lassen – mit Beeren und Kirschen
im Frühjahr und Sommer, im Winter
mit karamelisierten Äpfeln, Orangen oder mit
Zwetschgenröster (Rezept Seite 214).

Feste Cassissauce

Für 250 ml Sauce
Zubereitungszeit: 20 Minuten

300 g schwarze Johannisbeeren,
ohne Rispen gewogen
je ½ unbehandelte Orange und
Zitrone, in Scheiben geschnitten
je ½ Zimtstange und Vanilleschote
125 g Zucker
50 ml Rotwein
40 ml Cassislikör
Außerdem nach Belieben:
etwas Rotwein
etwas Vanillepuddingpulver

1. Die Johannisbeeren mit allen Zutaten, bis auf den Cassislikör, langsam aufkochen. 2 Minuten kochen lassen, dann pürieren, durch ein Sieb passieren und den Cassislikör unterrühren.
2. Nach Belieben kann man die Sauce so verwenden oder etwas Rotwein zugeben, aufkochen und mit ein wenig Puddingpulver leicht binden.
3. Mit der Cassissauce kann man auch eine wunderbare rote Topfenmousse herstellen: Dafür die feste Cassissauce unter die Topfenmousse-Masse ziehen, diese in ein mit einem Tuch ausgelegtes Sieb geben, auf eine Schüssel setzen und kühl stellen. Oder, wie beschrieben, mit dem Spritzbeutel Tupfen in Form von Trauben auf die Dessertteller setzen.

Topfenmousse

Für 4 bis 6 Portionen
Zubereitungszeit: 45 Minuten
Ruhezeit: 3 Stunden

125 g Quark, 20 % Fett i. Tr.
75 g Zucker
½ unbehandelte Zitrone
½ unbehandelte Orange
Mark von ½ Vanilleschote
je 10 ml Kirschwasser und Amaretto
20 ml Rum, 56 Vol.%
250 g Sahne
2 Eiweiß, 60 g
1 Prise Salz

1. Quark mit 25 g Zucker in eine Schüssel geben. Zitrone und Orange waschen, abtrocknen und die Schale fein abreiben. Den Saft auspressen und beides hinzufügen. Vanillemark und Spirituosen ebenfalls zugeben und alles gründlich verrühren.
2. Sahne halbsteif schlagen. Eiweiß mit der Prise Salz und einem Drittel des restlichen Zuckers ebenfalls halbsteif schlagen. Den übriggebliebenen Zucker unterschlagen, so daß die Eiweißmasse cremig wird, von gleicher Konsistenz wie die Sahne.
3. Zuerst die geschlagene Sahne unter die Quarkmasse ziehen, dann das Eiweiß unterheben. Ein Haarsieb mit einem Tuch auslegen und auf eine Schüssel setzen. Die Quarkmasse einfüllen und 3 Stunden zugedeckt in den Kühlschrank stellen.
4. Die Mousse erst unmittelbar vor dem Servieren aus dem Kühlschrank nehmen. Einen Eßlöffel kurz in kaltes Wasser tauchen, ovale Nocken ausstechen und je drei davon auf Dessertteller legen.
5. Das Dessert mit frischen Erdbeeren, Heidelbeeren oder Himbeeren garnieren. Mit einem Spritzbeutel und einer runden Lochtülle eine Weinrebe aufspritzen. Hübsch ist auch eine Dekoration aus Zitrusfrüchten mit einem Hippenblatt (Rezept Seite 185).

Steirische Kürbismousse

Für 4 bis 5 Portionen
Zubereitungszeit: 1 Stunde 30 Minuten
Ruhezeit: 3 bis 4 Stunden

250 g Kürbisfleisch, in grobe Stücke geschnitten, ohne Schale und Kerne abgewogen

je 1/2 unbehandelte Zitrone und Orange

1/2 Vanilleschote

1/2 Zimtstange

10 g geschälter frischer Ingwer

1 TL Honig

3 Blatt Gelatine

Saft von 1 Zitrone

1 EL Ingwersirup

10 ml Grand Marnier

200 g Sahne

100 g Crème fraîche

3 Eiweiß, 90 g

45 g Zucker

1. Den Backofen auf 200° C vorheizen. Kürbis auf ein großes Stück Alufolie legen. Zitrone und Orange in Scheiben schneiden und mit der aufgeschnittenen Vanilleschote, der Zimtstange, dem Ingwer und dem Honig daraufgeben. Folie gut verschließen, so daß nichts auslaufen kann. Das Päckchen in eine Form legen und auf die mittlere Schiene des Backofens schieben. Den Kürbis 45 Minuten backen.

2. Päckchen kurz abkühlen lassen. Gewürze und Zitrusscheiben entfernen und das Kürbisfleisch mit dem entstandenen Saft pürieren und durch ein Sieb passieren.

3. Gelatine in kaltem Wasser einweichen und ausdrücken, etwas Kürbispüree separat erwärmen und die Gelatine darin auflösen. Dann unter das übrige Kürbispüree rühren. Das Püree über eine Schüssel mit Eiswasser und Eiswürfel setzen und kalt rühren, bis es zu stocken beginnt.

4. Den durchgesiebten Zitronensaft, Ingwersirup und Grand Marnier unterrühren. Die Sahne mit der Crème fraîche aufschlagen. Das Eiweiß mit dem Zucker zu cremigem Schnee schlagen. Zuerst die Sahne unterheben, dann den Eischnee.

5. Mousse in die gewünschten Portionsförmchen oder -gläser füllen. Kalt stellen, bis sie fest geworden ist.

CREMES, MOUSSES UND FLAMMERIS

E CKART W ITZIGMANN

Anrichten läßt sich die Mousse
sehr dekorativ mit kleinen Walderdbeeren.
Aber auch andere Beeren schmecken gut
dazu, wobei rote Beeren für Farbkontrast sorgen.
Man kann die Mousse aber auch mit
einer Vanillesauce (Rezept Seite 26) servieren.

Mohnmousse

Für 4 bis 6 Portionen
Zubereitungszeit: 45 Minuten
Kühlzeit: 3 Stunden

100 g frisch gemahlener Mohn
250 ml weißer Portwein
1 TL Powidl (Rezept Seite 215)
200 g weiße Kuvertüre
2½ Blatt Gelatine
1 Eigelb, 20 g, 1 Ei, 60 g
20 ml Cognac
Mark von ½ Vanilleschote
1 Prise Zimt
500 g Sahne
Butter für die Formen

1. Den Mohn mit Portwein in einem Topf verrühren, bei Mittelhitze und unter Rühren aufkochen. So lange reduzieren, bis eine trockene Mohnmasse übriggeblieben ist.
2. Den Powidl unterrühren und alles erkalten lassen. Kuvertüre in einem 40° C warmen Wasserbad schmelzen. Gelatine in kaltem Wasser einweichen.
3. Eigelb und Ei in einer Schüssel über dem Wasserdampf mit dem Schneebesen weißschaumig aufschlagen. Gelatine ausdrücken und zugeben, dann die aufgelöste Kuvertüre. Alles miteinander verrühren.
4. Mohnmasse mit Cognac, Vanillemark und Zimt unter die Eimischung heben und auf Körpertemperatur abkühlen lassen.
5. Sahne halbfest schlagen. Hat die Mohn-Eier-Mischung die gewünschte Temperatur erreicht, zuerst ein Drittel, dann den Rest der Sahne vorsichtig unterheben.
6. Eine Schüssel mit flüssiger Butter ausstreichen, mit Mousse füllen und für 3 Stunden kalt stellen. Mit einem in heißes Wasser getauchten Eßlöffel Nocken abstechen und auf Tellern anrichten. Zu jeder Portion eine Feige servieren, die zuvor einen Tag in Cassissauce eingelegt worden war. Mit Minzeblättchen garnieren.

Joghurtmousse

Für 4 bis 6 Portionen
Zubereitungszeit: 30 Minuten
Kühlzeit: 3 Stunden

130 g stichfester, fettarmer Joghurt
130 g Crème fraîche
Saft von 1 Limette
50 g Puderzucker
2½ Blatt Gelatine
125 g Sahne
2 Eiweiß, 60 g
20 g Zucker

1. Joghurt, Crème fraîche, Limettensaft (ersatzweise die gleiche Menge Zitronensaft) und Puderzucker verrühren. Gelatine in kaltem Wasser einweichen. Die Sahne steif schlagen. Die Gelatine ausdrücken und in einem Töpfchen in dem anhaftenden Wasser schmelzen.
2. Die Gelatine unter die Sahne ziehen und diese vorsichtig unter die Joghurtmasse mischen. Eiweiß mit Zucker zu steifem, aber nicht schnittfestem Schnee schlagen und diesen ebenfalls unterheben.
3. Die Mousse in leicht mit Butter ausgefettete Portionsförmchen oder in eine Kuppelform füllen und für 3 Stunden kalt stellen. Man kann die Mousse auch, wie bei Passionsfruchtmousse (Rezept Seite 79) beschrieben, verarbeiten.

Man kann die eingeweichte Gelatine auch in einem kleinen Teil leicht erwärmter Joghurtmasse auflösen und dann unterziehen. Zum Schluß Sahne und Eiweiß unterheben.

Bananenmousse

Für 4 Portionen
Zubereitungszeit: 45 Minuten
Kühlzeit: 2 Stunden

2½ Blatt Gelatine

250 g mittelreife Bananen, ohne Schalen gewogen (etwa 3 Stück)

Saft von 1 Zitrone

50 ml Bananenlikör

30 g Butter

½ Mokkalöffel Ascorbinsäure (Vitamin C-Pulver aus der Apotheke)

65 g Zucker

2 Eiweiß, 60 g

125 g Sahne

---

1. Gelatine in kaltem Wasser einweichen. Die Bananen schälen, sofort in Stücke schneiden und mit Zitronensaft, Bananenlikör und Butter einmal aufkochen. Den Topf von der Herdplatte ziehen und die Bananen mit dem Mixstab pürieren. Das Püree durch ein Sieb streichen.

2. Gelatine ausdrücken und mit der Ascorbinsäure (sie hält die Mousse schön weiß) unterrühren, bis sie sich aufgelöst hat. Danach auf Eiswasser mit Eiswürfeln kalt rühren.

3. Zucker in 50 ml Wasser bis auf 121° C erhitzen (etwa 5 Minuten kochen). Eiweiß leicht schaumig schlagen und den Zucker in das Eiweiß einlaufen lassen. Dabei immer weiterschlagen, bis das Eiweiß wieder kalt ist. Diese »italienische Meringe« genannte Masse unter das festwerdende Bananenpüree heben.

4. Die Sahne nicht ganz fest schlagen und ebenfalls unterheben. Die Mousse in die gewünschten Portionsförmchen füllen und vor dem Servieren mindestens 2 Stunden kalt stellen. Die Mousse bald aufbrauchen, sie hält sich nicht lange.

Zu diesem aromatischen Dessert paßt gut eine Schokoladensauce. Aber auch frische Erdbeeren und eine Rumsauce (Rezept Seite 155) sind dazu zu empfehlen.

CREMES, MOUSSES UND FLAMMERIS

ECKART WITZIGMANN

Für dieses Dessert ist der richtige Reifegrad der Bananen sehr wichtig: Sie dürfen nicht zu hart, aber auch nicht zu weich sein und müssen ihr Aroma voll entfaltet haben. Der Reifegrad ist entscheidend für Farbe, Konsistenz und Geschmack der Mousse.

Gewürzkaffeemousse

Für 6 bis 8 Portionen
Zubereitungszeit: 1 Stunde
Kühlzeit: 3 Stunden

---
500 ml Espresso
---
je 2 Gewürznelken, Vanilleschoten
und Zimtstangen
---
1 kleines Lorbeerblatt
---
20 Korianderkörner
---
150 g weiße Kuvertüre
---
4 Blatt Gelatine
---
1 Ei, 60 g
---
1 Eigelb, 20 g
---
10 ml Cognac
---
20 ml Whisky
---
560 g Sahne
---
3 Eiweiß, 90 g
---
50 g Zucker
---
1 Prise Salz
---
flüssige Butter für die Förmchen
---

1. Espresso mit den Gewürzen in eine Kasserolle geben und bei mittlerer Hitze auf 100 ml einkochen. Abkühlen lassen.
2. Kuvertüre in eine kleine Schüssel geben und im Wasserbad bei 40° C schmelzen. Gelatine in kaltem Wasser einweichen.
3. Ei mit Eigelb in einer Schüssel mit dem Schneebesen über Wasserdampf weißschaumig aufschlagen. Gelatine ausdrücken, unter die Eiermasse mischen. Kuvertüre unterrühren.
4. Die Spirituosen und den abgeseihten Espresso unterrühren. Die Mischung auf Wasser mit Eiswürfeln kalt rühren, bis sie anfängt, fest zu werden.
5. Sahne halbsteif schlagen. Eiweiß und Zucker mit 1 Prise Salz cremig aufschlagen. Zuerst die Sahne, dann den Eischnee unter die Mousse heben.
6. Eine Schüssel oder 6 bis 8 Förmchen mit etwas flüssiger Butter ausstreichen, mit Mousse füllen und 3 Stunden kalt stellen.
7. Vor dem Servieren die Förmchen kurz in heißes Wasser tauchen, dann läßt sich die Mousse leicht stürzen oder Nocken abstechen.

Wer keine Espressomaschine besitzt, kann auch normalen Kaffee verwenden und nach dem Reduzieren einen knappen Teelöffel Instant-Kaffeepulver untermischen.

ECKART WITZIGMANN

Mit kleinen Schnitten der Baumkuchentorte
(Rezept Seite 139) servieren. Das sieht
nicht nur verlockend aus, sondern ergänzt sich
auch geschmacklich auf ideale Weise.

CREMES, MOUSSES UND FLAMMERIS

Dunkle Schokoladenmousse

Für 6 Portionen
Zubereitungszeit: 40 Minuten
Kühlzeit: 2 Stunden

---
200 g Zartbitterkuvertüre
50 g Vollmilchkuvertüre
1 Ei, 60 g
2 Eigelb, 40 g
10 ml Strohrum, 80 Vol.%
10 ml Cognac
625 g Sahne

1. Die Zartbitterkuvertüre mit der Vollmilchkuvertüre in einer Schüssel im heißen Wasserbad bei 45° C auflösen.
2. Ei und Eigelb in einer Schüssel über nicht siedendem Wasser (etwa 80° C) schlagen, bis die Masse weißschaumig ist und deutlich an Volumen gewonnen hat. Die aufgelöste Kuvertüre unterrühren. Rum und Cognac zugießen und alles glattrühren.
3. Die Schokoladenmasse abkühlen lassen, bis sie handwarm ist. Die Sahne halbfest schlagen und zuerst ein Drittel, dann den Rest vorsichtig mit einem Gummispatel unterheben.
4. Die Masse in eine Schüssel oder in Portionsformen oder Gläser füllen und mit Folie abdecken. 2 Stunden kalt stellen und fest werden lassen. Die Formen vor dem Servieren kurz in heißes Wasser tauchen, dann läßt sich die Mousse auf Dessertteller stürzen. Man kann auch mit einem in Wasser getauchten Eßlöffel Nocken aus der Masse abstechen und anrichten.

Wer das zartbittere Aroma dieser Mousse besonders liebt, verwendet ausschließlich dunkle Kuvertüre (insgesamt 250 g) und erhöht die Sahnemenge auf 675 g.

ECKART WITZIGMANN

Man kann der Mousse
eine herbere Note verleihen, indem man
ein wenig Instant-Kaffeepulver und
etwas Zimt hinzufügt.

Weiße Schokoladenmousse

Für 6 Portionen
Zubereitungszeit: 40 Minuten
Kühlzeit: 2 Stunden

250 g weiße Kuvertüre
2 Blatt Gelatine, 560 g Sahne
1 Ei, 60 g
1 Eigelb, 20 g
5 ml Arrak, 10 ml Bacardi
15 ml Crème de Cacao, weiß,
oder Cointreau

1. Die Kuvertüre im heißen Wasserbad bei 45°C schmelzen. Die Gelatine in kaltem Wasser einweichen. Die Sahne halbfest schlagen.
2. Ei und Eigelb in einer Schüssel über siedendem Wasser mit dem Schneebesen so lange schlagen, bis die Masse weißschaumig ist und deutlich an Volumen gewonnen hat.
3. Gelatine ausdrücken, in die Eiermasse geben und unter Rühren darin auflösen. Die aufgelöste Kuvertüre zugeben und unterrühren, ebenfalls die Spirituosen.
4. Die halbfest geschlagene Sahne mit dem Gummispatel vorsichtig unter die handwarme Schokoladen-Eier-Masse ziehen, zuerst ein Drittel, dann den Rest.
5. Die Mousse in die gewünschten Formen oder in Kelchgläser füllen und mit Folie abdecken. Für 2 Stunden kalt stellen.

Vollmilchschokoladenmousse

Für 6 Portionen
Zubereitungszeit: 40 Minuten
Kühlzeit: 2 Stunden

200 g Vollmilchkuvertüre
50 g Zartbitterkuvertüre
2 Blatt Gelatine
625 g Sahne
1 Ei, 60 g
1 Eigelb, 20 g
15 ml Cognac
10 ml Birnengeist

1. Vollmilch- und Zartbitterkuvertüre in einer Schüssel im heißen Wasserbad bei 45°C auflösen. Gelatine in kaltem Wasser einweichen. Die Sahne halbfest schlagen.
2. Ei und Eigelb in einer Schüssel über siedendem Wasser mit einem Schneebesen schlagen, bis die Masse weißschaumig ist und deutlich an Volumen gewonnen hat.
3. Gelatine ausdrücken und in der Eiermasse unter Rühren auflösen. Spirituosen unterrühren.
4. Mit einem Gummispatel zuerst ein Drittel der halbfest geschlagenen Sahne vorsichtig unterheben, dann den Rest.
5. Mousse in die gewünschten Formen füllen und mit Folie abdecken. 2 Stunden kalt stellen.

CREMES, MOUSSES UND FLAMMERIS

ECKART WITZIGMANN

Für ein besonderes Dessert verschiedenfarbige Mousse zubereiten: Dafür abwechselnd Schichten mit heller und dunkler Mousse in eine Form füllen, zwischendurch jede Schicht jeweils im Tiefkühler fest werden lassen. Zum Anrichten mit einem Löffel Nocken abstechen.

Karamelcreme

Für 4 bis 6 Portionen
Zubereitungszeit: 40 Minuten
Kühlzeit: 4 Stunden

6 Blatt Gelatine
120 g Zucker
250 ml Milch
1 Vanilleschote
3 Eigelb, 60 g
50 g Crème fraîche
2 Eiweiß, 60 g
300 g Sahne
40 g Zucker
10 ml Rum
Fett für die Förmchen

1. Die Gelatine in reichlich kaltem Wasser einweichen. Einen Topf stark erhitzen. Darin nach und nach und unter Rühren mit einem Holzlöffel den Zucker schmelzen. Wenn sich der ganze Zucker aufgelöst und eine schöne, hellbraune Farbe angenommen hat, mit 65 ml warmem Wasser ablöschen.

2. Die Milch in einen Topf gießen. Die Vanilleschote aufschneiden, das Mark auskratzen und mit der Schote zur Milch geben. Alles aufkochen und unter die Karamelmischung rühren. Erneut aufkochen. Eigelb mit dem Handmixer schaumig aufschlagen. Die kochende Karamelmilch unter Rühren auf die Eigelbcreme gießen, dabei die Schote zurückbehalten. Danach die ausgedrückte Gelatine und die Crème fraîche unterrühren.

3. Die Mischung über eine größere Schüssel mit Eiswasser (kaltes Wasser mit Eiswürfeln) stellen und unter gelegentlichem Rühren kalt werden lassen.

4. In dieser Zeit das Eiweiß mit dem Zucker und die Sahne aufschlagen. Die Karamelmilch aus dem Eiswasser nehmen, wenn sie leicht angezogen hat bzw. cremig wird. Den Rum hinzufügen. Die Sahne und das aufgeschlagene Eiweiß vorsichtig unterheben.

5. Die Karamelcreme in die gewünschten, leicht eingefetteten Förmchen füllen und mindestens 4 Stunden kalt stellen, dann läßt sie sich stürzen.

Dieses Dessert schmeckt besonders gut mit Armagnac-Pflaumen. Dazu eingelegte Dörrpflaumen (Rezept Seite 214) nach Belieben mit Armagnac aromatisieren und mindestens einen Tag durchziehen lassen.

Blancmanger von Kokosnuß

Für 6 Portionen
Zubereitungszeit: 1 Stunde 15 Minuten
Ruhezeit: 12 Stunden
Kühlzeit: 1 Stunde

Für das Blancmanger:

75 g Ananaswürfel

75 g Birnenwürfel

125 g Zucker

100 ml Weißwein

100 g Kokosraspeln

25 g Akazienhonig

250 ml Kokosmilch (in China- oder Thailäden erhältlich)

5 Blatt Gelatine

30 ml Malibu-Likör

250 g Sahne

Für die Eierlikörcreme:

2 Blatt Gelatine

150 g Sahne

100 ml Eierlikör (Rezept Seite 223)

1 Eiweiß, 30 g

10 g Zucker

1. Die Früchte vorbereiten und abwiegen. 50 g Zucker mit 50 ml Wasser und dem Wein einmal kräftig aufkochen. Die Früchte untermischen und kurz aufkochen. Zuerst im Sieb, dann auf Küchenpapier abtropfen lassen und kalt stellen.

2. Die Kokosraspel mit Honig in einem Topf hell anrösten, mit Kokosmilch aufgießen. 75 g Zucker zugeben, alles einmal aufkochen, vom Herd nehmen und in eine Schüssel umfüllen. Über Nacht zugedeckt stehen lassen.

3. Die Mischung am nächsten Tag mit dem Mixstab pürieren, durch ein Sieb passieren und abmessen: Sie soll 240 ml ergeben. (Eventuell mit Milch aufgießen.)

4. Die Gelatine einweichen. Den Malibu leicht erwärmen. Die Gelatine ausdrücken und darin auflösen. Alles unter die Kokosflüssigkeit mischen und über einer Schüssel mit eiskaltem Wasser und Eiswürfeln kalt rühren.

5. Die Sahne halbfest aufschlagen und unterheben, zum Schluß die pochierten, trockenen Früchtewürfel unterziehen. Die Creme in 6 Ringformen von 12 cm Durchmesser bis 0,5 cm unter den Rand füllen und kalt stellen.

6. Für die Eierlikörcreme die Gelatine in reichlich kaltem Wasser einweichen. Die Sahne nicht zu fest aufschlagen. Etwas vom Eierlikör erwärmen und die ausgedrückte Gelatine darin auflösen, dann unter den restlichen Eierlikör mischen.

7. Eiweiß mit Zucker zu einem cremigen Schnee aufschlagen und mit der Sahne unter den Eierlikör heben. Diese Creme dünn auf das leicht festgewordene Kokosmus in den Förmchen geben und alles für 1 Stunde kalt stellen.

8. Vor dem Servieren die Ringformen kurz in warmes Wasser tauchen und auf Dessertteller stürzen.

> Zu dem Blancmanger mit Eierlikörcreme passen ein Carpaccio aus dünnen Ananasscheiben und frische Erdbeeren.

CREMES, MOUSSES UND FLAMMERIS

CREMES, MOUSSES UND FLAMMERIS

Passionsfruchtmousse

Für 4 bis 6 Portionen
Zubereitungszeit: 45 Minuten
Kühlzeit: 3 Stunden

375 ml Passionsfruchtsaft von
1 kg Passionsfrüchten
4 Blatt Gelatine
40 g Puderzucker
20 ml Wodka
250 g Sahne
3 Eiweiß, 90 g
50 g Zucker
Butter zum Ausstreichen der Form

1. Für die Gewinnung des Saftes die Passionsfrüchte halbieren. Das Fruchtfleisch mit einem Löffel auskratzen, mit dem Handmixer kurz anpürieren, damit sich das Fleisch von den Kernen löst. Die Kerne dürfen dabei nicht verletzt werden, sonst wird der Saft unangenehm bitter.

2. Gelatine in kaltem Wasser einweichen. Passionsfruchtsaft mit dem Puderzucker verrühren. Wodka in einer kleinen Sauteuse auf 40° C erwärmen. Gelatine ausdrücken, darin auflösen und in den Passionsfruchtsaft rühren.

3. Die Schüssel mit dem Saft ins Tiefkühlfach stellen und unter gelegentlichem Rühren leicht cremig werden lassen.

4. Während dieser Zeit die Sahne halbfest schlagen. Eiweiß mit dem Zucker zu einem cremigen Schnee aufschlagen, der die gleiche Konsistenz wie die Sahne besitzen sollte.

5. Unter den leicht angedickten Saft zuerst die Sahne rühren, dann das geschlagene Eiweiß vorsichtig unterheben.

6. Eine beliebige Form oder Schüssel leicht mit Butter ausstreichen. Die fertige Mousse hineinfüllen und 3 Stunden kalt stellen. Dann ist sie so fest, daß man sie stürzen kann.

Die Passionsfrüchte sind beim Einkauf meist noch nicht ganz reif. Am besten läßt man sie ein oder zwei Tage an einem warmen Platz liegen, dann werden die Schalen runzelig. Die Früchte reifen nach und entwickeln ein kräftiges Aroma, die Säure mildert sich.

ECKART WITZIGMANN

Am schönsten ist diese Mousse als Tortenstück
mit verschiedenen Schichten. Dafür die Form mit
Passionsfruchtgelee ausgießen. Dann als Basis
eine weiße Joghurtmousse (Rezept Seite 70) einfüllen,
gefolgt von einem Himbeercoulis, hergestellt aus
100 g Himbeersauce und mit einem Blatt Gelatine angedickt.
Darauf folgt Passionsfruchtmousse.

CREMES, MOUSSES UND FLAMMERIS

Lebkuchenflammeri

Für 6 Portionen
Zubereitungszeit: 50 Minuten
Kühlzeit: 3 Stunden
(Für die Sauce nach Möglichkeit 12 Stunden.)

Für den Flammeri:

70 g Lebkuchen ohne Oblaten

100 ml Milch

½ Vanilleschote

3 Blatt Gelatine

1 Ei, 50 g

1 Eigelb, 20 g

abgeriebene Schale von je

¼ unbehandelten Zitrone und Orange

Saft von ¼ Orange

20 ml Rum

250 g Sahne

1 Eiweiß, 30 g

10 g Zucker

Für die Punschsauce:

5 g Assam-Tee

⅕ geschälte Ananas in Scheiben

½ unbehandelte Orange in Scheiben

40 ml Orangensaft

¼ Zimtstange

½ Vanilleschote

1 Gewürznelke

50 g Zucker

80 ml Rotwein

25 ml Sherry

25 ml Kirschwasser

50 ml Rum

10 g Vanillepuddingpulver

1. Lebkuchen grob zerschneiden. Die Milch mit der aufgeschnittenen Schote und ihrem Mark aufkochen und abkühlen lassen, bis sie nur noch lauwarm ist. Die Milch über den Lebkuchen gießen und durchziehen lassen, bis er sich richtig vollgesogen hat.
2. Gelatine in reichlich kaltem Wasser einweichen. Ei und Eigelb über einem heißen Wasserbad weißschaumig aufschlagen. Dann die ausgedrückte Gelatine darin unter Rühren auflösen.
3. Den eingeweichten Lebkuchen mit dem Gummispatel vorsichtig unterheben. Die Zitrusschalen und den Orangensaft sowie den Rum hinzufügen und ebenfalls untermischen.
4. Diese Masse leicht abkühlen lassen. Die Sahne halbfest und das Eiweiß mit dem Zucker cremig schlagen. Nacheinander unter die Masse ziehen.
5. Die Flammerimasse in Kuppelförmchen oder in Espressotassen füllen und 3 Stunden kalt stellen.
6. Für die Punschsauce 100 ml Wasser aufkochen, den Tee hineingeben und 5 Minuten ziehen lassen. Tee durch ein Sieb gießen und die restlichen Zutaten, bis auf das Puddingpulver, hinzufügen.
7. Die Flüssigkeit bis auf die Hälfte einkochen und – wenn man genügend Zeit hat – über Nacht zugedeckt kühl stellen.
8. Die Flüssigkeit durch ein Sieb in einen kleinen Topf gießen und aufkochen. Puddingpulver in 2 EL Wasser auflösen und unterrühren. Noch einmal aufkochen, dann ist die Sauce fertig.

Nach dem Erkalten kann man die Oberfläche der Flammeris in den Förmchen mit einer dünnen Biskuitschicht abdecken und die Flammeris nach dem Stürzen mit der gleichen Schokoladen-Öl-Glasur überziehen. Dieser kann man vorher noch kandierte, feingehackte Nüsse – Menge nach Belieben – zusetzen.

Reisflammeri mit Ananas

Für 8 Portionen
Zubereitungszeit: 1 Stunde
Kühlzeit: 3 Stunden

60 g Langkornreis

200 ml Milch

Schale von je

¼ unbehandelten Orange und Zitrone

1 Vanilleschote

¼ Zimtstange

30 g Zucker

3 Eigelb, 60 g

100 g Puderzucker

30 g getrocknete Aprikose

30 g Rosinen

40 g Läuterzucker

5 Blatt Gelatine

125 ml Orangensaft

20 ml Cointreau

250 g Sahne

5 Eiweiß

30 g Zucker

1 Prise Salz

1 schöne Ananas

30 g Butter und

Butter für die Förmchen

30 g Puderzucker

1. Backofen auf 170° C vorheizen. Den Reis in reichlich Wasser geben, einmal aufkochen, dann abgießen.

2. Den Reis in einen ofenfesten Topf oder in eine Form geben. Milch, Zitrusschalen, Vanilleschote und -mark, Zimtstange und Zucker untermischen. Topf oder Form abdecken und den Reis auf der mittleren Schiene im Ofen dünsten, bis er weich ist. Dann kalt stellen.

3. Eigelb und Puderzucker schaumig schlagen. Aprikose fein schneiden und mit den Rosinen und dem Läuterzucker zugeben und unterrühren. Gelatine im leicht erwärmten Orangensaft einweichen und auflösen, mit dem Cointreau ebenfalls unter den Reis rühren.

4. Die Sahne steif schlagen und unter den Reis heben. Diesen kalt stellen und leicht fest werden lassen. Vor dem Fertigstellen Eiweiß mit Zucker und Salz cremig schlagen und unterziehen.

5. Die Ananas schälen und auf der Aufschnittmaschine dünn aufschneiden. Den Strunk ausstechen. In einer beschichteten Pfanne die Butter zerlaufen lassen, Ananas einlegen, mit Puderzucker bestreuen und bei Mittelhitze leicht karamelisieren. Auf einem Gitter abtropfen lassen.

6. Gewünschte Form leicht mit flüssiger Butter einpinseln, Ananasscheibchen hineinlegen und mit Flammeri auffüllen. Die Höhe soll maximal 2 cm betragen.

7. Den Flammeri 3 Stunden kühl stellen, dann die Form leicht erwärmen, so läßt er sich besser auf Dessertteller stürzen.

CREMES, MOUSSES UND FLAMMERIS

ECKART WITZIGMANN

Das ist meine leichte Version des Dessertklassikers »Reis Trautmannsdorf«, der im Original wesentlich üppiger ausfällt. Empfehlenswert ist, das dennoch sättigende Dessert nur als Krönung eines kleinen Mittagsmenüs zu servieren.

Himbeermousse

Für 4 bis 6 Portionen
Zubereitungszeit: 45 Minuten
Kühlzeit: 3 Stunden

375 g passiertes ungesüßtes Himbeerpüree
6 Blatt Gelatine
2½ EL Zitronensaft
40 ml Himbeergeist
160 g Zucker
3 Eiweiß, 90 g
375 g süße Sahne
etwas Butter für die Formen

1. Das Himbeerpüree erwärmen. Die Gelatine in kaltem Wasser kurz einweichen, ausdrücken und unter das Püree rühren, bis sie sich aufgelöst hat. Alles in eine kleine Schüssel füllen und ins Tiefkühlfach stellen, bis das Püree fest zu werden beginnt. Dann Zitronensaft und Himbeergeist unterrühren.

2. Aus Zucker und Eiweiß eine italienische Meringe herstellen. Dafür den Zucker mit 100 ml Wasser aufkochen, abschäumen und 5 bis 7 Minuten gut durchkochen, bis die Mischung auf 125° C erhitzt ist. (Das läßt sich mit dem Zuckerthermometer prüfen.) Kurz bevor der Zucker diese Temperatur erreicht hat, mit dem Handmixer das Eiweiß in einer Edelstahlschüssel halbfest aufschlagen.

3. Den fertiggekochten Zucker dann auf einmal in das Eiweiß gießen und so lange schlagen, bis es kalt ist. Das geht am besten, wenn man die Schüssel in ein kaltes Wasserbad setzt.

4. Unter das leicht festgewordene Himbeerpüree die Meringe heben. Die Sahne nicht zu fest schlagen und anschließend ebenfalls unterheben.

5. Die fertige Himbeermousse in leicht ausgebutterte Formen oder kleine Schüsseln füllen und für 3 Stunden kalt stellen. Vor dem Servieren die Formen oder Schüsseln kurz in heißes Wasser tauchen und die Mousse auf Dessertteller stürzen.

Die fruchtige, zarte Mousse läßt sich mit Löffelbiskuits besonders schön anrichten (Rezept Seite 172). Für dieses Dessert werden die Biskuits allerdings kürzer aufgespritzt, in einer Länge von etwa 4 cm. Die Löffelbiskuits rund um die gestürzte Mousse einfach ansetzen, sie halten von selbst. Dann das Dessert sofort servieren.

CREMES, MOUSSES UND FLAMMERIS

Eckart Witzigmann

★ ★ ★

Für das Himbeerpüree kann man sehr gut
auch aufgetaute Tiefkühl-Himbeeren verwenden.
Die Himbeeren mit dem Mixstab pürieren
und durch ein Sieb passieren. Für das Gelee auf der Mousse
Tiefkühl-Himbeeren in einer zugedeckten Schüssel
auf dem heißen Wasserbad Saft ziehen lassen,
diesen mit Zucker und Himbeergeist abschmecken
und mit eingeweichter Gelatine binden.
Auf die Mousse geben und erstarren lassen.

Somlauer Nockerln

Für 12 Portionen
Besondere Geräte: 2 Tortenringe oder Springformränder von 24 cm Durchmesser
Zubereitungszeit: 2½ bis 3 Stunden

Für die Wiener Böden:

100 g Butter

8 Eier, 400 g

250 g Zucker, 1 Prise Salz

10 g Vanillezucker, 25 g Glukose

abgeriebene Schale von

½ unbehandelten Zitrone

125 g Mehl

125 g Weizenstärkemehl

20 g Kakaopulver, stark entölt

60 ml Milch

Zum Tränken:

70 g Zucker

30 g Vanillezucker

abgeriebene Schale von je

1 unbehandelten Orange und Zitrone

¼ Zimtstange

25 g Glukose

60 ml Rum

75 ml Orangensaft

80 ml Milch

Für die bayerische Creme:

50 g Rosinen, 15 ml Rum

500 ml Milch, 2 Vanilleschoten

5 Eigelb, 100 g

150 g Zucker

6 Blatt Gelatine

5 Eiweiß, 150 g

1 Prise Salz

400 g Sahne, 50 g dunkle Kuvertüre

150 g geröstete, feingehackte Nüsse

100 g geraspelte Schokolade

1. Die Tortenringe beziehungsweise die Springformränder mit Backpapier einschlagen. Den Backofen auf 190° C vorheizen. Die Butter schmelzen und auf 40° C abkühlen lassen.
2. Eier mit dem Zucker auf einem 80° C heißen Wasserbad bis auf etwa 45° C weißschaumig aufschlagen. Dann mit dem elektrischen Handmixer auf höchster Stufe in 5 Minuten kalt schlagen. Dabei nach und nach Salz, Vanillezucker, Glukose, die abgeriebene Zitronenschale und 25 ml lauwarmes Wasser zugeben.
3. Die Masse weitere 10 bis 15 Minuten bei Stufe 2 schaumig schlagen. In die kalte Creme rasch mit einem großen Schneebesen das gesiebte Mehl mit dem Weizenstärkemehl unterheben.
4. 4 bis 5 EL von der Masse abnehmen und mit der Butter verrühren. Diese Mischung unter den übrigen Teig ziehen.
5. Den Teig halbieren. Kakaopulver mit der Milch verrühren und unter eine Teighälfte mischen. Die helle und die dunkle Masse separat in die Tortenringe füllen. Den Backofen auf 180° C herunterschalten und die Wiener Böden 20 bis 25 Minuten backen.
6. Für die Flüssigkeit zum Tränken 120 ml Wasser mit Zucker, Vanillezucker, Zitrusschalen und Zimtstange kräftig aufkochen. Vom Herd ziehen, Orangensaft, Glukose und 40 ml Rum zufügen und abkühlen lassen. Durch ein feines Haarsieb seihen.
7. Rosinen in Rum einlegen. Gelatine in kaltem Wasser einweichen. Die Milch mit den ausgeschabten Vanilleschoten sowie dem Vanillemark zum Kochen bringen. Eigelb und 70 g Zucker über dem 80° C heißen Wasserbad weißschaumig aufschlagen. Die heiße Milch in die Eicreme gießen, gut verrühren und zur Rose abziehen. Die Gelatine in kaltem Wasser einweichen, ausdrücken und unterrühren. Die Creme durch ein Haarsieb gießen und auf Eis kalt rühren.
8. Eiweiß mit Salz und 80 g Zucker steif schlagen. Wenn die Creme zu stocken beginnt, zuerst 350 g halbfest geschlagene Sahne, dann den Eischnee unterziehen. Die Hälfte der Creme mit der aufgelösten, ab-

gekühlten Kuvertüre und weiteren 50 g geschlagener Sahne vermischen.

9. Von den Wiener Böden quer jeweils 2 dünne Scheiben herunterschneiden. Mit Ringen von 10 cm Durchmesser kleine Törtchen ausstechen. Den dunklen Biskuit mit der vorbereiteten Flüssigkeit tränken, den hellen mit einer Mischung aus 80 ml Milch und den restlichen 20 ml Rum.

10. Auf die Portionsböden Rumrosinen und 100 g gehackte Nüsse streuen. Abwechselnd dunklen Biskuit und helle Creme, hellen Biskuit und dunkle Creme aufschichten. Die Törtchen 6 Stunden kalt stellen. Vor dem Servieren mit 50 g gehackten Nüssen und geraspelter Schokolade bestreuen.

Ingwermousse

Für 6 Portionen
Zubereitungszeit: 45 Minuten
Kühlzeit: 2 Stunden

---

3 Blatt Gelatine

50 g weiße Kuvertüre

2 Eigelb, 40 g

125 ml Ingwersirup (Rezept Seite 213)

250 ml Milch

250 g Sahne

---

1. Die Gelatine in reichlich kaltem Wasser einweichen. Die Kuvertüre fein hacken und im Wasserbad bei 45° C schmelzen.
2. Eigelb und Ingwersirup in einer Schüssel auf dem Wasserbad mit dem Schneebesen warm aufschlagen, die Milch aufkochen.
3. Die aufgekochte Milch unter Schlagen in das Eigelb gießen und zur Rose abziehen. Den Topf vom Herd nehmen und die eingeweichte, ausgedrückte Gelatine sowie die Kuvertüre untermischen.
4. Diese Masse auf Eiswasser mit Eiswürfeln rühren, bis sie kalt ist. Die Sahne nicht zu fest schlagen und unterziehen.
5. Die Mousse in die gewünschten Förmchen oder in Gläser füllen und mindestens 2 Stunden kühl stellen. Vor dem Servieren etwas Creme in einen Spritzbeutel füllen und die Creme zwischen dünne Schokoladenblätter oder auch in kleine Schokoladenförmchen spritzen, die man fertig kaufen kann. Dazu Kirschragout (Rezept Seite 112) anrichten.

CREMES, MOUSSES UND FLAMMERIS

E CKART W ITZIGMANN

Im Originalrezept werden die Somlauer Nockerln in ein tiefes Blech geschichtet und daraus mit einem Eßlöffel abgestochen. Wesentlich attraktiver ist das Dessert, wenn man die Süßspeise wie hier in Portionsformen anrichtet.

Crème brûlée

Für 6 Portionen
Zubereitungszeit: 45 Minuten
Ruhezeit: 30 bis 60 Minuten
Garzeit: 4 bis 5 Stunden
Kühlzeit: 12 Stunden

250 ml Milch

750 g Sahne

80 g Zucker

10 Eigelb, 200 g

Mark von 2 Vanilleschoten

Farinzucker (brauner Zucker) oder

fein zerbröselter Krokant zum Bestreuen

1. Den Backofen auf 100° C vorheizen. Milch, Sahne, Zucker, Eigelb und Vanillemark in eine Schüssel geben. Alles miteinander verrühren. Darauf achten, daß keine zu starke Schaumbildung entsteht.
2. Die Masse 30 bis 60 Minuten ruhen lassen, dann durch ein Haarsieb streichen und in ofenfeste Förmchen füllen. Auch hierbei darf sich kein Schaum auf der Oberfläche bilden.
3. Die Fettpfanne aus dem Ofen mit Papier auslegen. Die Förmchen hineinstellen. So viel Wasser angießen, daß die Schalen zu einem Drittel in Wasser stehen.
4. Die Creme bei 100° bis 110° C 4 bis 5 Stunden im Ofen pochieren. Abkühlen lassen und am besten über Nacht in den Kühlschrank stellen.
5. Die Creme vor dem Servieren mit Farinzucker oder Krokant bestreuen und direkt unter dem Grill gratinieren, bis sich die Oberfläche bräunt beziehungsweise karamelisiert.

Eckart Witzigmann

Mit einer Garnitur aus frischen Beeren
und einer geeisten Orangenlikörsauce servieren.
Dafür Vanilleeis mit 2 EL Grand Marnier
zu einer Sauce aufmixen.

CREMES, MOUSSES UND FLAMMERIS

Sorbets, Parfaits und Eis

SORBETS, PARFAITS UND EIS

Grand-Marnier-Eissoufflé

Für 6 bis 8 Porzellanförmchen
von 8 cm Durchmesser
Zubereitungszeit: 45 Minuten
Gefrierzeit: 5 Stunden
Foto: Seite 88/89

---
3 Eigelb, 60 g
---
200 g Zucker
---
50 ml Milch
---
abgeriebene Schale von je
½ unbehandelten Zitrone und Orange
---
3 Eiweiß, 90 g
---
450 g geschlagene süße Sahne
---
130 ml Grand Marnier

Kakao nach Geschmack
---

1. Die Porzellanförmchen mit 10 cm hohem Backpapier einschlagen und dieses oben und an der Seite mit Papierklammern befestigen. So können die Förmchen später über ihren eigentlichen Rand hinaus gefüllt werden. Die Formen in den Tiefkühler stellen.

2. Das Eigelb mit 60 g Zucker weißschaumig aufschlagen. Die Milch mit 20 g Zucker aufkochen und zum schaumig geschlagenen Eigelb geben. Zurück in den Topf füllen und alles einmal kurz aufkochen. Danach sofort durch ein Haarsieb in eine Schüssel seihen und auf Eis kalt stellen.

3. Die geriebenen Zitrusschalen unter die Eimasse mengen. Den restlichen Zucker mit 50 ml Wasser aufkochen und auf 121° C erhitzen. Den Sirup unter ständigem Rühren in einem dünnen Strahl in das Eiweiß einlaufen lassen. Das Eiweiß im eiskalten Wasserbad kalt schlagen.

4. Das Eiweiß vorsichtig unter die Eigelbmasse ziehen. Die nicht zu fest geschlagene Sahne und 70 ml Grand Marnier unterheben. Die Masse in die vorbereiteten Formen füllen und mindestens 5 Stunden gefrieren.

5. Vor dem Servieren die Papiermanschetten vorsichtig entfernen. Die Eissoufflés nach Wunsch mit Kakaopulver bestäuben. Mit einem kleinen Parisienne-Ausstecher je eine kleine Kugel aus den Oberflächen der Soufflés ausstechen und in die entstandenen Vertiefungen Grand Marnier füllen.

> Man kann die Backpapierstreifen auch mit Butter einpinseln und um die Förmchen wickeln. Ebenfalls im Tiefkühler vorkühlen.

Eckart Witzigmann

Dem 121° C heißen Zucker kann man auch
Glukose zugeben (10 Prozent des Zuckergewichts):
Dann klebt der Zucker nicht an den Mixstäben.
Die Temperatur des Zuckers kann man prüfen, indem man
mit einem Holzlöffel einen Tropfen abnimmt
und dann mit den Fingern, die man zuvor in Eiswasser
getaucht hat, eine kleine Kugel daraus formt.
Wenn diese sehr weich ist, hat der Zucker
die richtige Konsistenz.

Pralineneis

Für 750 ml
Zubereitungszeit: 45 Minuten

60 g Zartbitterkuvertüre
60 g Nougat
250 ml Milch
250 g süße Sahne
40 g Zucker
2 Eigelb, 40 g
1 Ei, 50 g
abgeriebene Schale von
½ unbehandelten Orange
20 ml Orangenlikör
10 ml Amaretto
20 ml Cognac

1. Die Kuvertüre und den Nougat separat im heißen Wasserbad schmelzen. Die Milch mit der Sahne und dem Zucker aufkochen.
2. In der Zwischenzeit Eigelb, Ei und den restlichen Zucker im heißen Wasserbad schaumig aufschlagen.
3. Die aufgekochte Milch-Sahne-Mischung in die schaumig geschlagenen Eier gießen und zur Rose abziehen. Unter weiterem ständigen Rühren Kuvertüre, Nougat und Orangenschale hinzufügen. Dann die Masse auf Eis bis auf Körpertemperatur kalt rühren.
4. Zum Schluß die Spirituosen einrühren. Die Eismasse in die Eismaschine geben und nicht zu lange gefrieren, damit das Eis schön geschmeidig wird.

Pralinenparfait

Für knapp 1 l
Zubereitungszeit: 40 Minuten
Gefrierzeit: 3 bis 4 Stunden

70 g Zartbitterkuvertüre
30 g dunkles Haselnußnougat
2 Eigelb, 40 g
1 Ei, 50 g
120 g Zucker
abgeriebene Schale von
¼ unbehandelten Orange
Mark von 1 Vanilleschote
20 ml Rum
je 10 ml Whisky, Amaretto und
Cointreau
500 g süße Sahne

1. Kuvertüre und Nougat separat im Wasserbad schmelzen und leicht abkühlen lassen. Eigelb und Ei mit dem Handmixer schaumig aufschlagen. Den Zucker mit 50 ml Wasser bis auf 121° C erhitzen. Dafür den Zucker immer in kaltem Wasser aufsetzen, damit er sich langsam und vollständig auflösen kann.
2. Den Zucker auf einen Schwung zum Eierschaum geben und kräftig unterrühren. Orangenschale und Vanillemark dazugeben. Hat die Zucker-Eier-Masse Körpertemperatur, werden Kuvertüre und Nougat zugegeben.
3. Alles nun so lange schlagen, bis die Masse kalt ist, dann erst den Alkohol untermengen. Die Sahne aufschlagen und in 3 Portionen vorsichtig unter die Parfaitmasse heben. Das Pralinenparfait entweder in einen Schokoladentropfen oder in eine Rehrückenform füllen. Für 3 bis 4 Stunden in das Tiefkühlfach geben.

Für einen Schokoladentropfen etwas dickere Folie in Tropfenform biegen und dick mit flüssiger dunkler Kuvertüre ausstreichen. Mit Parfait füllen. Nach dem Gefrieren die Folie abziehen.

SORBETS, PARFAITS UND EIS

Exotisches Fruchtsorbet

Für knapp 1½ l
Zubereitungszeit: 30 Minuten
Foto: Seite 93

3 Blatt Gelatine

250 g Zucker

¼ Zimtstange

75 g Glukose

325 g Ananasfleisch

150 g geschälte Banane

300 ml frischer Passionsfruchtsaft aus

850 g frischen Früchten (Rezept Seite 79)

125 ml frisch gepreßter Orangensaft

140 ml frisch gepreßter Limettensaft

10 ml Grenadinesirup

1. Die Gelatine in kaltem Wasser einweichen. Den Zucker mit 200 ml Wasser und der Zimtstange aufkochen und 2 Minuten köcheln lassen. Dann den Zimt entfernen, die eingeweichte Gelatine und die Glukose unterrühren.
2. Die Früchte und den Fruchtsaft zufügen und alles mit dem Stabmixer ganz fein pürieren. Anschließend durch ein Haarsieb passieren. Die Sorbetmasse abkühlen lassen. Dann den Grenadinesirup untermischen und alles in der Sorbetiere gefrieren. Mit hauchdünnen Ananas-Kristallinen (Rezept Seite 220) servieren.

Melonensorbet

Für 700 ml
Zubereitungszeit: 20 Minuten

50 ml Melonensaft

(aus dem faserigen Fruchtfleisch

zwischen den Kernen gewonnen)

40 g Zucker

50 ml Orangensaft

40 ml Zitronensaft

15 g Honig

15 g Glukose

100 ml Sauternes

400 g Fruchtfleisch einer aromatisch

duftenden Kantalupe-Melone,

in Stücke geschnitten

20 ml Melonenlikör oder Cognac

1. Den Melonensaft mit dem Zucker und dem Zitrussaft aufkochen. Vom Herd nehmen und Honig und Glukose darin auflösen. Danach den Sauternes und das Melonenfleisch hinzufügen.
2. Alles mit dem Stabmixer sehr gründlich pürieren, dann durch ein Haarsieb passieren. Melonenlikör oder Cognac untermengen. Schließlich alles in der Sorbetiere gefrieren.

E CKART W ITZIGMANN

Anstelle des Fruchtsorbets kann man nach demselben Rezept
auch Ananas- oder Bananensorbet zubereiten. Für ein
Ananassorbet werden Orangen- und Passionsfruchtsaft durch
püriertes Ananasfleisch ersetzt. Für ein Bananensorbet
läßt man die Ananas und den Passionsfruchtsaft weg und gibt dementsprechend mehr Banane sowie etwas Bananenlikör hinzu.

Sorbets, Parfaits und Eis

Mandelparfait

Für 750 ml
Zubereitungszeit: 20 Minuten
Kühlzeit: 2 Stunden
Gefrierzeit: 2 bis 3 Stunden

2½ Blatt Gelatine
3 Eigelb, 60 g
200 ml Mandelsirup (fertig gekauft)
Mark von ½ Vanilleschote
60 ml Amaretto
10 ml Rum, 40 Vol.%
3 Tropfen Bittermandelöl
500 g geschlagene süße Sahne
(ein Messerschnitt muß sichtbar sein,
sonst ist die Sahne nicht steif genug)

1. Die Gelatine in kaltem Wasser einweichen. Eigelb mit dem elektrischen Handmixer weißschaumig aufschlagen. Den Mandelsirup auf 121° bis 123°C erhitzen. Den heißen Sirup auf einen Schwung zum Eigelb geben und untermischen.
2. Die Gelatine ausdrücken und hinzugeben. Unter weiterem ständigem Rühren Vanillemark, Amaretto, Rum und Bittermandelöl nach und nach hinzugeben. Alles abkühlen lassen. Dann die geschlagene Sahne vorsichtig unterheben.
3. Diese Mandelmasse für 2 Stunden kalt stellen. Danach mit dem Spritzbeutel und der 11er Lochtülle Spiralen auf Backpapier dressieren. Diese etwa 2 bis 3 Stunden gefrieren. Das Parfait zwischen Hippen- oder Teeblättern servieren. Dazu paßt sehr gut eine karamelisierte Birne mit Schokoladensauce (Rezept Seite 46).

Teesorbet

Für knapp 1 l
Zubereitungszeit: 25 Minuten
Foto: Seite 95

1½ Blatt Gelatine
125 g Zucker
15 g Vanillezucker
9 g schwarzer Tee
9 g grüner Tee
25 g Minzeblätter
1 Vanilleschote
1 Zimtstange
1½ g frischer oder eingelegter Ingwer
(Rezept Seite 213)
85 g Glukose
50 ml Orangensaft
75 ml Zitronensaft
100 g süße Sahne
25 ml Rum, 40 Vol.%

1. Die Gelatine in kaltem Wasser einweichen. 500 ml Wasser mit Zucker und Vanillezucker aufkochen und vom Herd ziehen. Den schwarzen und grünen Tee mit den Minzeblättern, der aufgeschlitzten Vanilleschote, der Zimtstange, dem Ingwer und der Glukose in das Wasser einrühren.
2. Die Flüssigkeit zugedeckt 8 bis 10 Minuten ziehen lassen. Danach alles durch ein Sieb gießen. Die ausgedrückte Gelatine und den Orangen- und Zitronensaft unterrühren. Wenn die Flüssigkeit abgekühlt ist, die ungeschlagene Sahne und den Rum hinzufügen und in der Sorbetiere gefrieren. Mit Orangenfilets und aufgeschäumtem Joghurt servieren.

Sorbets, Parfaits und Eis

Vanilleeis und Kirschwassereis

Für gut 500 ml
Zubereitungszeit: 30 Minuten

Für das Vanilleeis:

125 ml Milch

375 g süße Sahne

2 Vanilleschoten

100 g Zucker

2 Eier, 100 g

4 Eigelb, 80 g

1 Prise Salz

Für die Himbeersauce:

200 g frische oder tiefgekühlte
Himbeeren

40 g Puderzucker

Saft von ½ Zitrone

20 ml Himbeergeist

1 Messerspitze gemahlener Zimt

Für das Kirschwassereis:

Vanilleeis-Grundmasse

75 g Rohmarzipan

60 ml Kirschwasser

1. Die Milch mit der Sahne, den aufgeschnittenen ausgeschabten Vanilleschoten und dem Mark sowie 50 g Zucker zum Kochen bringen. Unterdessen Eier, Eigelb und den restlichen Zucker im 80° C heißen Wasserbad mit dem Schneebesen schaumig aufschlagen.
2. Wenn die Milch-Sahne-Mischung kocht, die Vanilleschoten entfernen. Die aufgeschlagenen Eier vom Wasserbad nehmen und die kochende Flüssigkeit zügig nach und nach hineinrühren.
3. Die Rührschüssel in Eiswasser stellen und die Eismasse kalt rühren. Dann die Prise Salz untermengen. Die Eismasse durch ein Haarsieb passieren und in der Eismaschine gefrieren.
4. Für die Himbeersauce die Himbeeren mit Puderzucker, Zitronensaft, Himbeergeist und Zimt mit dem Stabmixer pürieren und durch ein feines Sieb passieren.

Wenn man die Hälfte des Zuckers durch Traubenzucker ersetzt, wird das Eis noch cremiger.

Aus der Vanilleeis-Grundmasse läßt sich das köstliche Kirschwassereis zubereiten: Dafür, wie zuvor beschrieben, die Vanille-eis-Grundmasse zubereiten. In die kalt gerührte Eismasse das Rohmarzipan mit dem Mixstab einarbeiten. Anschließend durch ein feines Sieb passieren, das Kirschwasser unterrühren und alles in der Eismaschine gefrieren.

ECKART WITZIGMANN

Vanilleeis mit Himbeeren sind mein liebstes Dessert.
Wenn es schnell gehen soll, richte ich Vanilleeis
auf die einfachste, aber auch schmackhafteste Art an:
mit Himbeersauce. Dazu gibt es eine Hohlhippe aus
Zigarettenmasse (Rezept Seite 185).

SORBETS, PARFAITS UND EIS

Preiselbeereis

Für etwa 1 l
Zubereitungszeit: 30 Minuten

200 ml trockener Rotwein
100 ml Mineralwasser
70 g Zucker
500 g eingemachte Preiselbeeren
(Mischung aus Saft und Beeren 1:1)
50 ml Orangensaft
(Saft von etwa 1 Orange)
120 g eiskalte Butter
3 Eigelb, 60 g

1. Den Rotwein mit Mineralwasser, Zucker, Preiselbeeren und Orangensaft aufkochen. Den Preiselbeerfond auf 80° C temperieren und die Butter Stück für Stück mit dem Stabmixer einmontieren, wie eine »Beurre blanc«. Zum Schluß das Eigelb hinzugeben.
2. Die Eismasse nun in einen Mixbecher geben und 10 bis 15 Minuten bei mittlerer Geschwindigkeit mixen. Oder statt dessen mit dem Handmixer weitere 5 Minuten pürieren. Danach die Eismasse durch ein Haarsieb passieren, noch warm in die Eismaschine füllen und gefrieren.

Cassata »Napolitana«

Für 2 halbrunde Formen von 28 cm Länge
Zubereitungszeit: 60 Minuten
Gefrierzeit: 3 Stunden

gut 1 l ungefrorenes Vanilleeis
(doppelte Portion von Rezept Seite 96)
125 g geschmolzene Zartbitterkuvertüre
300 g italienische kandierte Früchte
50 ml Cointreau
je 75 g grobgehackte Walnußkerne,
Pistazienkerne und Haselnußkerne
225 g Zucker
5 Eiweiß, 150 g
750 g süße Sahne

1. Die Hälfte vom Vanilleeis mit der Kuvertüre vermischen. Vanilleeis und Schokoladeneis gefrieren. Dann die Formen mit dem Vanilleeis etwa 1 cm dick ausstreichen und kurz zum Festwerden in den Tiefkühler geben. Danach das Schokoladeneis 1 cm dick auf das Vanilleeis streichen und die Formen wieder kurz gefrieren.
2. Für den Cassata-Kern die kandierten Früchte in kleine Würfel schneiden und mit dem Cointreau vermischen. Die Nüsse leicht rösten und zu den kandierten Früchten geben.
3. Den Zucker mit 100 ml Wasser auf 121° C kochen. Kurz bevor diese Temperatur erreicht ist, das Eiweiß zu Schnee schlagen. Den gekochten Zucker in einem Strahl unter weiterem Schlagen in das Eiweiß einlaufen lassen. So lange schlagen, bis die Meringe kalt ist.
4. Die Sahne cremig aufschlagen und unter die Meringe ziehen. Zum Schluß die kandierten Früchte und die Nüsse unterheben. Diese Masse als Kern in die ausgekleideten Formen füllen und mindestens 3 Stunden gefrieren.

SORBETS, PARFAITS UND EIS

SORBETS, PARFAITS UND EIS

Zitronengraseis

Für knapp 1 l
Zubereitungszeit: 30 Minuten
Ruhezeit: 12 Stunden
Foto: Seite 98

200 g frisches Zitronengras

200 ml Limettensaft

200 g Zucker

1 EL Glukose

1 Prise geriebene Muskatnuß

200 g süße Sahne

400 ml Milch

1. Das Zitronengras mit dem Sägemesser in kleine Stücke schneiden. Mit dem Limettensaft einmal aufkochen. Den Zucker hinzufügen und nochmals aufkochen.
2. Die Flüssigkeit vom Herd nehmen und Glukose und Muskat einrühren. Diese Grundmasse abkühlen lassen und erst, wenn sie vollkommen erkaltet ist, die Sahne und die Milch dazugeben.
3. Die Eismasse in eine Schüssel umfüllen und über Nacht ziehen lassen. Am nächsten Tag alles mit dem Stabmixer pürieren. Die Eismasse durch ein Haarsieb passieren und in der Eismaschine oder der Sorbetiere gefrieren.

Kakaosorbet

Für knapp 750 ml
Zubereitungszeit: 30 Minuten

100 g Zucker

100 g Zartbitterkuvertüre, feingehackt

40 g stark entöltes Kakaopulver

1 EL Crème fraîche

2 Tropfen Pernod oder einen anderen Anisschnaps, wie Ouzo oder Raki

1. 500 ml Wasser mit dem Zucker aufkochen. Vom Herd ziehen und die feingehackte Kuvertüre und das gesiebte Kakaopulver hineinrühren. Alles auf Zimmertemperatur abkühlen lassen.
2. Dann die Crème fraîche und anschließend den Pernod einrühren. Die Sorbetmasse durch ein feines Sieb passieren und in der Sorbetiere gefrieren.

SORBETS, PARFAITS UND EIS

ECKART WITZIGMANN

Das Gras mit dem intensiven, zitronenartigen Duft
kommt aus den Tropen. Es wird vor allem
in den Küchen Ostasiens und Südindiens für Suppen,
Saucen, Fleischgerichte und Süßspeisen
verwendet. Bei uns erhält man die dicken Halme
frisch in Asienläden.

Walnußeis

Für knapp 1 l
Zubereitungszeit: 45 Minuten

50 g Zucker

50 g grobgehackte Walnußkerne

Öl für das Blech

80 g Ahornsirup, 125 g Walnußkerne

100 g süße Sahne, 400 ml Milch

1 Vanilleschote, 3 Eier, 150 g

3 Eigelb, 60 g, 40 g Zucker,

20 g Nougat, 20 ml Cognac

1. Für den Krokant einen kleinen Topf stark erhitzen. Etwas Zucker hineingeben und schmelzen lassen. Ist der Zucker aufgelöst, weiteren Zucker hinzufügen. Dabei mit einem Holzlöffel ständig rühren. So fortfahren, bis der gesamte Zucker aufgelöst und schön goldbraun ist.

2. Die gehackten Walnußkerne unterrühren. Den Krokant auf ein geöltes Blech oder Backpapier geben und auskühlen lassen.

3. Für das Eis den Ahornsirup im Topf erhitzen, die Walnußkerne hinzugeben und etwas rösten lassen. Sahne, Milch, ausgekratztes Vanillemark sowie die Schote dazugeben und alles zum Kochen bringen.

4. Unterdessen Eier, Eigelb und Zucker in einer Metallschüssel im 80° C heißen Wasserbad weißschaumig aufschlagen. Unter ständigem Rühren die Walnuß-Sahne-Milch daraufgießen und den Nougat hinzufügen.

5. Die Schüssel auf Eis setzen und die Masse so lange rühren, bis sie abgekühlt ist. Mit dem Stabmixer pürieren und alles durch ein Sieb passieren. Danach den Cognac zugeben. Die Masse in der Eismaschine gefrieren.

6. Den Krokant fein hacken und unter die fast gefrorene Eismasse ziehen.

7. In Marzipanhippenblättern anrichten (Rezept Seite 184).

Zimteis

Für knapp 1 l
Zubereitungszeit: 30 Minuten
Ruhezeit: 12 Stunden

Für den Zimtsirup:

30 g Zimtstangen

½ Vanilleschote

½ Sternanis

1 Gewürznelke

100 g Zucker

Für das Eis:

500 g süße Sahne

3 Eier, 150 g

3 Eigelb, 60 g

40 ml Eierlikör

1. Die Zimtstangen mit der aufgeschnittenen Vanilleschote, dem Sternanis, der Gewürznelke, dem Zucker und 250 ml Wasser aufkochen und den Sirup auf 175 ml reduzieren. Über Nacht durchziehen lassen. Am nächsten Tag durch ein feines Sieb abgießen.
2. Die Sahne mit 100 ml Zimtsirup zum Kochen bringen. In der Zwischenzeit die Eier, das Eigelb und den restlichen Zimtsirup im 80° C heißen Wasserbad weißschaumig aufschlagen. Die kochende Zimtsahne unter ständigem Rühren auf die Eier geben.
3. Die Schüssel mit der Zimteismasse auf Eis setzen und die Masse kalt schlagen. Dann den Eierlikör unterrühren und in der Eismaschine gefrieren.
4. Das Eis in Marzipanhippenblättern (Rezept Seite 184) servieren, die zuvor mit feinen Fäden aus flüssiger Kuvertüre verziert wurden.

SORBETS, PARFAITS UND EIS

Champagner-Eispralinen

Für etwa 30 Stück
Zubereitungszeit: 60 Minuten
Gefrierzeit: 12 Stunden

---
1 Blatt Gelatine

240 ml Champagner

8 Eigelb, 160 g

120 g Zucker

Saft von 1½ Zitronen

170 g geschlagene Sahne

10 ml Marc de Champagne

250 g gehackte Zartbitterkuvertüre

50 ml Öl

weiße Kuvertüre zum Verzieren

---

1. Die Gelatine in kaltem Wasser einweichen. Champagner, Eigelb und Zucker in einer Metallschüssel auf dem 80° C heißen Wasserbad aufschlagen. Wenn das Eigelb mit dem Champagner bindet, den Zitronensaft zufügen.

2. Alles so lange weiterschlagen, bis die Masse die Konsistenz eines Sabayons erreicht hat, also feine kleine Blasen in der Masse entstehen. Die eingeweichte, ausgedrückte Gelatine dazugeben, die Schüssel in Eiswasser stellen und die Champagnereismasse kalt schlagen. Dann die Schlagsahne mit dem Marc de Champagne unterheben.

3. Die Eismasse in eine Obstkuchenform mit glattem Boden (28 cm Durchmesser) einfüllen und über Nacht einfrieren. Am nächsten Tag mit einem runden Ausstecher von 3 bis 4 cm Durchmesser kleine Halbmonde ausstechen. Das Eis erneut in den Tiefkühler geben.

4. Zwei Drittel der Kuvertüre im heißen Wasserbad schmelzen. Die restliche Kuvertüre einrühren, vom Wasserbad nehmen und unter gelegentlichem Rühren auflösen. Zum Schluß das Öl einrühren. Die Temperatur der Kuvertüre sollte dann 36° bis 38° C betragen. (Vorsicht, die Kuvertüre darf auf keinen Fall überhitzt werden!) Die weiße Kuvertüre separat im Wasserbad schmelzen.

5. Die Eismonde mit einer Pralinengabel in die Kuvertüre eintauchen, dann mit feinen Fäden weißer Kuvertüre verzieren. Sofort zurück in den Tiefkühler geben. Nach kurzer Zeit sind sie fertig zum Servieren.

E CKART W ITZIGMANN

Vor dem Einfüllen der Eismasse
die Form leicht mit Öl einpinseln, mit
Klarsichtfolie auskleiden und diese
mit Küchenkrepp so glatt streichen, daß sie
keine Falten wirft. So läßt sich das Eis
später leicht aus der Form heben
und Formen daraus ausstechen.

Sorbets, Parfaits und Eis

Gefrorenes Whiskysoufflé

Für 10 Portionen
Zubereitungszeit: 45 Minuten
Gefrierzeit: 5 Stunden
Besondere Geräte: 10 Porzellanförmchen von 8 cm Durchmesser

Für das Eis:

6 Eigelb, 120 g

110 g Zucker

3 Eiweiß, 90 g

70 ml Whisky

70 ml Whisky-Likör, Drambuie

250 g geschlagene süße Sahne

Für die Sauce:

65 g Zucker

500 ml passierter Orangensaft

1 TL Vanillepuddingpulver

60 ml Whisky

Zum Anrichten:

Mangoscheiben von makellosen

aromatischen Früchten

Ananasscheiben von stark duftenden,

vollreifen Früchten

Orangenfilets

Minzeblätter

Puderzucker

1. Die Porzellanförmchen 10 cm hoch mit Backpapier umlegen und dieses oben und an der Seite mit Büroklammern befestigen (siehe auch Tip Seite 90). So können die Förmchen später über ihren eigentlichen Rand hinaus gefüllt werden. Die Formen in den Tiefkühler stellen.
2. Das Eigelb mit 35 g Zucker gut schaumig rühren. Das Eiweiß mit dem restlichen Zucker zu einem festen Schnee aufschlagen. 3 EL der Eigelbmasse vorsichtig unter den Schnee mischen. Whisky und Likör dazugeben. Dann erst die restliche Eigelbmasse unterheben, zum Schluß die geschlagene Sahne. Die Eissoufflémasse in die Förmchen füllen und mindestens 5 Stunden gefrieren lassen.
3. Für die Sauce den Zucker mit 2 EL Wasser in einer Stielkasserolle karamelisieren. Wenn die Flüssigkeit leicht Farbe angenommen hat, mit dem Orangensaft ablöschen und bei kleiner Hitze auf ein Viertel der Flüssigkeit einkochen. Die Sauce dann klümpchenfrei mit dem Puddingpulver abbinden. Zum Schluß den Whisky zugeben, die Sauce durch ein feines Sieb passieren und abkühlen lassen.
4. Zum Servieren die Mango- und Ananasscheiben und die Orangenfilets hübsch auf Desserttellern anrichten. Die Soufflés an den Förmchenrändern mit einem Messer lösen. Die Formen kurz in heißes Wasser tauchen, abtrocknen und die Soufflés in die Mitte der Teller stürzen. Die Sauce über die Früchte geben und alles mit den Minzeblättern garnieren und mit Puderzucker bestäuben.

Eckart Witzigmann

Dieses Dessert lebt von dem Gegensatz zwischen altem, vollem Whisky und den aromatischen Früchten. Verwenden Sie deshalb keinen leichten Whisky, und achten Sie auf vollreife und makellose Früchte.

Karameleis

Für etwa 750 ml
Zubereitungszeit: 30 Minuten

2 Eier, 100 g
2 Eigelb, 40 g
120 g Zucker
250 ml Milch
250 g süße Sahne
½ Vanilleschote
30 g Zucker
50 g Crème fraîche

1. Alle Zutaten abgewogen bereitstellen. Die Eier in eine Metallschüssel geben, 50 ml Wasser abmessen.

2. Für den Karamel einen kleinen Topf stark erhitzen. Nach und nach wenig Zucker hineingeben und unter Rühren schmelzen. Dabei in der Topfmitte arbeiten, am Topfrand kommt es leicht zur Kristallisierung des Zuckers.

3. Ist der gesamte Zucker aufgelöst, bestimmt man die Farbe des Karamels. Sie sollte am besten etwas dunkler als bernsteinfarben sein. Nun das nicht zu kalte Wasser zugeben und so lange kochen und rühren, bis der Karamel wieder glatt ist.

4. Milch, Sahne, die aufgeschnittene, ausgekratzte halbe Vanilleschote sowie deren Mark zum Karamel geben und zum Kochen bringen. Inzwischen die Eier und das Eigelb mit dem Zucker auf einem 80° C heißen Wasserbad weißschaumig aufschlagen.

5. Die kochende Karamelmilch auf die Eier gießen und die Crème fraîche zugeben. Alles auf Eis kalt rühren. Dann die Eismasse durch ein Haarsieb gießen und in der Eismaschine gefrieren.

SORBETS, PARFAITS UND EIS

ECKART WITZIGMANN

Die Intensität des Karamelgeschmacks
hängt von der Farbe des geschmolzenen Zuckers ab.
Dabei sollte man jedoch eines berücksichtigen:
Je dunkler der Karamel ist, um so intensiver, aber auch
bitterer schmeckt später das Eis.

Sorbets, Parfaits und Eis

Rotweingranité

Für knapp 1 l
Zubereitungszeit: 20 Minuten
Ruhezeit: 30 Minuten
Gefrierzeit: 3 Stunden
Foto: Seite 106

Für das Granité:

je 1 unbehandelte Orange und Zitrone

1 Gewürznelke

½ Vanilleschote

½ Zimtstange

1 Zweig Zitronenmelisse

200 g Zucker

50 g Himbeerpüree aus frischen oder tiefgekühlten Früchten

1 Flasche guter Rotwein nach Wahl

1. Orange und Zitrone heiß abwaschen. In Scheiben schneiden und mit der Gewürznelke, der aufgeschnittenen Vanilleschote, der Zimtstange, der Zitronenmelisse, dem Zucker und 250 ml Wasser aufkochen. Abkühlen lassen, Himbeerpüree und Rotwein einrühren und alles 30 Minuten durchziehen lassen.
2. Die Flüssigkeit durch ein Haarsieb gießen. Ein flaches Blech fingerdick mit der Granitéflüssigkeit bedecken und diese gefrieren. Dabei von Zeit zu Zeit mit einer Gabel das Gefrorene vom Blechboden kratzen. Dies so lange fortführen, bis alles gefroren ist. Mit Hohlhippen aus Zigarettenmasse servieren (Rezept Seite 185). Diese können zuvor mit feinen Fäden flüssiger Kuvertüre verziert werden.

Kokosnußeis

Für knapp 750 ml
Zubereitungszeit: 30 Minuten

25 g Akazienhonig

100 g Kokosraspel

22 ml Kokosnußkonzentrat (Dose)

500 ml Milch

knapp 3 Eiweiß, 80 g

20 ml Malibu-Likör

20 ml Bacardi

1. Den Honig in einen Topf geben und erhitzen. Die Kokosraspel hinzugeben und leicht rösten, ohne daß sie viel Farbe bekommen. Danach das Kokosnußkonzentrat hinzufügen und mit der Milch aufgießen. Alles zum Kochen bringen.
2. Inzwischen das Eiweiß im 80° C heißen Wasserbad schaumig aufschlagen. Die kochende Milch unter ständigem Rühren dazugießen.
3. Die Schüssel in Eiswasser stellen und die Kokosnußeismasse kalt schlagen. Dann die Spirituosen unterrühren. Die Masse schließlich durch ein Haarsieb passieren und in der Sorbetiere oder Eismaschine gefrieren.

SORBETS, PARFAITS UND EIS

FESTLICHE DESSERTS

FESTLICHE DESSERTS

Potpourri von österreichischen Mehlspeisen in drei Gängen

Für 4 bis 6 Portionen
Foto: Seite 108/109

Für das Sauerrahmeis:

500 g Sauerrahm, 2 EL Milchpulver

100 g Zucker

Saft von 2 Zitronen

Puderzucker zum Bestäuben

Für die Topfencrêpes:

Teigzutaten wie für

Topfenpalatschinken (Rezept Seite 20)

250 g Schichtkäse

1 Ei, 50 g, 1 Eigelb, 20 g

60 g Puderzucker

20 ml Rum

Mark von 1/2 Vanilleschote

abgeriebene Schale von

je 1/2 unbehandelten Orange und Zitrone

20 g Vanillepuddingpulver

80 g Sahne, 50 g flüssige Butter

Außerdem nach Belieben:

Topfenmousse *(Rezept Seite 68)*

Somlauer Nockerln *(Rezept Seite 84)*

Grießflammeri *(Rezept Seite 66)*

Powidltascherl *(Rezept Seite 39)*

Besoffene Kapuziner *(Rezept Seite 31)*

Arme Ritter *(Rezept Seite 26)*

Mohnknödel *(Rezept Seite 17)*

Zum Foto auf Seite 108/109: vorne im Bild Sauerrahmeis, kunstvoll garniert mit einem hauchdünnen Zuckerband in den österreichischen Nationalfarben Rot-Weiß. Auf dem Teller rechts im Bild: Topfenmousse, Somlauer Nockerln und Grießflammeri (im Mantel aus eingeweichten, mit Weißwein und Zimtstange weichgekochten, gehackten Kletzen, Pumpernickelbröseln, Nüssen und Honig). Linker Teller: Powidltascherl, Besoffener Kapuziner, Armer Ritter, Mohnknödel und Topfencrêpe.

1. Die Desserts Ihrer Wahl nach den Rezepten vorbereiten und anrichten.
2. Für das Sauerrahmeis alle Zutaten in eine Schüssel geben und verrühren, 30 Minuten stehen und quellen lassen. Die Masse durch ein feines Sieb passieren und gefrieren. Dann mit einem in heißes Wasser getauchten Eßlöffel Nocken abstechen und auf Tellern anrichten.
3. Für die Topfencrêpes die Palatschinken nach Rezept herstellen. Dann den Backofen auf 120°C herunterschalten.
4. Für die Füllung den Schichtkäse durch ein Sieb passieren, mit Ei, Eigelb, Puderzucker, Rum, Vanillemark, Zitrusschale und Puddingpulver verrühren. Die Sahne steif schlagen und unterheben (wer möchte, kann noch einige Rumrosinen in die Quarkmasse geben).
5. Die Crêpes mit Quark füllen und zusammenrollen. Mit der Hälfte der flüssigen Butter bestreichen und für 45 Minuten in den Backofen schieben. Dabei alle 10 Minuten die Crêpes mit einer Mischung aus der restlichen Butter und 25 ml Wasser bestreichen. Zum Servieren in Tranchen schneiden und mit den anderen Mehlspeisen anrichten.

Aus dieser großen Auswahl an köstlichen Mehlspeisen kann man nach eigenem Geschmack Dessertteller zusammenstellen. Damit das aus drei bis vier Mehlspeisen bestehende Dessert nicht zu mächtig ausfällt, werden die Portionen sehr klein gehalten. So reicht bei 4 bis 6 Personen die Hälfte der angegebenen Zutatenmenge meist aus.

Calvados-Pfannkuchen mit Zimtsabayon

Für 4 Portionen

Für das Zimtsabayon:
- 100 g Sahne
- 20 ml Milch
- 50 g Akazienhonig
- 3 Eigelb, 60 g
- 5 ml Rum, 40 Vol.%
- 40 ml Zimtsirup (Rezept Seite 101)
- Mark von ¼ Vanilleschote

Für die Pfannkuchen:
- 95 g Butter
- 180 ml Milch
- 4 Eigelb, 80 g
- 10 g Vanillezucker
- 150 g Mehl
- 4 Äpfel
- 90 ml Calvados
- 4 bis 5 Tropfen Zitronensaft
- 30 g Puderzucker und
- Puderzucker zum Bestäuben
- 4 Eiweiß, 120 g
- 1 Prise Salz
- 70 g Zucker
- 20 g Butterschmalz
- 80 g Butter

1. Für das Sabayon alle Zutaten – bis auf das Vanillemark – in eine Schüssel geben und auf dem Wasserbad bei 72° C aufschlagen. Unbedingt darauf achten, daß es nicht zu heiß wird, sonst bindet das Eigelb zu schnell und das Sabayon erhält nicht genügend Volumen. Das Vanillemark zum fertigen Sabayon geben. Danach sofort auf Eiswasser kalt schlagen.

2. Die Butter in einer kleinen Kasserolle bei mittlerer Hitze so lange kochen, bis sie hellbraun wird und einen leichten Nußgeschmack bekommt. Dann durch ein feines Sieb oder einen Kaffeefilter gießen. So erhält man 80 g Nußbutter.

3. Milch, Eigelb, Vanillezucker, das gesiebte Mehl und die Nußbutter in einer Schüssel mit dem Handmixer kräftig durcharbeiten, bis ein homogener Teig entstanden ist. Den Teig 1 Stunde stehen lassen.

4. In der Zwischenzeit die Äpfel schälen, Kerngehäuse ausstechen und die Äpfel in dünne Scheiben schneiden. Mit 10 ml Calvados, Zitronensaft und Puderzucker marinieren. Backofen auf 200° C vorheizen.

5. Eiweiß mit der Prise Salz und 30 g Zucker zu einem cremigen, festen Schnee aufschlagen. Davon ein Drittel abnehmen und unter den Teig ziehen. Dann das restliche Eiweiß vorsichtig unterheben.

6. Butterschmalz in einer Portionspfanne erhitzen. Nacheinander vier Pfannkuchen backen. Dafür jeweils 10 g frische Butter am Rand zugeben und unter den Teig laufen lassen. Apfelscheiben leicht mit Küchenkrepp abtupfen und leicht überlappend gleichmäßig auf dem Teig verteilen.

7. Die Pfanne jeweils kurz in den heißen Ofen schieben, bis der Teig unten fest geworden ist. Dann mit einer Palette vorsichtig wenden. Nun je 5 g Zucker und 5 g Butter am Pfannenrand verteilen und die Pfanne gleichmäßig kreisend auf der Herdplatte bewegen. So wird der Zucker gut verteilt, und die Apfelscheiben erhalten eine schöne Karamelfarbe.

8. Die Pfannkuchen erneut umdrehen und weitere 5 g Zucker und 5 g Butter sowie jeweils 20 ml Calvados zugeben. Mit einem Streichholz den Alkohol entflammen und den Pfannkuchen flambieren. Dabei ständig die Pfanne bewegen.

9. Pfannkuchen sofort auf einen Teller geben und mit Puderzucker bestäuben. Mit Zimtsabayon servieren.

Zu diesem Dessert schmeckt auch ein Eis nach Wahl. Dazu einen jungen aromatischen Calvados servieren!

FESTLICHE DESSERTS

Belgische Sahnewaffeln mit Kirschragout und Zimteis

Für 5 Portionen

Für das Zimteis:
siehe Rezept Seite 101

Für das Kirschragout:
300 g Süß- oder Sauerkirschen
250 ml Rotwein
200 ml Portwein
150 ml Cassislikör
1/2 Vanilleschote
1/4 Zimtstange
10 g Vanillepuddingpulver
Saft von je 1 Orange und Zitrone
10 g Honig
20 ml Kirschwasser
10 ml Amaretto

Für die Waffeln:
100 g Mehl
150 g Sahne
2 Eigelb, 40 g
je 1 Prise Nelkenpulver, gemahlenen Anis und Zimt
Mark von 1/2 Vanilleschote
abgeriebene Schale von 1/2 unbehandelten Zitrone
30 g flüssige handwarme Butter
3 Eiweiß, 90 g
1 Prise Salz
30 g Zucker
geklärte Butter oder Butterschmalz für das Waffeleisen

Zum Garnieren:
250 g Sahne
30 g Vanillezucker
40 g Puderzucker zum Bestäuben

1. Das Zimteis nach Rezept zubereiten.
2. Für das Kirschragout die Kirschen waschen, abtropfen lassen und entsteinen. Steine mit dem aufgefangenen Kirschsaft, dem Rotwein und dem Portwein aufkochen und abseihen. Cassislikör, die aufgeschlitzte Vanilleschote und die Zimtstange dazugeben und auf 500 ml einkochen. Das Puddingpulver im Orangen- und Zitronensaft auflösen und den Fond damit binden. Bei Sauerkirschen den Honig, das Kirschwasser und den Amaretto sowie die Früchte in die heiße Sauce geben. Bei Süßkirschen die Sauce auf Eis kalt rühren und zuletzt Honig, Kirschwasser und Amaretto sowie die Kirschen untermischen.
3. Für die Waffeln das Mehl in eine Schüssel sieben. Sahne und Eigelb unterrühren, ebenso Gewürze, Vanillemark, Zitronenschale und Butter. Das Eiweiß mit der Prise Salz und 10 g Zucker aufschlagen. Wenn es fest zu werden beginnt, nach und nach den restlichen Zucker zufügen und das Eiweiß weiterschlagen, bis es ein schönes Volumen angenommen hat. Zuerst ein Drittel des Eischnees unter die Sahnemasse heben, dann den Rest unterziehen.
4. Das Waffeleisen vorheizen und mit geklärter Butter leicht einfetten. Einige EL Teig hineingeben, verstreichen, das Eisen schließen und die Waffel bei mittlerer Hitze ausbacken. Auf diese Art alle Waffeln herstellen und auf einem Kuchengitter im leicht geheizten Ofen nebeneinanderliegend warm halten.
5. Zum Anrichten Sahne mit Vanillezucker aufschlagen. Waffeln in Dreiecke schneiden und mit Puderzucker leicht bestäuben. Mit dem Spritzbeutel Sahnerosetten auf den oberen Tellerrand dressieren. Daran die Waffeln lehnen. Jeweils etwas Kirschragout davor anrichten. Zum Schluß je eine Nocke Zimteis abstechen und ebenfalls auf den Teller legen.

> Damit das Zimteis nicht zerläuft, kann man einige gemahlene Pistazien als »Stopper« auf den Platz für das Eis streuen. Auch geröstete übergestreute Mandelblättchen machen sich gut bei diesem Dessert.

FESTLICHE DESSERTS

Schokosoufflé mit Orangenragout und Vanilleschaum

Für 4 Portionen
Besondere Geräte: Ringförmchen von 7 bis 8 cm Durchmesser und 3,5 cm Höhe

Für das Orangenragout:
Zutaten wie für Orangenragout
(Rezept Seite 56)
3 bis 4 Korianderkörner

Für den Vanilleschaum:
siehe Rezept Seite 26

Für das Schokoladensoufflé:
60 g Kuvertüre, »extra bitter«
60 g zimmerwarme Butter
4 Eigelb, 80 g
60 g Zucker
1 Eiweiß, 30 g
Puderzucker zum Bestäuben

1. Das Orangenragout, wie im Rezept beschrieben, mit den Korianderkörnern vorbereiten.
2. Für den Vanilleschaum die Vanillesauce, wie im Rezept beschrieben, vorbereiten.
3. Für das Schokoladensoufflé die Kuvertüre im Wasserbad schmelzen und auf 40° C abkühlen lassen. Die Butter unter die Kuvertüre rühren.
4. Eigelb mit 40 g Zucker über dem Wasserbad kräftig aufschlagen, bis sich die Masse auf 45° bis 50° C erwärmt hat. Vom Herd nehmen und mit dem Handrührgerät auf Zimmertemperatur kalt schlagen. Die Butter-Kuvertüre unter die Eimasse rühren.
5. Eiweiß mit 20 g Zucker cremig und fest schlagen und ebenfalls unter die Masse ziehen.
6. Die Förmchen fetten, mit Mehl bestäuben und bis zur Hälfte mit der Soufflémasse füllen. Den Umluftherd auf 200° C einschalten, die Formen hineinschieben und die Soufflés 6 bis 8 Minuten backen.
7. In der Zwischenzeit das Orangenragout auf Dessertteller verteilen. Die Vanillesauce mit dem Mixer aufschäumen und den Schaum zum Ragout geben.
8. Die Soufflés aus dem Ofen nehmen. Vorsichtig mit einer Palette unter den Teig und mit einem Messer an den Ringrändern entlangfahren. Die Soufflés auf die vorbereiteten Teller setzen, mit Puderzucker bestäuben und sofort servieren.

Zu diesem Dessert paßt als Getränk ein Vin Santo.

ECKART WITZIGMANN

Dieses Soufflé wird ohne Wasserbad im Umluftherd gebacken. Es besitzt – bei optimaler Zubereitung – eine feste Hülle mit einem flüssigen Kern, der beim Anstechen herausfließt. Wer keinen Umluftherd hat, sollte das Soufflé im konventionellen Backofen mit Ober- und Unterhitze bei 230° C vorsichtshalber erst einmal auf Probe backen.

Nougatmousse mit Passionsfrucht-Coulis und Vanilleeis

Für 6 bis 8 Portionen

Für das Vanilleeis:

siehe Rezept Seite 96

Für die Nougatmousse:

Zutaten wie für dunkle Schokoladenmousse (Rezept Seite 74), jedoch nur:

100 g Kuvertüre

100 g Nougatmasse

2 Blatt Gelatine

Für das Passionsfrucht-Coulis:

250 g Zucker

25 g Vanillepuddingpulver

160 ml Passionsfruchtsaft

10 ml Cointreau

Außerdem:

1 Paket Philloteig (in griechischen Feinkostgeschäften erhältlich)

50 g flüssige geläuterte Butter zum Bestreichen

Puderzucker zum Bestäuben

einige frische, ausgesuchte Himbeeren

frische Minzeblättchen zum Garnieren

1. Einen Tag vorher das Vanilleeis, wie im Rezept beschrieben, vorbereiten.

2. Einen Tag oder mindestens 3 bis 4 Stunden vorher die Nougatmousse, wie im Rezept beschrieben, zubereiten. Dabei jedoch unter die warme Mousse-Masse die eingeweichte, ausgedrückte Gelatine rühren.

3. Für das Passionsfrucht-Coulis 100 ml Wasser mit dem Zucker aufkochen und etwa 3 Minuten durchkochen lassen. Das Puddingpulver mit etwas Passionsfruchtsaft anrühren. Den restlichen Passionsfruchtsaft in das Zuckerwasser geben und aufkochen. Das Puddingpulver untermischen und alles erneut aufkochen. Den Cointreau unterrühren, danach das Coulis auf Eiswasser kalt rühren.

4. Den Backofen auf 180° C vorheizen. Den Philloteig ausrollen und 18 bis 24 Quadrate von 5 cm Kantenlänge ausschneiden. Jedes Quadrat mit flüssiger Butter bestreichen, jeweils 3 Quadrate aufeinanderlegen und das oberste mit Puderzucker bestäuben. Die Quadrate auf ein gefettetes Backblech legen. Kurz vor dem Anrichten die Quadrate auf der mittleren Schiene des Backofens 5 bis 7 Minuten backen und dabei karamelisieren lassen.

5. Jeweils 1 Quadrat auf einen Teller legen und mit einem Spritzbeutel mit Sterntülle nebeneinander Rosetten aus Nougatmousse aufspritzen. Darauf das zweite Quadrat legen, ebenso Rosetten aufspritzen und mit dem dritten karamelisierten Quadrat abschließen. Mit Puderzucker bestäuben. Das Passionsfrucht-Coulis angießen und das Dessert mit Himbeeren und Minzeblättchen garnieren. Zum Schluß je 1 Nocke Vanilleeis daneben anrichten und das Dessert sofort servieren.

Zartblättriger Philloteig, auch Brick-Teig genannt, bietet sich ideal als Hülle für die Nougatmousse an. Das feinsäuerliche Aroma der Passionsfrüchte und das sahnige Vanilleeis bilden dazu feinste Kontraste.

FESTLICHE DESSERTS

Schokoladenwürfel mit marmoriertem Schokoladeneis

Für 6 bis 8 Portionen

Für die Ingwermousse:
siehe Rezept Seite 85

Für das dunkle Schokoladeneis:
250 ml Milch
250 g Sahne
100 g Zucker
2 Eigelb, 40 g
1 Ei, 50 g
100 g Zartbitterkuvertüre
20 g Kakaopulver, entölt
20 ml Rum, 54 Vol.%
30 ml Orangenlikör

Für das weiße Schokoladeneis:
500 ml Milch
6 Eigelb, 120 g
150 g weiße Kuvertüre
40 ml Cointreau

Für die Schokoladenwürfel:
Teigzutaten wie für Somlauer Nockerln (Rezept Seite 84)
250 g Zartbitterkuvertüre
40 g weiße Kuvertüre

Für die Pfirsiche:
2 aromatische weiße Pfirsiche

1. Die Ingwermousse, wie im Rezept beschrieben, herstellen.
2. Für das dunkle Schokoladeneis Milch und Sahne mit der Hälfte des Zuckers aufkochen. Das Eigelb und das Ei in einer Metallschüssel über dem heißen Wasserbad mit der anderen Hälfte des Zuckers weißschaumig schlagen. Milch und Sahne zugeben und zur Rose abziehen. Die Kuvertüre schmelzen, Kakaopulver und Alkohol untermischen. Alles unter die Eiermasse rühren und noch leicht warm in der Eismaschine gefrieren.
3. Für das weiße Schokoladeneis die Milch aufkochen. Eigelb mit Cointreau über dem heißen Wasserbad weißschaumig schlagen, die Milch unterrühren und alles zur Rose abziehen. Kuvertüre schmelzen und unter die Schaummasse mischen. Die Masse in der Eismaschine gefrieren. Dann beide Eissorten abwechselnd jeweils 1 cm hoch in eine Form schichten und in das Tiefkühlgerät stellen.
4. Für die Schokoladenwürfel den Biskuit, wie im Rezept beschrieben, backen. Mit der einen Hälfte des Biskuits eine kleine, etwa 5 cm hohe Kastenform auslegen. Die Ingwermousse in die Form füllen und mit der anderen Biskuithälfte bedecken. Die Form in das Tiefkühlgerät stellen und den Inhalt leicht anfrosten.
5. In dieser Zeit die Kuvertüren getrennt im Wasserbad schmelzen. Die dunkle Kuvertüre dünn und gleichmäßig auf Backpapier streichen und, kurz bevor sie fest wird, mit einem Messer Quadrate von 5 cm Kantenlänge schneiden. Die weiße Kuvertüre in ein kleines Tütchen aus Papier füllen und auf die Quadrate Augen wie bei Würfeln spritzen. Die angefrostete Mousse in Würfel von 4,8 cm Kantenlänge schneiden und die Schokoladenquadrate ansetzen.
6. Die Pfirsiche mit heißem Wasser übergießen und kurz stehen lassen. Die Schale abziehen und das Fruchtfleisch in Spalten schneiden.
7. Zum Anrichten einen Eßlöffel in heißes Wasser tauchen, aus dem geschichteten Eis Nocken abstechen und auf Tellern anrichten. Die Schokoladenwürfel mit Ingwermousse sowie die Pfirsichspalten dazulegen und servieren.

Dieses Dessert ist aufs feinste zubereitet und in vollendeter Form präsentiert. Wer die drei Hauptkomponenten – die Mousse, das Eis und die Pfirsiche – einfach ohne Schokohülle zusammen anrichtet und mit fertigen Schokoladenblättchen garniert, wird auch damit seine Gäste garantiert verzaubern.

FESTLICHE DESSERTS

Walderdbeergratin auf Vanilleparfait

Für 4 bis 5 Portionen

Für das Vanilleparfait:

150 g Zucker

3 Eigelb, 60 g

Mark von 1 Vanilleschote

15 ml Amaretto

500 g Sahne

Für das Gratin:

2 Eigelb, 40 g

50 g Puderzucker

abgeriebene Schale von je

1/2 unbehandelten Orange und Zitrone

2 Messerspitzen Vanillepuddingpulver

40 g Magerquark

2 Eiweiß, 60 g

50 g Zucker

1 Prise Salz

5 Tropfen Zitronensaft

250 bis 350 g Walderdbeeren

1. Für das Parfait den Zucker mit 125 ml kaltem Wasser aufkochen und bis auf 121° C auf dem Zuckerthermometer erhitzen.

2. In dieser Zeit das Eigelb mit dem Handrührgerät schaumig schlagen. Den Zuckersirup langsam unter ständigem Rühren in das aufgeschlagene Eigelb laufen lassen. Das Vanillemark und den Amaretto unterrühren. Die Masse auf Eiswasser kalt rühren.

3. Die Sahne halbsteif schlagen. Ein Drittel der Sahne unter die Eiermasse rühren, den Rest mit einem Teigschaber vorsichtig unterheben. Die Parfaitmasse in tiefe Teller füllen, abdecken und für mindestens 3 Stunden in das Tiefkühlgerät stellen.

4. Kurz vor dem Anrichten des Desserts den Grill oder die Oberhitze des Backofens einschalten. Für das Gratin das Eigelb mit dem Puderzucker weißschaumig schlagen. Die Eigelbmasse mit der Orangen- und Zitronenschale und dem Puddingpulver vorsichtig unter den Magerquark heben.

5. Das Eiweiß mit Zucker, Salz und Zitronensaft zu einer festen, aber cremigen Masse aufschlagen. Diese unter die Eigelb-Quark-Masse heben.

6. Das Parfait auf feuerfesten Tellern anrichten und die Walderdbeeren darüberstreuen. Die Gratinmasse locker über die Walderdbeeren geben, sofort unter dem Grill gratinieren und servieren.

E CKART W ITZIGMANN

Man kann die Walderdbeeren
auch vorher in einer Himbeersauce (Rezept Seite 133)
marinieren, so erhalten sie einen noch
aparteren Geschmack.

Crêpes Suzette

Für 4 Portionen

Für die Crêpes:
185 ml Milch

75 g Mehl

2 Eier, 100 g

abgeriebene Schale von

1 unbehandelten Orange

1 Prise Salz

75 g leicht gebräunte, geklärte Butter

25 ml geschmacksneutrales Pflanzenöl

10 g Vanillezucker

Für die Sauce:
100 g Würfelzucker

1 unbehandelte Zitrone

4 bis 5 unbehandelte Orangen

50 g Butter

35 ml Grand Marnier

15 ml Cointreau

50 g eiskalte Butterstückchen

Außerdem:
Zesten von 1 unbehandelten Orange

Grand Marnier zum Flambieren

1. Aus den angegebenen Zutaten dünne Crêpes, wie im Rezept für Topfenpalatschinken (Seite 20) beschrieben, herstellen und warm halten.
2. Für die Sauce den Würfelzucker an einer halben gewaschenen und abgetrockneten Zitrone und den Orangen abreiben. Der Zucker färbt sich dabei entsprechend und nimmt das Aroma der Früchte an. Die Zitrusfrüchte auspressen und 200 ml Orangensaft und 20 ml Zitronensaft abmessen.
3. Würfelzucker mit der Butter in einem Topf hell karamelisieren. Orangen- und Zitronensaft unterrühren und alles auf ein Drittel einkochen. Den Grand Marnier und den Cointreau unterrühren. Butterstückchen unter die Orangensauce rühren und diese damit binden.
4. Orangensauce in eine Pfanne geben. Die dünn ausgebackenen Crêpes darin wenden und klassisch zweimal falten. In eine ovale Kupferpfanne oder eine flache Gratinform legen und mit roten Orangenzesten (Rezept Seite 221) garnieren.
5. Am Tisch, kurz vor dem Servieren, die Crêpes mit Grand Marnier flambieren. Dafür Grand Marnier in einem kleinen Butterpfännchen erwärmen, anzünden und über die heißen Crêpes gießen.

Einfach so serviert, sind Crêpes Suzette eine Delikatesse. Mit Walderdbeeren und einer Kugel Vanilleeis angerichtet, sind sie absolut unwiderstehlich. Dazu einen Grand Marnier servieren.

FESTLICHE DESSERTS

ECKART WITZIGMANN

Kreiert 1896 im Café du Paris in Monte Carlo, begeistert dieses berühmte Dessert seit Generationen und wird nicht nur des Feuerzaubers wegen garantiert weiter ein Hit bleiben!

FESTLICHE DESSERTS

E CKART W ITZIGMANN

★ ★ ★

Für die Birnenchips werden auf der Aufschnittmaschine hauchdünne Birnenscheiben geschnitten.
Diese werden auf Backpapier gelegt,
leicht mit Puderzucker bestäubt und bei 150° C
im Ofen getrocknet und gebacken, bis sie
karamelisieren. Nach dem Abkühlen sind die Scheiben
kroß und brechen beim Essen wie Chips.

Delice von der Birne

Für 8 Portionen

Für die Grenadine-Birnen:

200 g Zucker

Saft von 3 Zitronen

je 250 ml Weißwein und Grenadinesirup

1 Gewürznelke, 1/2 Zimtstange

4 reife, kleinere Birnen

40 ml Birnengeist

Für die weiße Schokoladenmousse:

siehe Rezept Seite 75

Für die Baumkuchentorte:

siehe Rezept Seite 139

Für das Birnenhalbgefrorene:

200 g Birnen, in Würfel geschnitten

100 ml Weißwein, 150 g Zucker

4 Eigelb, 80 g, Saft von 1 Zitrone

Mark von 1/2 Vanilleschote

40 ml Birnengeist, 550 g Sahne

Für die Birnentarte:

250 g Blätterteig, tiefgekühlt

4 reife, kleinere Birnen

60 g Rohmarzipan, 15 ml Birnengeist

30 g feingehackte Walnußkerne

Zimt und Zucker zum Bestreuen

Aprikosenmarmelade zum Bestreichen

Mandelblättchen zum Garnieren

1. Für die Grenadine-Birnen am Vortag den Zucker mit einigen Löffeln Wasser in einem Topf aufkochen und karamelisieren. Den Karamel mit Zitronensaft ablöschen und fast ganz einkochen. Weißwein und Grenadinesirup unterrühren, aufkochen und abschäumen. Auf zwei Drittel einkochen lassen. Gewürznelke und Zimtstange zufügen. Die Birnen schälen, der Länge nach halbieren, ohne den Stiel zu entfernen, und mit einem Ausstecher etwas aushöhlen. Die Hälften in die heiße Flüssigkeit legen, einmal aufkochen und auf kleiner Flamme garziehen lassen. Den Birnengeist unterrühren und die Birnen über Nacht im Fond durchziehen lassen.

2. Die Schokoladenmousse, wie im Rezept beschrieben, herstellen.

3. Die Baumkuchentorte, wie im Rezept beschrieben, vorbereiten und in einer größeren Form in vier Schichten als flachen Boden backen.

4. Für das Birnenhalbgefrorene die Birnen in dem Wein weich kochen, pürieren und passieren. Den Zucker hinzufügen und das Püree auf die Hälfte einkochen. Das Eigelb weißschaumig aufschlagen. Das heiße Püree unter Rühren zu dem Eigelb geben und auf Eis kalt rühren. Zitronensaft, Vanillemark und Birnengeist hinzufügen. Zuletzt die halbsteife Sahne unterziehen. Die Masse in eine beliebige Form füllen und für mindestens 4 Stunden in das Tiefkühlgerät stellen.

5. Für die Tarte den Teig zum Auftauen auslegen (oder nach dem Rezept im Glossar selbst einen Blätterteig zubereiten). Den Backofen auf 200° C vorheizen. Ein Backblech mit Wasser benetzen. Birnen schälen, der Länge nach halbieren, ohne den Stiel zu entfernen, und das Kerngehäuse mit dem Ausstecher entfernen. Marzipan mit Birnengeist und Walnüssen verkneten und damit das fehlende Kerngehäuse ersetzen.

6. Den Blätterteig 3 mm dick ausrollen. In die Birnenhälften Lamellen einschneiden und mit der Schnittfläche auf den Teig legen. Mit einem kleinen Messer im Abstand von 1,5 cm den Teig der Form nach um die Birnen abschneiden. Die Birnen mit Zimt und Zucker bestreuen und die Tartes auf der mittleren Schiene des Backofens backen, bis sich der Teig zu färben beginnt. Die Tartes mit erwärmter Aprikosenmarmelade bestreichen und mit einigen in der trockenen Pfanne gerösteten Mandelblättchen garnieren.

7. Die Grenadine-Birnen trockentupfen, mit der Mousse füllen und auf eine kleine Scheibe Baumkuchen legen. Das Birnenhalbgefrorene aus der Form stürzen oder in Nocken mit Birnenchips anrichten.

FESTLICHE DESSERTS

Holunderfeigen mit Mohnkuchen und Lavendeleis

Für 12 Portionen
Besondere Geräte: 4 kleine Gugelhupfformen von 15 cm Durchmesser, kleine Pfännchen zum Servieren

Für den Mohnkuchen:

Zutaten wie für Mohnkuchen
(Rezept Seite 153)

100 g Aprikosenmarmelade

200 g Fondantglasur (Rezept Seite 158)

Für die Mohnmousse:

siehe Rezept Seite 70

Für die Holunderfeigen:

500 ml Holunderbeersaft

250 ml Cassissauce (Rezept Seite 68)

18 frische Feigen

Für das Lavendeleis:

300 ml Milch

200 g Sahne

100 g Zucker

½ Vanilleschote

3 Eier, 150 g

3 Eigelb, 60 g

75 g leicht geröstete Mandelblättchen

2 gestrichene EL Lavendelblüten

20 ml Cognac

hauchdünne Schokoladenblättchen

Für den Holunderblütenwein:

siehe Rezept Seite 218

1. Den Mohnkuchenteig, wie im Rezept beschrieben, herstellen und in den Gugelhupfformen backen. Die Kuchen mit erhitzter und passierter Aprikosenmarmelade bestreichen und mit geschmolzener Fondantglasur überziehen.
2. Die Mohnmousse, wie im Rezept beschrieben, zubereiten.
3. Für die Holunderfeigen den Holunderbeersaft und die Cassissauce zusammen aufkochen. Die Feigen säubern, schälen, in die heiße Sauce legen und 3 Stunden darin marinieren.
4. Für das Lavendeleis die Milch mit Sahne, der Hälfte des Zuckers und der aufgeschnittenen Vanilleschote aufkochen. Inzwischen Eier und Eigelb mit dem restlichen Zucker in einer Metallschüssel über dem heißen Wasserbad schaumig schlagen. Vanilleschote aus der Milch-Sahne-Mischung nehmen und diese noch heiß unter die Schaummasse schlagen. Die Schüssel vom Wasserbad nehmen. Mandelblättchen und Lavendelblüten unter die Masse ziehen und auf Eis kalt rühren. Den Cognac untermischen, alles mit dem Pürierstab pürieren und durch ein Sieb passieren. 100 ml der Masse kalt stellen, den Rest für mehrere Stunden in das Tiefkühlgerät stellen.
5. Die einzelnen Desserts werden pro Person auf 3 Pfännchen verteilt: In einem Pfännchen werden Mohnkuchenstücke mit Nocken von Mohnmousse serviert. In dem zweiten Pfännchen werden halbierte Holunderfeigen mit etwas Sauce angerichtet (der Rest der Sauce schmeckt köstlich zu Quark oder Joghurt). Für das dritte Pfännchen die ungefrorene Lavendeleismasse mit 1 Kugel Lavendeleis mit dem Mixer aufschäumen und in das Pfännchen geben. Lavendeleisnocken einlegen und mit Schokoladenblättchen garnieren. Dazu wird gekühlter Holunderblütenwein oder -likör getrunken.

FESTLICHE DESSERTS

E CKART W ITZIGMANN

★ ★ ★

Bei dieser ungewöhnlichen Dessert-
Komposition spielen Blüten eine wichtige Rolle.
Die Desserts werden in drei kleinen
Pfännchen angerichtet. In einem langstieligen
Glas serviert man dazu
gekühlten Holunderblütenwein.

Portweinfeigen mit Schokoladenschaum und Stracciatellaeis

Für 6 Portionen

Für das Stracciatellaeis:

Zutaten wie für Vanilleeis
(Rezept Seite 96)
40 ml weißen Portwein
40 g Zartbitterkuvertüre

Für die Portweinfeigen:

12 kleine Feigen
Puderzucker zum Bestäuben
100 ml Portwein
100 ml Grand Marnier

Für den Schokoladenschaum:

45 g Zartbitterkuvertüre
250 ml Milch
30 g Vanillezucker
je 1 Prise Salz und Zimt
1 Eigelb, 20 g
8 g Vanillepuddingpulver
abgeriebene Schale von
1/4 unbehandelten Orange
20 ml Feigenlikör Ascalon
25 ml Whisky oder Cognac
200 g halbsteif geschlagene Sahne

Zum Garnieren:

Puderzucker und Kakaopulver zum Bestäuben
Schokoladenspäne zum Bestreuen

1. Für das Stracciatellaeis am Vortag das Vanilleeis, wie im Rezept beschrieben, herstellen und halb gefrieren lassen. Kurz bevor es fest wird, den Portwein untermischen. Die Kuvertüre schmelzen und mit einem Papiertütchen mit kleinem Loch unter Rühren in das gefrierende Eis laufen lassen. Dadurch entstehen Schokoladenstückchen. Nun das Eis fertiggefrieren.

2. Für die Portweinfeigen den Backofen auf 180° C vorheizen. Die Früchte schälen, in eine feuerfeste Form stellen und mit Puderzucker bestäuben. Portwein und Grand Marnier angießen. Die Feigen 10 bis 12 Minuten auf der mittleren Schiene des Ofens pochieren, aus dem Ofen nehmen und zugedeckt warm halten.

3. Für den Schokoladenschaum die Kuvertüre fein hacken. 200 ml Milch mit Vanillezucker, Salz und Zimt aufkochen. Das Eigelb mit der restlichen Milch und dem Puddingpulver verrühren. Die heiße Milch unter das Eigelb rühren. Alles zurück in den Topf geben und auf dem Herd einmal gut durchkochen lassen. Den Topf vom Herd nehmen und die feingehackte Kuvertüre und die Orangenschale unter die Creme mischen. Den Topf in eine Schüssel mit Eiswasser setzen und so lange rühren, bis die Creme Körpertemperatur erreicht hat. Den Feigenlikör und den Whisky oder Cognac unterrühren. Die Sahne vorsichtig unterheben. Den Schokoladenschaum im Eisfach gut durchkühlen lassen.

4. Die Tellerränder mit Puderzucker bestäuben und mit 8 Kakaostreifen verzieren. In die Tellermitte etwas Schokoladenschaum geben. Darauf jeweils 2 abgetropfte warme Feigen setzen. Zum Schluß je 1 Nocke Stracciatellaeis dazusetzen. Mit Schokospänen bestreuen und servieren.

> Mann kann die Früchte auch nur mit dem zarten Schaum oder mit dem Eis mit Schokostückchen anrichten. Dazu einen Portwein servieren.

Bananenmousse und Kakaosorbet in Hippenblättern

Für 8 bis 10 Portionen

Für die Bananenmousse:

siehe Rezept Seite 71

Für das Kakaosorbet:

siehe Rezept Seite 99

Für die Hippenblätter:

200 g zimmerwarme Butter

200 g Puderzucker

Mark von 1 Vanilleschote

7 Eiweiß, 210 g

1 Prise Salz

150 g Mehl

20 g Kakaopulver, stark entölt

Für das Champagnersabayon:

siehe Rezept Seite 48

Zum Anrichten:

8 bis 10 Baby-Bananen

20 g Butter

10 g Zucker

einige Tropfen Zitronensaft

40 ml Bananenlikör

etwa 100 g frische Himbeeren

20 g Puderzucker

5 ml Himbeergeist

1. Am Vortag die Bananenmousse und das Kakaosorbet, wie in den Rezepten beschrieben, vorbereiten.

2. Für die Hippenblätter die Butter in eine Schüssel geben und mit Puderzucker und Vanillemark leicht schaumig rühren. Das Eiweiß mit Salz zu steifem Schnee schlagen und unter die Buttermasse heben. Dann das Mehl und den Kakao darübersieben und unterrühren.

3. Den Backofen auf 180° C vorheizen. Aus der Mitte eines Plastikdeckels eine kreisförmige Schablone von 10 cm Durchmesser ausschneiden. Ein Backblech leicht einölen und mit etwas Mehl bestäuben, überschüssiges Mehl abklopfen. Die Schablone auf das Blech legen. Etwas von dem Teig mit einem Spachtel dünn aufstreichen und die Schablone vorsichtig abheben. Auf diese Weise weitere Teigkreise aufstreichen. Insgesamt werden pro Portion drei Hippenblätter benötigt. Die Hippenblätter auf der mittleren Schiene des Ofens backen, bis sie leicht Farbe annehmen.

4. Das Champagnersabayon, wie im Rezept beschrieben, vorbereiten.

5. Die Baby-Bananen schälen und in nicht zu dünne Scheiben schneiden. Die Butter mit dem Zucker in der Pfanne schmelzen. Zitronensaft und Bananenlikör hinzufügen und alles einmal kräftig durchkochen. Die Bananenscheiben hineingeben und einmal durchschwenken. Himbeeren mit 10 g Puderzucker und Himbeergeist marinieren.

6. Die Bananenmousse und das Kakaosorbet in Spritzbeutel mit großen Sterntüllen füllen. In die Mitte jedes Tellers einen kleinen Tupfen Bananenmousse spritzen. Das erste Hippenblatt darauflegen. Darauf drei große Tupfen Kakaosorbet spritzen. Das nächste Hippenblatt auflegen und drei große Tupfen Bananenmousse daraufsetzen. Mit dem dritten, leicht mit Puderzucker bestäubten Hippenblatt abschließen. Baby-Bananen, Himbeeren und Champagnersabayon dazu anrichten und sofort servieren. Als Getränk harmoniert gut ein Château d'Yquem.

FESTLICHE DESSERTS

Geeister Minztee mit Champagnermousse und Teekuchen

Für 4 bis 6 Portionen

Für den Englischen Teekuchen:
siehe Rezept Seite 144

Für die Champagnermousse:
130 ml Champagner, 75 g Zucker
3 Eigelb, 60 g
Saft von 1 Zitrone
2 Blatt Gelatine, 1 Eiweiß, 30 g
80 g Sahne
10 ml Marc de Champagne
einige frische Himbeeren zum Garnieren

Für den Minztee:
250 ml Champagner, 120 g Zucker
Saft von 2 Zitronen
100 g frische Minzeblätter
2 Blatt Gelatine, 200 g Sahne
Minzeblättchen zum Garnieren

1. Einige Tage vorher den Englischen Teekuchen, wie im Rezept beschrieben, herstellen, damit er durchziehen kann.

2. Für die Champagnermousse Champagner, 60 g Zucker und das Eigelb in einer Metallschüssel über dem Wasserbad bei mäßiger Hitze zu einem Sabayon aufschlagen. Den Zitronensaft durch ein Sieb dazugießen. Weiterschlagen, bis die Schaummasse 72° C erreicht hat. Die Gelatine in kaltem Wasser einweichen, ausdrücken und in dem Sabayon auflösen. Dann auf Eis kalt rühren. Das Eiweiß mit dem restlichen Zucker zu einer festen, cremigen Masse aufschlagen und unter das Sabayon heben. Die Sahne steif schlagen und mit Marc de Champagne ebenfalls unterziehen. Die Mousse in eine Form oder Schüssel füllen, zudecken und mindestens 3 Stunden kalt stellen.

3. Für den Minztee am Vortag den Champagner mit dem Zucker und Zitronensaft aufkochen. Die Minzeblättchen zufügen und alles über Nacht ziehen lassen. Am nächsten Tag abseihen. Die Gelatine in kaltem Wasser einweichen und ausdrücken. Einige EL Minzfond erwärmen, die Gelatine darin auflösen und alles unter den Restfond rühren. Diese Mischung auf Eis kalt rühren. Zum Schluß die Sahne steif schlagen und unterheben.

4. Den Teekuchen in 1 cm dicke Scheiben schneiden und auf die Teller legen. Von der Mousse mit einem in Wasser getauchten Eßlöffel Nocken abstechen und neben dem Kuchen anrichten. Einige, nach Wunsch auch marinierte, Himbeeren dazulegen. Den Minztee in Mokkatässchen füllen und mit Minzeblättchen garnieren. Alles sofort servieren.

E CKART W ITZIGMANN

So kunstvoll läßt sich diese Dessertkreation anrichten:
Schale und Löffel werden für den Minztee mit Schokolade
ausgegossen. Die Champagnermousse wird in einem
Körbchen aus Hippenteig mit einer zart gesponnenen
Glocke aus Zuckerfäden angerichtet.

Festliche Desserts

Trilogie von der Mango mit Erdbeeren

Für 8 bis 10 Portionen
Besondere Geräte: Terrinenform von 35 cm Länge und 4,5 cm Tiefe; Plastikschablone von 10 cm Durchmesser

Für den Baumkuchenmantel:

siehe Rezept Seite 139

Für die Mangomousse:

2 1/2 Blatt Gelatine

125 g gedünstetes püriertes Mangofruchtfleisch

125 g Joghurt

20 g Zucker

5 ml Grand Marnier

Saft von 1/2 Zitrone

125 g Crème fraîche

1 EL geschlagene Sahne

1 Mango, in kleine Würfel geschnitten

Für das Mangosorbet:

200 g Mangofruchtfleisch

Saft von 2 Zitronen

50 ml Läuterzucker

20 ml Bacardi

10 ml Kokoslikör

50 ml Mangosirup

Für die Hippenblüten:

siehe Rezept Seite 185

Für das Champagnersabayon

siehe Rezept Seite 48

Für die panierten Mangospalten:

1 Eiweiß, 30 g

16 bis 20 Mangoscheiben

50 g Kokosraspeln

Butterschmalz zum Ausbacken

Außerdem:

500 g kleine Erdbeeren

1. Den Baumkuchen, wie im Rezept beschrieben, backen.
2. Für die Mangomousse die Gelatine in kaltem Wasser einweichen. Das Mangopüree mit Joghurt und Zucker verrühren. Grand Marnier und Zitronensaft erwärmen. Die ausgedrückte Gelatine darin auflösen und unter die Mangomischung geben. Diese auf Eis kalt rühren, bis sie fest zu werden beginnt. Crème fraîche leicht aufschlagen und mit der Sahne unterheben. Zuletzt die Mangowürfel unterziehen. Die Terrinenform mit Klarsichtfolie auslegen. Den Baumkuchen in dünne Scheiben schneiden und die Form damit auslegen. Die Mangomousse einfüllen und mindestens 3 Stunden kalt stellen.
3. Für das Mangosorbet alle Zutaten in eine Schüssel geben. Mit dem Mixstab fein pürieren, durch ein Sieb passieren und in den Tiefkühler stellen.
4. Für die Hippenblüten eine Hippenmasse, wie im Rezept beschrieben, herstellen. Mit Hilfe der Plastikschablone 8 bis 10 Kreise auf das mit Backpapier ausgelegte Blech aufstreichen. Den Teig backen und danach die Hippenblätter sofort in Briocheformen drücken.
5. Das Champagnersabayon, wie im Rezept beschrieben, zubereiten.
6. Für die ausgebackenen Mangospalten das Eiweiß leicht aufschlagen, die Fruchtscheiben darin wenden und beide Seiten in Kokosraspel drücken. Die Spalten in der Pfanne in heißem Butterschmalz goldbraun ausbacken. Auf Küchenpapier abtropfen lassen.
7. Die Erdbeeren putzen. Die Terrine in Scheiben schneiden und auf Tellern anrichten. Das Sorbet in die Hippenblüten füllen und auf die Teller geben. Die Mangospalten daneben arrangieren und die Erdbeeren dekorativ dazulegen. Zum Schluß das Champagnersabayon tupfenweise daraufgeben und sofort servieren.

> **D**ie Erdbeeren schmecken besonders fein, wenn man sie vorher mit Puderzucker und Grand Marnier mariniert.

Pfirsich in Folie gegart auf Honigsabayon und Walnußeis

Für 4 Portionen

Für das Walnußeis:
siehe Rezept Seite 100

Für die Pfirsiche:
8 Blätter Alufolie von 30 cm Länge

60 g Butter

2 große oder 4 kleine, reife aromatische Pfirsiche (aus Italien) oder 4 große weißfleischige Weinbergpfirsiche mit dunkler Schale (aus Frankreich)

4 Scheiben von einer unbehandelten Orange

1 Vanilleschote

1 Zimtstange

4 Scheiben frischer Ingwer

4 Gewürznelken

20 ml Pfirsichlikör

4 Stück Kandiszucker

2 TL Akazienhonig

4 kleine Zweige Zitronenthymian

Für das Honigsabayon:
50 g Akazienhonig

125 g Sahne

3 Eigelb, 60 g

30 ml Cognac

1. Am Vortag das Walnußeis, wie im Rezept beschrieben, vorbereiten.

2. Für die Pfirsiche den Backofen auf 200° C vorheizen. 4 Blätter Alufolie auf der matten Seite mit je 5 g Butter bestreichen. Jeweils 1 zweites Blatt Alufolie mit der glänzenden Seite nach oben darauflegen und die 2 Blätter an einer Längsseite gut zusammenfalten. Die Folien auf der Innenseite erneut mit 5 g Butter bestreichen. Die Orangenscheiben und Gewürze darauf verteilen.

3. Die Pfirsiche waschen, trockentupfen und entlang der Narben halbieren. Die Kerne entfernen und durch in Pfirsichlikör getränkten Kandiszucker ersetzen. Auf jedes Alublatt eine große Pfirsichhälfte oder einen kleinen Pfirsich setzen. Über jede Portion den Honig, 5 g Butter und Zitronenthymian verteilen. Die zweiten Längsseiten der Folien wie eine Tasche zusammenfalten. Die beiden noch offenen Seiten ebenfalls zusammenfalten, so daß nichts auslaufen kann. Die Päckchen auf ein Blech legen und für 15 bis 20 Minuten in den Ofen schieben.

4. Für das Sabayon alle Zutaten in eine Metallschüssel geben und im Wasserbad bei mäßiger Hitze aufschlagen. Auf Eis kalt rühren.

5. Von dem Walnußeis Nocken abstechen und mit dem Sabayon auf Dessertteller geben. Mit Hilfe von 2 Servietten die Folien an beiden Seiten auseinanderziehen, so daß die Pfirsiche aus der Mitte auf einen großen Teller fallen. Wer möchte, kann die Häute der Pfirsiche abziehen. Mit dem Vorlegebesteck die Pfirsiche zum Sabayon und dem Eis legen.

Das Aroma der Früchte ist bei diesem unkomplizierten Dessert besonders wichtig. Deshalb unbedingt auf die Erntezeiten achten und nur reife Früchte verwenden! Frische Himbeeren passen ebenfalls sehr gut zu diesem Dessert, wie auch ein Glas Riesling Eiswein.

FESTLICHE DESSERTS

FESTLICHE DESSERTS

Savarin mit Traubenragout und Trestersabayon

Für 10 Portionen
Besondere Geräte: 10 Ringförmchen von 8 cm Durchmesser

Für die Savarins:
20 g weiche Butter für die Förmchen
50 g gemahlene Mandeln, 10 g Hefe
50 ml lauwarme Milch, 150 g Mehl
2 Eier, 100 g
10 g Zucker
abgeriebene Schale von
1/4 unbehandelten Zitrone
60 g flüssige handwarme Butter
1 Prise Salz, 150 g Aprikosenmarmelade

Zum Tränken:
125 g Zucker, 1/4 Zimtstange
abgeriebene Schale von
1/2 unbehandelten Orange
1/2 Vanilleschote
140 ml Weißwein, 50 ml Rum
Schale und Saft von
1/2 unbehandelten Zitrone

Für das Moscato d'Asti-Eis:
700 ml Moscato d'Asti
150 g Zucker
200 g kalte Butter
4 Eigelb, 80 g

Für das Traubenragout:
300 g geputzte, kleine, helle
kernlose Trauben
200 ml Sauternes, 30 ml Zitronensaft
50 g Zucker, 5 g Vanillepuddingpulver

Für das Trestersabayon:
Zutaten wie für Champagnersabayon
(Rezept Seite 48)
30 ml Tresterschnaps
3 bis 4 EL geschlagene Sahne

1. Für die Savarins die Förmchen mit Butter einpinseln und den Mandeln ausstreuen. Den Backofen auf 200° C vorheizen. Die Hefe in der Milch auflösen. Das Mehl in eine Schüssel sieben, die Hefe unterrühren, mit einem feuchten Tuch zudecken und gehen lassen, bis sich das Teigvolumen verdoppelt hat.
2. Eier, Zucker und Zitronenschale schaumig schlagen und mit Butter und Salz unter den Vorteig arbeiten. Zudecken und erneut gehen lassen. Mit dem Spritzbeutel und einer 8er Lochtülle halbhoch in die Förmchen füllen. Zugedeckt gehen lassen, bis sich das Teigvolumen verdoppelt hat. Auf der mittleren Schiene des Backofens 12 bis 18 Minuten backen.
3. Für die Tränkflüssigkeit 140 ml Wasser mit Zucker und Gewürzen aufkochen. Die restlichen Zutaten zugeben, dann kalt werden lassen. Die Savarins aus den Förmchen nehmen und noch heiß in die Tränkflüssigkeit tauchen. Mit der aufgekochten, passierten Marmelade bestreichen und trocknen lassen.
4. Für das Eis Moscato und Zucker auf 80° C erhitzen. Mit dem Stabmixer die Butter untermixen, die Temperatur sollte weiterhin 80° C betragen. Eigelb mit Stabmixer untermischen. In einem Mixer 5 Minuten bei höchster, dann weitere 5 Minuten bei halber Geschwindigkeit laufen lassen. Noch lauwarm einfrieren.
5. Für das Traubenragout die Trauben schälen. Wein, Zitronensaft und Zucker aufkochen. Das Puddingpulver mit einigen Tropfen Wasser anrühren und die kochende Flüssigkeit damit binden. Durchkochen, bis die Sauce klar wird. Die Trauben in die abgekühlte Sauce geben.
6. Für das Trestersabayon, wie im Rezept beschrieben, ein Champagnersabayon zubereiten, auf Eis kalt schlagen und mit Trester und Sahne abschmecken.
7. Jeden Savarin vierteln und kreisförmig auf den Tellern verteilen. Das Sabayon tupfenweise dazugeben, das Traubenragout dazu anrichten. Zum Schluß eine Kugel Eis in die Mitte geben und sofort servieren.

FESTLICHE DESSERTS

Rote Grütze mit aufgeschäumter Vanillesauce

Für 6 bis 8 Portionen

Für die Rote Grütze:

1 kg gemischte geputzte Beeren

150 g Zucker

Saft von je 1 Orange und Zitrone

125 ml Rotwein

40 g Tapiokamehl

1 Blatt Gelatine

Für die aufgeschäumte Vanillesauce:

125 g Sahne

1 Prise Salz

1 Vanilleschote

2 Eigelb, 40 g

1 Ei, 50 g

60 g Zucker

1 EL flüssige Sahne

1 TL Rum

1 EL geschlagene Sahne

Außerdem:

Puderzucker zum Bestäuben

Minzeblättchen zum Garnieren

1. Die Beeren waschen und gut abtropfen lassen. Dann in eine Portion von 600 g und eine Portion von 400 g abwiegen. Den Zucker mit 50 ml Wasser aufkochen, bis ein heller Karamel entsteht. Orangen- und Zitronensaft sowie den Rotwein zugießen und alles auf die Hälfte einkochen. 600 g Beeren unterrühren und bei milder Hitze etwa 1 Stunde köcheln lassen.

2. Die Beeren durch ein Sieb passieren, so daß etwa 500 ml Fruchtmark entsteht. Das Tapiokamehl mit wenig kaltem Wasser anrühren. Das Fruchtmark erneut aufkochen, Tapiokamehl einrühren und die Grütze 20 bis 25 Minuten ganz leicht köcheln lassen. Die Gelatine in kaltem Wasser einweichen. Die Grütze vom Herd nehmen und die ausgedrückte Gelatine unterrühren. Die restlichen frischen Beeren auf Schalen oder Suppenteller verteilen und das Mark darübergießen. Die Grütze abkühlen lassen und im Kühlschrank erstarren lassen.

3. Für die Vanillesauce kurz vor dem Servieren Sahne, Salz, aufgeschnittene Vanilleschote und Vanillemark aufkochen. Unterdessen Eigelb, Ei und Zucker schaumig schlagen. Die heiße Sahne langsam zugießen und unterschlagen. Dann die Masse über Dampf oder über dem heißen Wasserbad sämig aufschlagen und zur Rose abziehen. Die Sauce auf Eis kalt rühren. Die Hälfte davon in die Eismaschine geben und gefrieren lassen. Vor dem Anrichten die zurückbehaltene Sauce mit 1 EL flüssiger Sahne, Rum und dem Eis mit dem Stabmixer oder im Mixer aufmixen und zuletzt die geschlagene Sahne unterheben.

4. Die gemixte Sauce sofort über die Rote Grütze gießen. Den Tellerrand mit Puderzucker bestäuben, mit Minzeblättchen garnieren und unverzüglich servieren.

Wer keine Eismaschine besitzt oder das Dessert schneller herstellen möchte, mixt die gut gekühlte Sauce nur mit etwas Sahne auf. Nach Belieben kann auch ein Teil der Fruchteinlage zurückbehalten und als Dekoration verwendet werden.

Schneenockerln mit Himbeersauce auf Vanilleschaum

Für 4 bis 5 Portionen

Für die Himbeersauce:

300 g frische oder aufgetaute Himbeeren

einige EL Zucker

abgeriebene Schale von

¼ unbehandelten Zitrone

10 ml Himbeergeist

Für den Vanilleschaum:

siehe Rezept Seite 132

Für das Zuckergespinst:

250 g Zucker, 25 ml Glukosesirup

Für die Schneenockerln:

4 Eiweiß, 120 g

100 g Zucker

1 Prise Salz

abgeriebene Schale von

¼ unbehandelten Zitrone

500 ml Milch

½ aufgeschnittene Vanilleschote

1. Für die Himbeersauce die Beeren mit dem Stabmixer pürieren und passieren. Mit Zucker, Zitronenschale und Himbeergeist abschmecken.

2. Den Vanilleschaum, wie in dem Rezept beschrieben, zubereiten.

3. Für das Zuckergespinst den Arbeitsplatz mit etwas Alufolie auslegen, damit er später nicht klebt. Den Zucker mit 125 ml Wasser aufkochen, abschäumen und den Topfrand mit einem fettfreien nassen Pinsel säubern. Den Glukosesirup zugeben und alles einkochen, bis der Zucker bernsteinfarben wird. Den Topfboden sofort in Eiswasser setzen, damit der Zucker nicht nachbräunt.

4. Mit einem sauberen trockenen Metallöffel den Zucker umrühren, bis er zäh vom Löffel fließt. Den Löffel mit Zucker zwischen Daumen und Zeigefinger fassen und locker aus dem Handgelenk waagerecht hin- und herschleudern, so daß der Zucker Fäden zieht. Fäden über einen waagerecht gehaltenen Holzlöffel legen, abnehmen und für das Dessert formen oder auflegen.

5. Für die Schneenockerln das Eiweiß mit 30 g Zucker und dem Salz zu einem cremigen Schnee aufschlagen. Nach und nach den restlichen Zucker und zuletzt die Zitronenschale unterschlagen. Die Milch mit der Vanilleschote aufkochen, dann die Hitze herunterschalten. Einen großen Löffel in kaltes Wasser tauchen, aus dem Schnee dicke Nockerln ausstechen und auf die Milch legen. Den Topf schließen. Die Milch darf nicht mehr kochen, sondern nur leicht sieden, sonst gelingen die Nockerln nicht. Nockerln etwa 5 Minuten ziehen lassen.

6. Die Himbeersauce auf die Teller geben. Die Nockerln vorsichtig mit dem Schaumlöffel aus der Milch nehmen, kurz abtropfen lassen und auf der Himbeersauce anrichten. Die Vanillesauce, wie beschrieben, mit dem Mixer schnell aufschäumen und etwas davon über jedes Nockerl geben. Das Dessert mit weißem Burgunder servieren.

Variation von der Clementine

Für 12 bis 15 Portionen
Besondere Geräte: englische Teekuchenform von 30 cm Länge und 4 bis 5 cm Tiefe

Für den Schokoladenbiskuit:
3 Eier, 150 g
100 g Zucker
20 g Weizenstärkemehl
60 g Mehl
15 g Kakaopulver
25 g flüssige abgekühlte Butter

Für die Clementinencreme:
Zutaten wie für die Orangencreme
(Rezept Seite 64), jedoch mit
Clementinen zubereitet

Für das Clementinensorbet:
32 bis 35 unbehandelte Clementinen
340 g Würfelzucker, 100 g Glukosesirup
Saft von 2 Zitronen
60 ml Grand Marnier
60 ml Grenadinesirup, 20 ml Amaretto
4 Tropfen Pernod, 4 Blatt Gelatine
100 ml Champagner

Für die Hippenblätter:
siehe Rezept Seite 185

Außerdem:
8 unbehandelte Clementinen

1. Am Vortag für den Biskuit den Backofen auf 190° C vorheizen. Eier und Zucker auf dem Wasserbad bis 40° C schaumig aufschlagen, vom Wasserbad nehmen und mit dem Handrührgerät kalt schlagen. Weizenstärkemehl, Mehl und Kakao gemeinsam unterheben. Zum Schluß die Butter unterziehen. Die Form leicht einfetten und mit Backpapier auslegen. Den Teig einfüllen, 35 bis 40 Minuten backen und abkühlen lassen.

2. Die Clementinencreme, wie im Rezept beschrieben, zubereiten und kühl stellen.

3. Für das Sorbet die Früchte heiß waschen und trockentupfen. Mit Würfelzucker die Schalen leicht abreiben. Zucker in einen Topf geben. Clementinen auspressen und 1400 ml Saft abmessen. Den Saft mit 200 ml Wasser zum Zucker geben und aufkochen. Topf vom Herd nehmen und die Glukose darin auflösen. Zitronensaft, Alkohol und Grenadinesirup unterrühren. 150 ml der Sorbetflüssigkeit abmessen und beiseite stellen. Für das Gelee 500 ml Sorbetflüssigkeit abmessen. Die Gelatine in kaltem Wasser einweichen und ausdrükken. In etwas Sorbetflüssigkeit auflösen, zur übrigen Menge geben und auf Eis kalt rühren. Den Champagner untermischen und bis zum Anrichten kalt stellen. Den Rest der Sorbetflüssigkeit in der Sorbetiere gefrieren lassen.

4. Schokoladenbiskuit längs in dünne Scheiben schneiden. Die Form säubern und frisch mit Backpapier auslegen. Abwechselnd Biskuitscheiben und eine dünne Schicht Clementinencreme in die Form geben. Dabei ergeben sich fünf Biskuitlagen, die mit jeweils 3 EL der zurückbehaltenen Sorbetflüssigkeit getränkt werden. Die Terrine mindestens 3 Stunden kalt stellen.

5. Pro Portion drei Hippenblätter, wie im Rezept beschrieben, backen.

6. Die restlichen Clementinen waschen und trockentupfen. Mit dem Sparschäler rundherum dünn abschälen und die Schalen der Länge nach in 2 mm breite Streifen schneiden. Wie im Rezept für rote Orangenzesten beschrieben (Seite 221), zubereiten. Die Clementinen schälen und die Filets vorsichtig herauslösen.

7. Etwas Gelee auf gut vorgekühlte Teller geben. Darauf jeweils eine rund ausgestochene Scheibe der Schokoladen-Clementinen-Terrine legen. Rundherum die Clementinenfilets anordnen. Auf die Terrine mit dem Spritzbeutel mit Sterntülle das gefrorene Mandarinensorbet als Tupfen aufspritzen und je drei Hippenblätter dazulegen. Zuletzt Clementinenzesten außen herumlegen und das Dessert servieren.

FESTLICHE DESSERTS

KUCHEN, TORTEN UND TARTES

Kuchen, Torten und Tartes

Sachertorte

Für 1 beschichtete Springform von
28 cm Durchmesser
Zubereitungszeit: 2 Stunden 30 Minuten
Trockenzeit: 3 Stunden
Foto: Seite 136/137

Für den Boden:
150 g Zartbitterkuvertüre, 150 g Butter

50 g Puderzucker

Mark von 1 Vanilleschote

7 Eigelb, 140 g

1 Ei, 50 g

7 Eiweiß, 210 g

1 Prise Salz, 150 g Zucker

100 g Mehl, 50 g Weizenstärkemehl

Zum Tränken:
70 g Zucker, 30 g Vanillezucker

abgeriebene Schale von je

1 unbehandelten Orange und Zitrone

¼ Zimtstange, 75 ml Orangensaft

25 g Glukose, 70 ml Rum

Für die Glasur:
150 g Zartbitterkuvertüre

55 g Glukose, 100 g süße Sahne

30 ml Milch, 30 g zimmerwarme Butter

½ Glas Aprikosenmarmelade

150 g Rohmarzipan, 30 g Puderzucker

Für die Garnitur:
Kakaopulver

Hippenfächer (Rezept Seite 185)

1. Die Kuvertüre hacken, im Wasserbad schmelzen und auf Zimmertemperatur abkühlen lassen. Die Butter mit 20 ml Wasser, Puderzucker und dem Vanillemark weißschaumig schlagen. Nach und nach das Eigelb zugeben. Zum Schluß das Ei und die Kuvertüre unterschlagen.
2. Eiweiß mit Salz und 50 g Zucker cremig schlagen. Den restlichen Zucker nach und nach zugeben, dabei kräftig aufschlagen. Mehl und ein Drittel des Eiweißes mit dem Weizenstärkemehl unter die Schokoladenmasse heben. Restliches Eiweiß vorsichtig mit dem Teigschaber unterheben. Ein umgedrehtes Backblech auf den Boden eines Backofens stellen, auf 170° C vorheizen.
3. Die Sachermasse in die gefettete, mit Mehl bestäubte Form füllen, auf das Backblech setzen und 60 bis 70 Minuten backen. Den Boden auf ein leicht mit Mehl bestäubtes Küchentuch stürzen. Form entfernen, wenn der Boden völlig erkaltet ist.
4. Für die Tränkflüssigkeit 120 ml Wasser mit Zucker, Vanillezucker, Orangen- und Zitronenschale und Zimtstange zum Kochen bringen. Kurz aufkochen lassen, den Topf vom Herd ziehen und Orangensaft, Glukose und Rum zugeben. Abkühlen lassen und durch ein Haarsieb seihen.
5. Für die Glasur Kuvertüre fein hacken und mit der Glukose vermengen. Die Sahne mit der Milch in einer kleinen Kasserolle aufkochen. Vom Herd ziehen, die Butter darin schmelzen und nach und nach unter die Kuvertüre rühren, bis eine homogene Masse entstanden ist.
6. Den Teigboden quer halbieren und mit der vorbereiteten Flüssigkeit tränken. Mit erhitzter Aprikosenmarmelade bestreichen, zusammensetzen und nochmals mit der Marmelade aprikotieren. Das Marzipan zwischen zwei Lagen mit Puderzucker bestäubter Klarsichtfolie sehr dünn ausrollen. Den Kuchen mit Marzipan einschlagen.
7. Die Torte auf ein Gitter setzen. Eine Palette über die Torte halten und mit Hilfe einer Suppenkelle die Glasur über die Palette auf die Torte gießen. Ist genügend Glasur auf der Torte verteilt, fährt man mit der Palette gerade und ohne Unterbrechung von einer Kante zur anderen.
8. Die Torte vom Gitter heben, alle vorhandenen Tropfen beseitigen und mit Hilfe einer Palette und eines kleinen Messers auf ein Backpapier setzen. Die Glasur etwa 3 Stunden trocknen lassen. Mit Kakaopulver bestäuben und einem Hippenfächer dekorieren. (Auf dem Foto bekam die Torte einen Samtüberzug mit Hilfe einer Schokoladen-Sprühpistole.)

Baumkuchentorte

Für 1 konische Form von 22 cm Durchmesser am Boden und 26 cm Durchmesser am oberen Rand, 5 cm hoch
Zubereitungszeit: 2 Stunden

50 g Rohmarzipan
30 ml Arrak
200 g Butter
100 g Weizenstärkemehl
1 Msp Backpulver
Mark von 1 Vanilleschote
je 1 Prise gemahlener Kardamom und Muskatnuß
abgeriebene Schale von 1 unbehandelten Zitrone
10 Eigelb, 200 g
70 g süße Sahne
10 Eiweiß, 300 g
200 g Zucker
2 g Salz
100 g Mehl
50 g gemahlene Haselnüsse
50 g feingemahlener Krokant
250 g beste Zartbitterkuvertüre oder Aprikosenmarmelade und Fondantglasur (Rezept Seite 158)
zum Überziehen der Torte
Für den Fächer:
Zigarettenmasse (Rezept Seite 185)

1. Das Marzipan mit dem Arrak und der Butter vermengen. Diese Masse mit dem Weizenstärkemehl, dem Backpulver und den Gewürzen hellschaumig aufschlagen. Das Eigelb mit der Sahne verquirlen und unter ständigem Schlagen nach und nach in die Buttermasse einarbeiten.

2. Das Eiweiß mit dem Zucker und dem Salz zu einem cremigen, festen Schnee aufschlagen. Erst ein Drittel des Eischnees unter die Buttermasse ziehen, dann das restliche Eiweiß unterheben. Zum Schluß das Mehl, die Haselnüsse und den Krokant unterheben.

3. Die Backform mit einem genau abgemessenen und zugeschnittenen Backpapier auslegen. Die Form unter dem Grill erwärmen und die erste Teigschicht mit einer Palette dünn aufstreichen.

4. Die erste Teigschicht auf der untersten Schiene unter dem Grill kurz goldbraun backen. Dabei, falls nötig, die Form drehen, damit die Masse gleichmäßig gebacken wird. Die nächste Schicht aufstreichen und auf einer höheren Schiene goldbraun backen. Auf diese Weise den Baumkuchen Schicht für Schicht backen, bis die gewünschte Dicke erreicht ist. Dabei die letzte Schicht wieder auf der untersten Schiene backen. (Wenn die einzelnen Schichten zu schnell gebacken werden, sind sie nicht gar und die Baumkuchentorte wird zäh. Werden sie zu langsam gebacken, besteht die Gefahr, daß die Torte zu trocken wird!)

5. Die Baumkuchentorte gut auskühlen lassen und stürzen. Das Backpapier abziehen und die Torte mit im Wasserbad geschmolzener Kuvertüre überziehen oder mit gekochter und passierter Aprikosenmarmelade bestreichen und mit Fondantglasur überziehen.

6. Für den Fächer die Zigarettenmasse auf ein mit Backpapier ausgelegtes Backblech dünn aufstreichen und backen, bis der Teig leicht Farbe annimmt. Das Blech aus dem Ofen nehmen und abkühlen lassen, dann ein zweites Mal backen, bis die Hippen schön goldbraun sind. Das Blech auf die geöffnete Backofentür setzen, das Gebäck stürzen, das Backpapier abziehen und die Zigarettenmasse sofort zu einem Fächer zusammenfalten.

Für eine zweifarbige Baumkuchentorte zieht man unter eine Hälfte des Teiges eine Mischung aus 20 g stark entöltem Kakaopulver und 30 ml Milch. Man kann die Torte auch füllen, indem jede dritte Schicht mit Aprikosenmarmelade eingestrichen wird.

Kuchen, Torten und Tartes

Linzertorte

Für 1 Springform von 28 cm Durchmesser
Zubereitungszeit: 1 Stunde 30 Minuten

200 g Butter

150 g Puderzucker

50 g Vanillezucker

1 TL gemahlener Zimt

1 Prise gemahlene Nelken

1 Prise Salz

Saft und abgeriebene Schale von ½ unbehandelten Zitrone

20 ml Kirschwasser

3 Eier, 150 g

1 Eigelb, 20 g

1 TL Hirschhornsalz

1 TL Milch

150 g mit der Schale geriebene Mandeln

160 g Mehl

1 Päckchen Oblaten (5 cm Durchmesser)

250 g eingemachte Preiselbeeren

3 bis 4 EL Aprikosenmarmelade

50 g gehobelte, leicht geröstete Mandeln

1. Die Butter mit dem Puderzucker, dem Vanillezucker, den Gewürzen, dem Salz, der Zitronenschale und dem Kirschwasser schaumig schlagen. Nach und nach die Eier und zum Schluß das Eigelb unterrühren. Das Hirschhornsalz in der Milch auflösen. Mandeln und 100 g Mehl vermischen.

2. Den Backofen auf 180° C vorheizen, die Backform einfetten und leicht mit Mehl bestäuben. Die Mandel-Mehl-Mischung und das aufgelöste Hirschhornsalz kurz und kräftig mit dem Schneebesen unter die Schaummasse rühren. Zwei Drittel des Teiges in die Springform füllen und glattstreichen. Den Teig mit Oblaten belegen und die Preiselbeeren gleichmäßig darauf verteilen.

3. Unter den übrigen Teig das restliche Mehl ziehen und mit einem Spritzbeutel mit 5er Lochtülle ein Gitter auf die Torte spritzen. Die Form auf die unterste Schiene im Backofen stellen und die Hitze auf 170° C herunterschalten. Die Torte 35 bis 45 Minuten backen. Aus dem Ofen nehmen, sofort mit der heißen Aprikosenmarmelade bestreichen, den gehobelten Mandeln bestreuen und im Ring erkalten lassen.

Kuchen, Torten und Tartes

Eckart Witzigmann

Die Traditionstorte aus der oberösterreichischen Stadt Linz backe ich statt mit kompaktem Mürbeteig mit einem Rührteig, wodurch sie leichter wird. So mögen sie meine Gäste auch am liebsten.

Kuchen, Torten und Tartes

Topfennußkuchen

Für 1 Springform von 28 cm Durchmesser
Zubereitungszeit: 1 Stunde 30 Minuten

150 g gemahlene Haselnüsse oder
Mandeln und Haselnüsse gemischt
140 g Butter
70 g Puderzucker
Mark von 1 Vanilleschote
abgeriebene Schale von
½ unbehandelten Zitrone
6 Eigelb, 120 g
90 g Quark, 20 % Fett i. Tr.
6 Eiweiß, 180 g
1 Prise Salz
90 g Zucker
Butter und feingemahlene Nüsse für
die Form

1. Den Backofen auf 200° C vorheizen. Die Nüsse auf das Backblech geben und im Ofen leicht rösten. Anschließend den Backofen auf 175° C herunterschalten.
2. Die Butter mit dem Puderzucker, dem Vanillemark und der Zitronenschale weißschaumig schlagen. Nach und nach das Eigelb unterrühren. Den Quark portionsweise, ohne zu viel zu rühren, untermengen. Die erkalteten Nüsse unter die Butter-Quark-Masse ziehen.
3. Das Eiweiß mit Salz und einem Drittel des Zuckers schaumig und steif schlagen. Nur auf Stufe 2 des elektrischen Handrührgerätes arbeiten. Dann unter Rühren nach und nach den restlichen Zucker zugeben, so daß das Eiweiß cremig wird. Zum Schluß, um mehr Volumen zu erhalten, noch einmal kurz auf Stufe 3 schalten.
4. Ein Drittel des Eischnees unter die Butter-Quark-Masse rühren, den Rest mit dem Teigspachtel unterheben. Die Springform mit Butter einfetten und dünn mit gemahlenen Nüssen ausstreuen. Den Teig in die Form füllen und 45 Minuten auf der zweiten Schiene von unten backen.
5. Den Kuchen zum Abkühlen aus dem Backofen nehmen und auf ein leicht mit Mehl bestäubtes Küchentuch stürzen. So wird die Oberfläche schön glatt.

Für dieses Rezept müssen alle Zutaten Zimmertemperatur haben.

KUCHEN, TORTEN UND TARTES

ECKART WITZIGMANN

Den Kuchen kann man auch halbieren
und mit einer Sahnecanache (Rezept Seite 166) füllen
oder nur mit Aprikosenmarmelade einstreichen
und den Rand mit gerösteten gehobelten
Mandeln bestreuen.

Rüblikuchen

Für 1 Springform von 28 cm Durchmesser
Zubereitungszeit: 1 Stunde

---
3 Eier, 150 g
---
1 Eigelb, 20 g
---
125 g Zucker
---
200 g geschälte, feingeraspelte Möhren
---
50 g Puderzucker
---
abgeriebene Schale von
---
1 unbehandelten Zitrone
---
15 ml Kirschwasser
---
100 g geschälte gemahlene Mandeln
---
50 g grobgehackte Walnußkerne
---
80 g Mehl, 40 g Weizenstärkemehl
---
5 g Backpulver
---
100 g flüssige Butter und geriebener Zwieback für die Form

Puderzucker zum Bestäuben
---

1. Die Eier mit Eigelb und Zucker in einer Metallschüssel über einem 80° C heißen Wasserbad bis zur Körpertemperatur schaumig aufschlagen. Danach aus dem Wasserbad nehmen und mit dem elektrischen Handrührgerät kalt, fest und schaumig schlagen. Den Backofen auf 175° C vorheizen.
2. Die Möhren mit Puderzucker, Zitronenschale, Kirschwasser, Mandeln und Walnußkernen vermengen und unter die aufgeschlagene Eiermasse heben. Mehl und Stärkemehl mit dem Backpulver vermischen und unter die Masse arbeiten.
3. Schließlich die etwa 40° C warme Butter untermengen. Es erleichtert die Arbeit, wenn man zuvor 2 bis 3 EL der Möhrenmasse mit der Butter verrührt und diese Mischung dann zum Teig gibt. Die Form einfetten und mit Zwieback ausstreuen. Den Teig hineinfüllen und etwa 30 Minuten auf der mittleren Schiene des Backofens backen. Den Kuchen aus der Form nehmen, auskühlen lassen und mit Puderzucker bestäuben.

Gerührter Gugelhupf

Für 2 Gugelhupfformen von 2 l Inhalt
Zubereitungszeit: 1 Stunde 30 Minuten
Ruhezeit: 12 Stunden

---
75 g Rosinen, 30 ml Rum
---
6 Eier, 300 g, 255 g Zucker

Mark von 1 Vanilleschote
---
abgeriebene Schale von
---
1 unbehandelten Zitrone
---
100 g geschälter grobgeriebener Boskop
---
75 g geschälte feingemahlene Mandeln
---
200 g Mehl, 125 g Weizenstärkemehl

7,5 g Backpulver
---
180 g zerlassene, auf 40° C abgekühlte Butter, geriebener Zwieback für die Form
---
80 g Butter zum Einpinseln

Puderzucker zum Bestäuben
---

1. Die Rosinen an einem warmen Ort über Nacht im Rum einweichen. Eier und Zucker in einer Metallschüssel über einem 80° C heißen Wasserbad schaumig schlagen. Der Eierschaum darf dabei allerdings nur eine Temperatur von maximal 45° C annehmen.
2. Die Schaummasse dann mit dem Handrührgerät schlagen, bis sie kalt ist. Zwischendurch Vanillemark und Zitronenschale zufügen.
3. Den Backofen auf 170° C vorheizen. Äpfel und Mandeln vermischen und unter die Eiermasse heben. Mehl, Stärkemehl und Backpulver mischen und unter die Eiermasse heben. Die Butter mit 3 EL Teig vermischen und dann mit vorsichtigen Rührbewegungen in einer Richtung unter den Teig ziehen. Die Rosinen zugeben.
4. Die Gugelhupfformen mit zerlassener Butter einfetten und mit Zwieback ausstreuen. Die Formen zu zwei Drittel mit dem Teig füllen und 45 Minuten auf der zweituntersten Schiene backen.
5. Kuchen in den Formen erkalten lassen. Nach dem Stürzen mit heißer Butter einstreichen und mit Puderzucker bestäuben.

KUCHEN, TORTEN UND TARTES

Englischer Teekuchen

Für 1 Kastenform oder
1 halbrunde, 28 cm lange Form
Zubereitungszeit: 2 Stunden
Marinierzeit: 8 bis 10 Stunden

Für die Früchte:

80 g Sultaninen
80 g Korinthen
60 g Zitronat
60 g Orangeat
120 g Belegkirschen
40 g geschälte gehackte Mandeln
100 ml Rum
100 g Zartbitterkuvertüre
30 g Mehl

Für den Teig:

2 Eier, 100 g
5 Eigelb, 100 g
60 g Puderzucker
200 g Butter
20 g Rohmarzipan
Mark von 1 Vanilleschote
abgeriebene Schale von
1 unbehandelten Zitrone
5 Tropfen Bittermandelöl
5 Eiweiß, 150 g
1 Prise Salz
100 g Zucker
50 g Weizenstärkemehl
150 g Mehl
5 g Backpulver

Zum Verzieren:

8 EL gekochte passierte Aprikosenmarmelade
Mandelbiskuit-Roulade (Rezept Seite 145)
Mandelblättchen

1. Die Trockenfrüchte mit den Mandeln und dem Rum vermischen, in eine Schüssel geben, mit Alufolie abdecken und über Nacht an einem warmen Ort einweichen lassen. Die Kuvertüre fein hacken und in einer Schüssel zugedeckt in den Gefrierschrank stellen.

2. Für den Teig die Eier und das Eigelb mit dem Puderzucker weißschaumig und cremig schlagen. Die Butter mit dem Marzipan verkneten und leicht aufschlagen. Nicht zu schaumig werden lassen, da der Kuchen sonst später zusammenfällt. Das Eigelb nach und nach unter die Butter rühren. Dann Vanillemark, Zitronenschale und Bittermandelöl unterrühren. Den Backofen auf 220° C vorheizen.

3. Das Eiweiß mit dem Salz und dem Zucker cremig aufschlagen, das gesiebte Weizenstärkemehl unterschlagen. Das Eiweiß abwechselnd mit Mehl und Backpulver unter die Buttermasse heben.

4. Die eingeweichten Früchte mit dem Mehl vermischen und mit der Kuvertüre unter den Teig heben. Die Form mit Butter einfetten und mit Mehl ausstäuben oder mit Backpapier auslegen. Die Masse in die Form füllen und in den Backofen schieben. Dabei die Hitze auf 170° C zurückschalten und den Kuchen 45 bis 55 Minuten backen.

5. Die Form aus dem Ofen nehmen, umdrehen und den Kuchen so abkühlen lassen. Dann die Form abnehmen, den Kuchen mit der Hälfte der heißen Marmelade aprikotieren und mit einer Mandelbiskuit-Roulade einschlagen. Mit der restlichen Marmelade bestreichen und mit Mandelblättchen bestreuen. Den Englischen Teekuchen mindestens einen Tag ruhen lassen, damit sich sein Aroma voll entfalten kann. Er hält sich bis zu zwei Wochen frisch.

> Bei schweren Sandteigen ist es besonders wichtig, daß alle Zutaten Zimmertemperatur haben. Statt einer halbrunden Form kann man jederzeit auch eine Kastenform verwenden.

Mandelbiskuit-Roulade

Für 1 Backblech
Zubereitungszeit: etwa 50 Minuten

Für den Teig:

70 g Mehl

60 g geschälte geriebene Mandeln

40 g Butter

4 Eier, 200 g

110 g Zucker

10 g Vanillezucker

1 Prise Salz

abgeriebene Schale von

¼ unbehandelten Zitrone

Zucker für das Tuch

1. Das Mehl sieben und mit den Mandeln vermischen. Die Butter in einem kleinen Topf schmelzen. Den Backofen auf 230° C vorheizen. Das Backblech mit Backpapier auslegen.

2. Die Eier mit dem Zucker in einer Metallschüssel über dem heißen, aber nicht mehr kochenden Wasserbad auf 45° C aufschlagen. Dann vom Wasserbad nehmen und mit dem elektrischen Handrührgerät kalt schlagen. Dabei Vanillezucker, Salz und Zitronenschale zufügen.

3. Die Mandel-Mehl-Mischung vorsichtig unter die Eiermasse heben. Zum Schluß 2 EL davon in die handwarme Butter rühren und alles zurück in die Eiermasse geben und unterheben.

4. Die Biskuitmasse auf das Blech streichen und goldbraun backen. Dann herausnehmen und auf ein mit Zucker bestreutes Tuch oder Backpapier stürzen. Den Biskuit auskühlen lassen und in Form schneiden.

Kuchen, Torten und Tartes

Eckart Witzigmann

★ ★ ★

Rehrücken war ursprünglich ein »Restekuchen«, denn
es wurden für den Teig anstelle der Mandeln
Kuchenbrösel verwendet. Wer also noch altbackenen,
trockenen Sandkuchen oder Biskuit vorrätig hat,
kann statt der Mandeln 150 g feingemahlene Kuchenbrösel
sowie 25 g Mandeln und 25 g Krokant,
beides auch feingemahlen, zum Rehrückenteig geben.

Rehrücken

Für 2 halbrunde Formen von 28 cm Länge
Zubereitungszeit: 2 Stunden

Für den Teig:

100 g Zartbitterkuvertüre

130 g zimmerwarme Butter

60 g Vanillezucker

6 Eigelb, 120 g

150 g geschälte feingemahlene Mandeln

25 g Mehl

5 g Instant-Kaffee

6 Eiweiß, 180 g

100 g Zucker

1 Prise Salz

Für die Glasur:

200 g Aprikosenmarmelade

100 g Mandelsplitter

180 g Butter

180 g Zartbitterkuvertüre

1. Die Kuvertüre im Wasserbad schmelzen und auf Zimmertemperatur abkühlen lassen. Die Butter mit dem Vanillezucker schaumig schlagen, dann nach und nach das Eigelb untermengen. Anschließend die Kuvertüre mit dem Schneebesen unterrühren.

2. Die Mandeln mit dem Mehl und dem Instant-Kaffee vermischen und unter die Buttermasse heben. Die Formen mit Butter einfetten. Den Backofen auf 170° C vorheizen. Das Eiweiß mit Zucker und Salz zu einem festen, cremigen Schaum schlagen.

3. Erst ein Drittel des Eischnees unter den Teig ziehen, dann den Rest vorsichtig unterheben. Den Teig in die Formen füllen und 60 Minuten backen. Die Formen aus dem Ofen nehmen, umdrehen und den Kuchen in den Formen erkalten lassen.

4. Die ausgekühlten Kuchen zweimal der Länge nach aufschneiden und mit einem Teil der gekochten Aprikosenmarmelade bestreichen. Die Kuchen wieder zusammensetzen und auch von außen dünn mit Marmelade einstreichen. Die Mandelsplitter in die Kuchen stecken, so daß sie ihr charakteristisches Aussehen bekommen.

5. Butter und Kuvertüre getrennt schmelzen und auf 36° C abkühlen lassen. Dann miteinander vermischen und die Kuchen mit dieser Glasur überziehen. Den Überzug gut fest werden lassen.

Zwetschgendatschi

Für 1 großes Backblech
Zubereitungszeit: 1 Stunde 30 Minuten
Ruhezeit: 1 Stunde 30 Minuten

3 kg Zwetschgen

42 g Hefe

200 ml lauwarme Milch

500 g Mehl

120 g Zucker

1 Ei, 50 g

1 Eigelb, 20 g

10 g Salz

10 ml Rum

70 g weiche Butter

150 g zimmerwarmer Mürbeteig (Rezept Seite 160)

50 g Briochebrösel (Rezept Seite 12) oder Biskuitbrösel

1 TL gemahlener Zimt

Für die Mandelstreusel:

50 g handwarme Butter

50 g Kristallzucker

50 g Mehl

50 g geschälte feingemahlene Mandeln

Mark von 1 Vanilleschote

abgeriebene Schale von ½ unbehandelten Zitrone

1 Prise Salz

1. Die Zwetschgen oben und unten kreuzförmig einschneiden. Dann an der Narbe entlang einschneiden (aber nicht durchschneiden) und den Stein entfernen.

2. Für den Teig die Hefe in der Milch auflösen. Das Mehl sieben und mit der Milch-Hefe-Mischung, 70 g Zucker, Ei, Eigelb, Salz, Rum und der weichen Butter zu einem elastischen Teig verarbeiten. Den Teig dabei so lange kneten und schlagen, bis er Blasen wirft und eine Temperatur von 28° C angenommen hat.

3. Den Mürbeteig unter den Hefeteig arbeiten. Das hebt den Geschmack, und der Boden weicht später nicht so schnell auf. Den fertigen Teig rund formen, mit Mehl bestäuben und zugedeckt an einem warmen Ort auf das Doppelte seines Volumens aufgehen lassen.

4. Unterdessen aus den angegebenen Zutaten Streusel bereiten. Dabei den Teig immer wieder zwischen zwei Händen reiben, bis er die bröselige Konsistenz von Streuseln angenommen hat. Die Streusel zugedeckt im Kühlschrank kalt stellen.

5. Den Backofen auf 220° C vorheizen. Den Teig zusammenkneten und weitere 10 Minuten gehen lassen. Den Teig gleichmäßig auf Blechgröße ausrollen und auf das mit Backpapier ausgelegte Backblech legen. Mehrmals mit der Gabel einstechen und mit den Bröseln bestreuen.

6. Die Zwetschgen mit den Öffnungen nach oben dachziegelartig auf dem Teig anordnen. Den restlichen Zucker mit dem Zimt vermischen und über die Früchte streuen. Den Teig anschließend so lange gehen lassen, bis er um drei Viertel seines Volumens aufgegangen ist.

7. Nun den Zwetschgendatschi mit den Streuseln bestreuen und 35 Minuten auf der untersten Schiene backen. Nach Wunsch kann der Kuchen kurz vor dem Fertigbacken noch mit gehobelten Mandeln bestreut werden. Frisch gebacken schmeckt der Datschi am besten.

KUCHEN, TORTEN UND TARTES

E CKART W ITZIGMANN

★ ★ ★

Man kann den Datschi auch gut
ohne Streusel zubereiten. Die Zugabe von Mürbeteig
dient dazu, daß der Hefeteig nicht so schnell
durchweicht. Zwetschgendatschi eignet sich auch
hervorragend als Dessert. Mit etwas
geschlagener Sahne oder Vanilleeis bildet er
einen köstlichen Abschluß.

Hefegugelhupf

Für 2 Gugelhupfformen von je 1 l Inhalt
Zubereitungszeit: etwa 2 Stunden
Ruhezeit: 24 Stunden; 5 bis 6 Stunden

Für den Weizenhebel:
50 g Weizenvollkornmehl

Zum Tränken:
60 ml Wasser

60 g Zucker

15 ml Orangensaft

Mark von 1 Vanilleschote

½ Zimtstange

5 Tropfen Bittermandelöl

Für den Teig:
400 g Mehl

60 ml lauwarme Milch

30 g Hefe

3 Eier, 150 g

1 Eigelb, 20 g

60 g Zucker

200 g zimmerwarme Butter

5 g Salz

10 ml Rum

60 g Rosinen

60 g Korinthen

50 g geschälte gehackte Mandeln

Außerdem:
150 g flüssige Butter

2 bis 3 EL Puderzucker

1. Für den Weizenhebel das Mehl und 50 ml Wasser vermischen, mit Klarsichtfolie zudecken und 24 Stunden bei Zimmertemperatur säuern lassen. Nach Wunsch vor dem Verarbeiten 5 g von der Menge abnehmen und damit einen neuen Weizenhebel ansetzen.

2. Für die Tränkflüssigkeit alle Zutaten aufkochen und durchziehen lassen.

3. Für den Teig das Mehl sieben, die Milch mit der Hefe verrühren. Aus dem Mehl, der Milch-Hefe-Mischung, Eiern, Zucker und dem Weizenhebel einen glatten Teig kneten. Die Butter mit Salz mit dem elektrischen Handrührgerät (Stufe 2) unterkneten.

4. Wenn die Butter gut eingearbeitet ist und der Teig Blasen wirft, den Rum, die Früchte und die Mandeln unterkneten. Den fertigen Teig leicht mit Mehl bestäuben, mit Klarsichtfolie zudecken und 2 Stunden im Kühlschrank gehen lassen. Danach nochmals kräftig durchkneten und zusammenschlagen.

5. Die Teigmenge halbieren. Je eine Hälfte mit wenig Mehl rund formen und mit dem Ellbogen ein Loch in die Mitte drücken. Die Gugelhupfformen dünn mit Butter einfetten. Den Teig hineingeben, mit Klarsichtfolie abdecken und bei 18° bis 20° C etwa 3 bis 4 Stunden gehen lassen. Den Backofen auf 190° C vorheizen.

6. Die Kuchen 50 bis 60 Minuten backen. Dann aus dem Ofen nehmen und auf ein Kuchengitter stürzen. Die Tränkflüssigkeit durch ein feines Sieb gießen und die Kuchen damit bestreichen. Mit der flüssigen, aber nicht heißen Butter einpinseln. Zum Schluß mit Puderzucker bestäuben.

> Für die Zubereitung des Teiges sollen alle Zutaten Zimmertemperatur haben.

KUCHEN, TORTEN UND TARTES

Aprikosenwähe

Für 1 Springform von 26 cm Durchmesser
Zubereitungszeit: 1 Stunde

200 g Blätterteig (siehe Glossar) oder
Blätterteig, tiefgekühlt
50 g geschälte gemahlene Mandeln
500 g Aprikosen
200 g Magerquark
4 Eier, 200 g
60 g Vanillepuddingpulver
250 g süße Sahne
200 g Zucker
1 Prise Salz
1 Prise gemahlener Zimt
30 g Puderzucker zum Bestäuben

1. Die Backform dünn mit Butter einfetten oder mit kaltem Wasser ausspülen. Den Blätterteig dünn ausrollen und die Form damit auskleiden. Den Boden mehrmals mit der Gabel einstechen, damit er beim Backen nicht zu sehr aufgeht. Die Mandeln auf dem Boden verteilen.

2. Den Backofen auf 200° C vorheizen. Die entsteinten, halbierten Aprikosen mit den Schnittflächen nach unten auf den Boden setzen. Den Quark mit den Eiern, dem Puddingpulver, der Sahne, dem Zucker und den Gewürzen cremig, aber nicht schaumig schlagen.

3. Den Quarkguß auf den Aprikosen verteilen und die Wähe auf den Boden des Backofens setzen. Die Form nach 15 Minuten auf die mittlere Schiene stellen, die Temperatur auf 170° C herunterschalten und die Wähe weitere 15 bis 20 Minuten backen. Die Aprikosenwähe noch lauwarm mit Puderzucker bestäuben und servieren.

Man kann die Wähe auch glasieren. Dazu den Puderzucker 5 Minuten vor Ende der Backzeit über die Wähe streuen und auf der obersten Schiene im Backofen karamelisieren lassen.

Eckart Witzigmann

Anstelle der Aprikosen können Sie auch entsteinte Sauerkirschen, Pflaumen oder Zwetschgen, Äpfel (vorzugsweise Boskop) oder Rhabarber verwenden. Der Rhabarber muß allerdings leicht vorgegart werden. Zudem sollte der Teigboden mit mehr gemahlenen Nüssen bestreut werden, da der Rhabarber mehr Saft abgibt.

Mohnkuchen

Für 1 Springform von 28 cm Durchmesser
Zubereitungszeit: 1 Stunde 15 Minuten

150 g Butter
20 g Honig
50 g Puderzucker
je 1 Prise gemahlener Zimt und Nelken
Mark von 1 Vanilleschote
abgeriebene Schale von ½ unbehandelten Orange
6 Eigelb, 120 g
85 g geschälte gemahlene Mandeln
85 g frisch gemahlener Mohn
6 Eiweiß, 180 g
1 Prise Salz
80 g Zucker

1. Butter mit Honig, Puderzucker, Gewürzen und der Orangenschale weißschaumig schlagen. Nach und nach Eigelb unter die Butter rühren und alles gut vermischen. Mandeln und Mohn miteinander vermengen und unter die Buttermasse rühren. Den Backofen auf 170° C vorheizen.

2. Das Eiweiß mit dem Salz und einem Drittel des Zuckers schaumig und fest schlagen. Nach und nach den restlichen Zucker unterschlagen, so daß eine cremige, nicht flockige Masse entsteht. Ein Drittel des Eischnees unter die Buttermasse rühren, den Rest mit dem Teigspachtel unterheben.

3. Die Springform sparsam mit Butter einfetten und leicht mit Mehl bestäuben. Die Mohnmasse in die Form füllen und 45 Minuten auf der zweitunterstens Schiene des Ofens backen. Die Form aus dem Ofen nehmen und den Kuchen auf ein leicht bemehltes Küchentuch stürzen, so wird die Oberfläche schön glatt.

Der Mohnkuchen schmeckt besonders gut, wenn man ihn mit Schokoladenglasur (Rezept Seite 138) oder Zitronenfondant (Rezept Seite 158 mit 2 EL Zitronensaft aromatisiert) überzieht.

ECKART WITZIGMANN

Für einen mit Kirschen gefüllten
Mohnkuchen einen Linzer-Plätzchen-Teig
(Rezept Seite 171) als Boden vorbereiten
und Kirschen aus dem Glas mit Puddingpulver andicken.
Einige Kirschen in die erste Schicht der
Mohnmasse geben. Danach die restliche Masse
daraufgeben und backen.

KUCHEN, TORTEN UND TARTES

Kuchen, Torten und Tartes

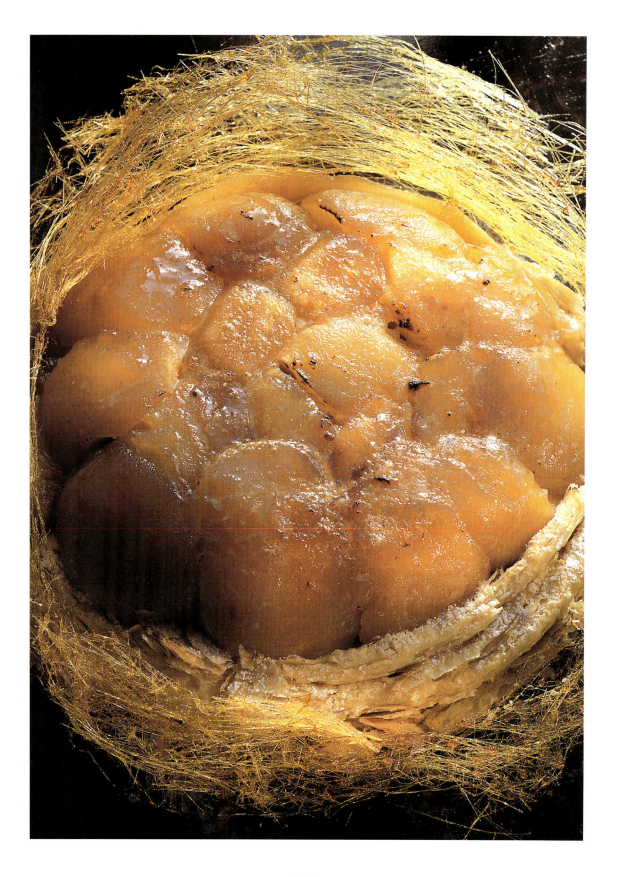

Apfeltarte »Tarte Tatin«

Für 1 Sautoir von 20 cm Durchmesser, aus Kupfer oder emailliertem Gußeisen, oder 1 gußeiserne Pfanne mit hohem Rand
Zubereitungszeit: 45 Minuten

Für die Tarte:

125 g Butter

225 g Zucker

400 g geschälte entkernte Apfelviertel (Boskop oder Golden Delicious)

120 g Blätterteig (siehe Glossar) oder Blätterteig, tiefgekühlt

Zum Garnieren:

Zuckerfäden (Rezept Seite 133)

gehackte Pistazien

Für die Rumsauce:

150 g Sahne

150 g Crème double

25 g Puderzucker

20 ml aromatischer Rum

1. Den Backofen auf 220° C vorheizen. 75 g Butter in dem Sautoir schmelzen und 150 g Zucker darin karamelisieren. Dann die Apfelstücke aufrecht und eng aneinander in den heißen Karamel setzen. Den Sautoir für 5 Minuten auf den Boden des Backofens stellen.

2. Den Sautoir aus dem Ofen nehmen und die restliche Butter und den restlichen Zucker auf den Äpfeln verteilen. Den Blätterteig 5 mm dick und etwas größer als den Sautoir ausrollen und mit der Gabel mehrmals einstechen. Die Äpfel mit diesem Teigdeckel belegen. Dabei soll etwas Blätterteig über den Rand stehen, da der Teig sich beim Backen zusammenzieht.

3. Die Apfeltarte nun 20 Minuten backen. Anschließend aus dem Ofen nehmen, mit einem Teller leicht beschweren und abkühlen lassen. Den Sautoir nochmals kurz auf der Herdplatte erwärmen, damit sich der Karamel vom Topfboden löst, und die Tarte aus dem Sautoir stürzen.

4. Besonders hübsch sieht die Tarte aus, wenn man sie mit feinen Zuckerfäden umspinnt und mit gehackten Pistazien bestreut. Am besten schmeckt dazu eine Rumsauce. Dafür die Sahne mit Crème double aufschlagen und mit Puderzucker und Rum abschmecken.

E CKART W ITZIGMANN

Die Apfeltarte »Tarte Tatin« wurde nach den zwei französischen Geschwistern Tatin benannt. Früher nur in Restaurants zubereitet, stellt sie heute eine beliebte Alternative zum herkömmlichen Apfelkuchen dar. Sollten die Äpfel zuviel Wasser ziehen – was häufig geschieht –, die Tarte nach dem Backen bei hoher Hitze auf der Herdplatte und mit schwenkenden Bewegungen so lange karamelisieren, bis die überschüssige Flüssigkeit verdampft ist.

KUCHEN, TORTEN UND TARTES

Bienenstich

Für 1 Backblech oder 2 Springformen
von 28 cm Durchmesser
Zubereitungszeit: 1 Stunde
Ruhezeit: 12 Stunden;
3 Stunden 15 Minuten

Für den Vorteig:

25 g Weizenvollkornmehl

Für den Hefeteig:

42 g Hefe

150 ml zimmerwarme Milch

2 Eier, 100 g

110 g handwarme Butter

10 ml Rum

10 g Salz

500 g Mehl

40 g Zucker

40 g Vanillezucker

abgeriebene Schale von

1 unbehandelten Zitrone

Öl für das Blech

Für die Mandeldecke:

100 g Zucker

150 g Butter

50 g Honig

150 g Sahne

150 g gehackte Mandeln

Zum Füllen:

Bienenstichcreme (Rezept Seite 157)

1. Für den Vorteig 25 ml Wasser mit dem Vollkornmehl verrühren und mit Klarsichtfolie zugedeckt bei 26° C über Nacht ruhen lassen.
2. Für den Teig die Hefe mit der Milch verrühren. Die Eier verschlagen, die Butter mit dem Rum und dem Salz verkneten.
3. Den Vorteig mit Mehl, Zucker, Vanillezucker und der Zitronenschale vermischen und unter Zugabe der Hefemilch und der Eier einen Teig herstellen. Dann die Butter nach und nach unterarbeiten. Den Teig so lange kneten und schlagen, bis er homogen ist und Blasen wirft.
4. Den Teig in Klarsichtfolie einwickeln und für 45 Minuten im Kühlschrank kalt stellen. Das Backblech leicht einölen und mit Mehl bestäuben. Den Hefeteig auf dem Blech ausrollen und für weitere 30 Minuten in den Kühlschrank stellen.
5. Unterdessen die Mandelmasse herstellen. Dafür den Zucker und die Butter unter ständigem Rühren in einer Stielkasserolle aufkochen. Den Zucker schmelzen lassen. Dann erst den Honig, die Sahne und die Mandeln hinzufügen. Die Masse ein wenig abkühlen lassen.
6. Erneut den Teig mit dem Nudelholz auswellen und mit der Gabel mehrmals einstechen. Die Mandelmasse auf dem Teig verteilen, den Bienenstich 30 Minuten bei Zimmertemperatur gehen lassen. Den Backofen auf 200° bis 220° C vorheizen.
7. Den Bienenstich 20 Minuten backen. Anschließend abkühlen lassen und quer in der Mitte durchschneiden. Dabei die mit Mandeln bedeckte obere Hälfte schon jetzt in Portionsstücke schneiden.
8. Die Bienenstichcreme auf die untere Kuchenhälfte streichen und mit der oberen Hälfte belegen. Vor dem Servieren etwa 1½ Stunden ziehen lassen.

Die Mandeldecke kann man auch so herstellen: Die gehackten Mandeln auf dem vorbereiteten Teig gleichmäßig verteilen. Butter mit Zucker und Honig aufkochen, leicht abkühlen lassen und mit einer Palette gleichmäßig auf die Mandeln streichen.

Bienenstichcreme

Für 1 Kuchen
Zubereitungszeit: 1 Stunde
Kühlzeit: 1 Stunde

---
500 ml Milch
175 g Zucker
2 Vanilleschoten
5 Eigelb, 100 g
20 g Vanillepuddingpulver
6 Blatt Gelatine
500 g Sahne

---

1. 400 ml Milch mit 100 g Zucker in einen Topf geben. Die Vanilleschoten aufschneiden, das Mark auskratzen und zusammen mit den Schoten in die Milch geben. Alles aufkochen.

2. In der Zwischenzeit das Eigelb mit 100 ml Milch, 75 g Zucker und dem Puddingpulver mit einem Schneebesen verrühren. In diese Mischung die aufgekochte Vanillemilch unterrühren.

3. Die Flüssigkeit zurück in den Topf schütten und auf dem Herd unter Rühren einmal kräftig durchkochen. Dann die Creme in eine Schüssel geben. Die Vanilleschoten entfernen.

4. Die Gelatine in wenig kaltem Wasser einweichen, dann ausdrücken und unter die Creme rühren, bis sie sich aufgelöst hat.

5. Die Creme im Tiefkühlfach unter gelegentlichem Rühren erkalten lassen. Während dieser Zeit die Sahne nicht zu fest aufschlagen. Unter die sämige Creme ziehen und Kuchen oder kleine Gebäckteile damit füllen und fest werden lassen.

Soll die Füllung noch leichter und lockerer sein, muß man zusätzlich 500 g Sahne mit der entsprechenden Menge Sahnesteif unterheben.

Marmorkranz

Für 1 kranzförmige Gugelhupfform
Zubereitungszeit: 1 Stunde 15 Minuten

300 g Butter
feingeriebene Semmelbrösel zum Ausstreuen der Form
200 g Puderzucker
Mark von 1 Vanilleschote
abgeriebene Schale von je ½ unbehandelten Orange und Zitrone
6 Eigelb, 120 g
35 ml Rum, 54 Vol.%
6 Eiweiß, 180 g
1 Prise Salz
100 g Zucker
100 g Weizenstärkemehl
200 g Mehl
7 g Backpulver
20 g Kakaopulver
60 ml Milch
Aprikosenmarmelade zum Bestreichen

Für die Fondantglasur:

280 g Fondantmasse (fertiggekauft, siehe Glossar)
15 g Glukose
10 ml Kirschwasser

1. Die Form mit Butter einfetten und den Semmelbröseln ausstreuen. Den Backofen auf 200° C vorheizen. Butter, Puderzucker, Vanillemark, Orangen- und Zitronenschale mit dem elektrischen Handrührgerät cremig rühren.
2. Nach und nach das Eigelb und den Rum hinzugeben. Das Eiweiß mit Salz und dem Zucker zu einem cremigen Schnee aufschlagen. Das gesiebte Weizenstärkemehl unter den Eischnee rühren und diesen vorsichtig unter die Buttermasse heben. Mehl mit dem Backpulver mischen und unterrühren.
3. Das Kakaopulver in der Milch auflösen und unter ein Drittel des Teiges rühren. Nun abwechselnd eine helle und eine dunkle Teigschicht in die Form füllen. Die unterste und die oberste Schicht sollen aus hellem Teig sein. Eine Gabel in kreisförmigen Bewegungen durch den Teig ziehen, so daß das typische Marmormuster entsteht.
4. Den Kuchen in Backofenmitte setzen und die Hitze auf 175° C herunterschalten. Den Kuchen 45 bis 60 Minuten backen und anschließend in der Form abkühlen lassen.
5. Die Fondantmasse mit 20 ml Wasser gut durchkneten, bis sie geschmeidig ist. Dann in einem kleinen Topf auf 35° C erwärmen und Glukose und Kirschwasser hinzugeben. Die Masse wieder bis maximal 50° C erwarmen.
6. Den Marmorkranz aus der Form stürzen. Mit stark eingekochter, passierter Aprikosenmarmelade bestreichen und mit der Fondantglasur einpinseln. Vor dem Servieren die Glasur gut antrocknen lassen.

Ganz besonders aromatisch wird der Marmorkranz, wenn man ihn nach dem Backen mit Rum beträufelt.

KUCHEN, TORTEN UND TARTES

E CKART W ITZIGMANN

★ ★ ★

Man kann den Kranz nach dem Aprikotieren
auch mit temperierter Zartbitterkuvertüre überziehen.
Um einen marmorierten Effekt zu erzielen,
kann man vor dem Antrocknen auch noch etwas
flüssige weiße Kuvertüre mit einem
Eßlöffel darübergießen.

Gebackener Käsekuchen

Für 1 Tortenring von 26 cm Durchmesser
Zubereitungszeit: 2 Stunden
Kühlzeit: 12 Stunden

Für den Mürbeteig (Grundrezept):

250 g Mehl
125 g kalte Butter
70 g Puderzucker
20 g Vanillezucker
1 Prise Salz
abgeriebene Schale von
½ unbehandelten Zitrone
1 Ei, 50 g
25 g Butter

Für die Käsemasse:

800 g Magerquark
150 ml Milch
150 g Sahne
75 g Vanillezucker
50 g Weizenstärkemehl
35 g Vanillepuddingpulver
5 Eigelb, 100 g
50 g flüssige Butter
Saft und Schale von
1 unbehandelten Zitrone
20 ml Kirschwasser
5 Eiweiß, 150 g
110 g Zucker, 1 Prise Salz

1. Für den Teig das Mehl sieben. Die kalte Butter mit Puderzucker, Vanillezucker, Salz und Zitronenschale zu einem glatten Teig verkneten. Das Ei in den Teig einarbeiten.
2. Danach das Mehl unterarbeiten. Dabei aber nicht kneten, sondern das Mehl so unterreiben, daß ein bröseliger Teig, in der Konsistenz ähnlich wie Streusel, entsteht. Den Teig in Klarsichtfolie einschlagen und am besten über Nacht im Kühlschrank ruhen lassen.

3. 100 g Mürbeteig auf 26 cm Durchmesser ausrollen, auf ein mit Backpapier ausgelegtes Backblech geben und mit der Gabel mehrmals einstechen. Den Tortenring mit Alufolie umwickeln, um den Teigboden setzen und mit Butter einfetten. Den restlichen Teig portionsweise einfrieren.
4. Den Quark mit der Milch und der Sahne glattrühren. Nacheinander 50 g Vanillezucker, Weizenstärkemehl, Puddingpulver, Eigelb, Butter, Zitronensaft und -schale und das Kirschwasser unter den Quark mengen. Den Backofen auf 220° C vorheizen.
5. Das Eiweiß mit Zucker und Salz zu einem festen, cremigen Schnee schlagen. Diesen unter die Quarkmasse ziehen und in den Tortenring füllen. Den Kuchen im Ofen kurz backen, bis sich eine Haut auf der Oberfläche gebildet hat. Dann mit dem Messer am Rand entlang einschneiden.
6. Wenn der Käsekuchen aufgegangen ist, aus dem Ofen nehmen und die Temperatur auf 160° C zurückschalten. Wenn die Käsemasse auf Ringhöhe zurückgegangen ist, den Kuchen nochmals in den Ofen schieben. Diesen Vorgang noch einmal wiederholen. Die Gesamtbackzeit soll etwa 50 Minuten betragen.
7. Sollte die Oberfläche des Käsekuchens zu dunkel werden, kann man sie während des Backens mit einem Pappdeckel abdecken. Den ausgebackenen Käsekuchen aus dem Ofen nehmen und absinken lassen. Mit der restlichen zerlassenen Butter einstreichen und dem restlichen Vanillezucker bestreuen. Nach dem Abkühlen aus dem Ring schneiden und servieren.
8. Sehr gut schmeckt dieser Käsekuchen auch ganz heiß, direkt aus dem Ofen. Nach Belieben können auch noch 50 g eingeweichte Rosinen unter die Quarkmasse gehoben werden.

Der Mürbeteig läßt sich gut in Portionen einfrieren und hält sich so etwa 3 Monate. Es lassen sich auch hervorragend Plätzchen daraus backen.

Kirschtarte

Für 1 Obstkuchenform von
28 cm Durchmesser
Zubereitungszeit: 1 Stunde 30 Minuten
Kühlzeit: 12 Stunden

Für den Pâte à foncer (knuspriger Mürbeteig mit wenig Zucker):

175 g kalte Butter

5 g Salz

10 g Puderzucker

1 Ei, 50 g

250 g Mehl

getrocknete Erbsen oder Linsen zum Blindbacken

Für den Belag:

50 g leicht geröstete, geschälte und feingemahlene Mandeln

550 g entsteinte schwarze Süßkirschen

4 Eier, 200 g

150 g gesiebter Puderzucker

200 g Crème fraîche

200 ml Milch

60 ml Kirschwasser

je 1 Prise Salz und gemahlener Zimt

60 g gesiebtes Vanillepuddingpulver

Für die Glasur:

25 g Puderzucker

1. Die kalte Butter mit dem Salz, dem Puderzucker und dem Ei sowie 50 g Mehl zu einem glatten Teig verarbeiten.
2. Dann das restliche Mehl so unterarbeiten, daß der Teig eine ähnliche Konsistenz wie Streusel bekommt.
3. Den Teig in Klarsichtfolie einschlagen und am besten über Nacht im Kühlschrank ruhen lassen. Vor der Verwendung einmal kurz durchkneten und ausrollen.
4. Den Backofen auf 180°C vorheizen. Die Backform mit 200 g Mürbeteig auslegen und 15 Minuten blindbacken. Dazu den Teig mit Alufolie belegen und die Erbsen oder Linsen darauffüllen. Auf diese Weise können die Hülsenfrüchte nicht im Teig festbacken. Den restlichen Teig portionsweise einfrieren. Die Form aus dem Ofen nehmen und die Hitze auf 120°C herunterschalten.
5. Den vorgebackenen Boden mit 20 g Mandeln bestreuen, die restlichen Mandeln unter die Kirschen mischen. Eier, Puderzucker, Crème fraîche, Milch, Kirschwasser, Salz, Zimt und Puddingpulver gut miteinander verrühren, ohne daß die Masse schaumig wird.
6. Die Kirschen auf dem Mürbeteigboden verteilen und den Guß darübergeben. Die Tarte 1 Stunde auf der mittleren Schiene backen. Zum Glasieren die Tarte mit dem Puderzucker bestäuben und bei starker Oberhitze auf der obersten Schiene karamelisieren. Leicht ausgekühlt servieren.

KUCHEN, TORTEN UND TARTES

Kuchen, Torten und Tartes

Himbeerkuchen

Für 1 Springform von 26 cm Durchmesser
Zubereitungszeit: 2 Stunden 30 Minuten
Ruhezeit: 2 Stunden

Für den Mürbeteig:

60 g Butter

40 g Puderzucker

1 Eigelb, 20 g

Mark von ½ Vanilleschote

1 Messerspitze Salz

125 g Mehl

getrocknete Erbsen oder Linsen zum Blindbacken

50 g weiße Kuvertüre zum Bestreichen

1 Mandelbiskuitboden mit 26 cm Durchmesser (Rezept Seite 145)

Für die Himbeerroyale:

3 Eier, 150 g

300 g tiefgekühlte, pürierte, passierte Himbeeren

20 ml Himbeergeist

125 g süße Sahne

75 g Puderzucker

Für den Belag:

2 bis 3 EL Briochebrösel (Rezept Seite 12) oder Biskuitbrösel

400 g tiefgekühlte aufgetaute Himbeeren

Für das Himbeergelee:

400 g tiefgekühlte Himbeeren

100 g Zucker

2 EL Agar-Agar-Pulver

Für die Garnitur:

Schokoladenblättchen für den Rand

Mandelblättchen zum Bestreuen

2 bis 3 EL geschlagene süße Sahne

1. Die kalte Butter mit dem Puderzucker verkneten, dann das Eigelb und Vanillemark unterkneten. Danach das Mehl unterarbeiten. Dabei aber nicht kneten, sondern das Mehl so unterreiben, daß ein bröseliger Teig, in der Konsistenz ähnlich wie Streusel, entsteht.
2. Den Teig in Klarsichtfolie einschlagen, dabei etwas zusammendrücken und für mindestens 2 Stunden im Kühlschrank ruhen lassen.
3. Den Backofen auf 180°C vorheizen. Den Teig ausrollen und den Boden der Springform und den Rand 3 cm hoch damit auslegen. Den Teigboden mit Alufolie abdecken und die Erbsen oder Linsen darauf verteilen, damit der Teig beim Backen keine Blasen wirft. Auf der mittleren Schiene des Ofens backen, bis der Teig eine goldgelbe Farbe angenommen hat.
4. Den Mürbeteigboden in der Form auskühlen lassen, mit der geschmolzenen Kuvertüre bestreichen und den Mandelbiskuit darauflegen. Den Backofen auf 120°C herunterschalten.
5. Für die Himbeerroyale alle Zutaten zu einer glatten Creme verrühren und auf dem Biskuitboden verteilen. Die Creme auf der mittleren Schiene des Backofens in 40 bis 45 Minuten stocken lassen. Sie ist fertig, wenn sie nicht mehr wackelt. Den Kuchen abkühlen lassen, aus der Form nehmen und auf eine Platte setzen. Die Brioche- oder Biskuitbrösel über den Kuchen streuen und die Himbeeren darauf verteilen.
6. Für das Himbeergelee die Früchte in eine Metallschüssel geben und in einem kochenden Wasserbad den Saft ausschwitzen lassen. 200 ml dieses Saftes in einen kleinen Topf geben. Den Zucker mit dem Agar-Agar-Pulver vermischen, mit dem Saft verrühren und 3 Minuten kochen.
7. Die Himbeeren mit dem Gelee bestreichen. Nach Wunsch den Kuchenrand mit Schokoladenblättchen verzieren. Einige Mandelblättchen bei 180°C im Backofen leicht rösten und auf den Rand streuen. Sollte die Verzierung nicht haften, mit ein wenig geschlagener Sahne befestigen.

KUCHEN, TORTEN UND TARTES

SÜSSES BACKEN

SÜSSES BACKEN

Nußzungen

Für 30 Stück
Zubereitungszeit: 1 Stunde
Besondere Geräte: 1 Plastikschablone mit einer elliptischen Öffnung, etwa 5 cm lang und 3 cm breit
Foto: Seite 164/165 oben

Für die Nußzungen:

75 g Butter

5 Eiweiß, 150 g

150 g Kristallzucker

70 g geschälte feingemahlene Mandeln

75 g gemahlene Haselnußkerne

abgeriebene Schale von

2 unbehandelten Zitronen

Mark von 1 Vanilleschote

20 g Mehl

Haselnußkerne zum Verzieren

Für die Sahnecanache:

125 g Zartbitterkuvertüre

75 g Vollmilchkuvertüre

75 g süße Sahne

80 g Nougat

50 g zimmerwarme Butter

1. Die Butter in einem Töpfchen schmelzen und abkühlen lassen. Den Backofen auf 160° C vorheizen, das Backblech mit Backpapier auslegen. Eiweiß und Zucker zu einem cremigen, aber sehr festen Schnee aufschlagen. Die gemahlenen Mandeln und Haselnüsse, die Zitronenschale, das Vanillemark und das Mehl miteinander vermischen.

2. Diese Mischung nun vorsichtig nach und nach unter den Eischnee heben. Zum Schluß die flüssige Butter unterziehen. Das geht am besten, wenn man erst 2 bis 3 EL der Teigmasse in die Butter rührt und dann diese Butter unter die Eiweiß-Nuß-Mischung zieht.

3. Mit der Schablone 90 Nußzungen auf das Backpapier aufstreichen. 15 Minuten auf der mittleren Schiene des Ofens backen. Falls nötig, noch 5 Minuten bei offener Ofentür nachtrocknen lassen. Jeweils drei Nußzungen mit Sahnecanache zusammensetzen. Obenauf einen Tupfen Canache und darauf eine Haselnuß setzen.

4. Für die Sahnecanache die beiden Kuvertüren fein hacken. Die Sahne in einem Topf aufkochen und die Kuvertüre hinzugeben. In eine Schüssel umfüllen und den Nougat unterrühren. Alles auf Zimmertemperatur abkühlen lassen, dann die Butter unterrühren. Anschließend kann die Canache mit dem elektrischen Handmixer aufgeschlagen werden, bis sie deutlich an Volumen gewonnen hat und heller geworden ist. Sie eignet sich zum Füllen der Nußzungen genauso wie auch für anderes Gebäck.

Eckart Witzigmann

Die Nußzungen schmecken nicht nur zur Weihnachtszeit. Man kann sie auch zum Kaffee, eventuell mit anderen Petits fours, reichen.

Indianerkrapfen

Für 25 Stück
Zubereitungszeit: 1 Stunde 20 Minuten
Foto: Seite 164

4 Eigelb, 80 g

abgeriebene Schale von

⅛ unbehandelter Zitrone

50 g Mehl

6 Eiweiß, 180 g

50 g Zucker

50 g Weizenstärkemehl

1 Prise Salz

300 g Schokoladen-Fettglasur

200 g geschlagene Sahne

Mark von 1 Vanilleschote

1. Das Eigelb mit 40 ml Wasser, der Zitronenschale und dem Mehl so lange schlagen, bis die Masse keine Fäden mehr zieht. Das Eiweiß mit dem Zucker, dem Weizenstärkemehl und dem Salz zu einem festen, cremigen Schnee aufschlagen.
2. Den Backofen auf 170° C vorheizen, das Backblech mit Backpapier auslegen. Zunächst nur einen kleinen Teil des Eischnees in die Eigelbmasse einrühren. Dann den restlichen Eischnee mit Hilfe eines Holzspatels vorsichtig und trotzdem zügig unterziehen.
3. Die fertige Masse sofort mit dem Spritzbeutel und der 12er Lochtülle in 3 cm breiten Tupfen auf das Backblech spritzen. Bei leicht geöffneter Ofentür 30 Minuten backen, das Gebäck darf dabei nur wenig Farbe annehmen.
4. Je zwei Gebäckstücke ergeben einen Indianer. Für die Unterteile die Spitzen abschneiden, so bekommen sie Stand. Die Gebäckstücke an den Flächen, die zusammengesetzt werden, etwas aushöhlen. Die Außenseiten der Gebäckstücke mit Fettglasur überziehen. Vor dem Servieren zwischen die zusammengehörenden Gebäckstücke jeweils eine Rosette aus Schlagsahne mit Vanillemark spritzen.

Engadiner Nußtörtchen

Für 10 kleine Tortenformen mit
9 cm Durchmesser
Zubereitungszeit: 1 Stunde
Foto: Seite 165

300 g Mürbeteig (Rezept Seite 160)

200 g Zucker, 50 g Glukose

30 g Zitronensaft, 90 g süße Sahne

200 g Zucker, 50 g Honig

25 g Butter

300 g nicht zu fein gehackte Walnüsse

1 Eigelb zum Bestreichen

1. Die Tortenformen dünn mit Mürbeteig auslegen und einen Rand von 1,5 cm hochziehen. Ebenfalls Deckel in der Größe der Formen ausrollen und ausschneiden. Im Kühlschrank kühl stellen. Den Backofen auf 180° C vorheizen.
2. In einer schweren Stielkasserolle oder einem Sautoir 200 g Zucker nach und nach schmelzen. Erst eine kleine Menge Zucker auflösen, dann den nächsten Zucker hinzugeben und mit Hilfe eines Holzlöffels etwas rühren. So fortfahren, bis der ganze Zucker aufgelöst ist und Bernsteinfarbe angenommen hat.
3. Glukose, Zitronensaft und Sahne nacheinander hinzugeben. Die restlichen 200 g Zucker unterrühren, Honig und Butter hinzufügen. Alles glattrühren und die gehackten Walnüsse dazugeben.
4. Die Walnuß-Krokant-Masse auf die Mürbeteigböden verteilen, die Teigdeckel daraufsetzen und die Ränder gut zusammendrücken. Die Törtchen mit einer Mischung aus 1 Eigelb und 45 ml Wasser dünn bestreichen. Die Törtchen auf der mittleren Schiene des Ofens etwa 20 Minuten backen. Über Nacht erkalten und durchziehen lassen.

> Die Törtchen kann man vor dem Backen noch mit Teigstreifen verzieren. Dafür jedoch 100 g mehr Mürbeteig herstellen. Die sehr gehaltvollen Törtchen in Viertel schneiden und mit Puderzucker bestreut servieren.

SÜSSES BACKEN

Eclairs

Für 30 Stück
Zubereitungszeit: 1 Stunde

Für den Teig:

125 ml Milch

100 g Butter

5 g Zucker und Zucker zum Bestreuen

2,5 g Salz

150 g Mehl

5 Eier, 250 g

Für die Buttercreme:

siehe Rezept Seite 65

1. Die Milch, 125 ml Wasser, Butter, Zucker und Salz aufkochen, dann vom Herd nehmen. Mit einem Schneebesen das gesiebte Mehl einrühren. Den Schneebesen gegen einen Holzlöffel tauschen und die Masse auf dem Herd so lange abbrennen bzw. trocknen, bis sich am Topfboden ein Film bildet. Die Masse muß so trocken sein, daß sie nicht mehr zwischen den Fingern klebt.
2. Die Masse nun in eine Schüssel umfüllen und ein Ei nach dem anderen einarbeiten. Die richtige Konsistenz hat die Brandmasse erreicht, wenn sie schwer reißend vom Löffel fällt. Den Backofen auf 220° C vorheizen und das Backblech mit Backpapier auslegen.
3. Nun mit dem Spritzbeutel und der 8er Lochtülle 7 cm lange Teiglinien auf das Backblech dressieren. Mit Kristallzucker bestreuen und in den Ofen schieben. Dabei eine halbe Tasse Wasser auf den Boden des Backofens gießen, damit Dampfschwaden entstehen und die Eclairs schön aufgehen.
4. Nach 8 bis 10 Minuten die Ofentür leicht öffnen und die Eclairs weitere 5 Minuten backen. Abkühlen lassen und quer durchschneiden. Mit Buttercreme füllen.

Aus dieser Brandmasse lassen sich auch gut Profiteroles oder Windbeutel herstellen.

ECKART WITZIGMANN

Echte »Liebesknochen« sind an beiden Enden
noch mit dunkler Kuvertüre überzogen.
Probieren Sie Eclairs auch einmal mit Bienenstichcreme
(Rezept Seite 157), gefüllt und nur leicht mit
Puderzucker bestäubt – so sind sie mir am liebsten.

SÜSSES BACKEN

Vanillekipferl

Für 60 Stück
Zubereitungszeit: 1 Stunde 10 Minuten
Ruhezeit: 12 Stunden

220 g kalte Butter

80 g Puderzucker, 1 Prise Salz

Mark von 4 Vanilleschoten

100 g geschälte geriebene Mandeln

280 g Mehl und Mehl für das Blech

Öl für das Blech

Vanillepuderzucker zum Wenden

1. Die kalte Butter in kleine Stücke schneiden, mit dem gesiebten Puderzucker, Salz und Vanillemark glattkneten. Dabei darf die Butter weder schaumig werden noch klumpen. Dazu die Butter mit einer Hand in der Schüssel kneten. Mit der anderen die Mandeln hinzufügen und unterkneten.

2. Anschließend das gesiebte Mehl unterarbeiten. Der Teig darf dabei nicht mehr geknetet werden, sondern wird, ähnlich wie bei der Herstellung von Kuchenstreuseln, gerieben. Die so entstandenen Brösel auf ein Blech geben und zugedeckt über Nacht ruhen lassen.

3. Am nächsten Tag den Teig durch leichtes Kneten zu Rollen formen und Portionsstücke abschneiden. Diese erneut kurz kalt stellen. Das Backblech leicht einölen und mit Mehl bestäuben. Die Teigstücke danach wie Schupfnudeln auf dem Tisch oder in der Hand formen.

4. Die Kipferl auf das Blech setzen und für 1 Stunde kalt stellen. Den Backofen auf 130° bis 140° C vorheizen. Die Vanillekipferl in 15 bis 20 Minuten blaßgelb backen. Sie sind fertig, wenn man sie mit zwei Fingern vom Blech heben kann. Nach dem Herausnehmen sofort in Vanillepuderzucker wenden. Das Gebäck hält sich bis zu sechs Wochen, wenn man es in einer verschlossenen Blechdose aufbewahrt.

Linzer Plätzchen

Für 40 Stück
Zubereitungszeit: 1 Stunde 10 Minuten
Ruhezeit: 12 Stunden
Besondere Geräte: Spritzbeutel;
1 gezackter Ausstecher von 3 cm, 1 runder Ausstecher von 2 cm Durchmesser

150 g kalte Butter, in Würfel geschnitten
75 g Puderzucker und
Puderzucker zum Bestäuben
20 g Vanillezucker, 1 Ei, 50 g
1 Prise Salz
je 1 Prise geriebenen Kardamom,
Nelke und Zimt
5 ml Kirschwasser
150 g Mehl, Type 550, und
Mehl zum Arbeiten
150 g geschälte feingeriebene Mandeln
125 g Johannisbeergelee

1. Butter mit Puderzucker und Vanillezucker verkneten. Nacheinander Ei, Salz, die Gewürze und das Kirschwasser in den Teig arbeiten.
2. Mehl und Mandeln wie bei der Herstellung von Streuseln mit reibenden Bewegungen unter den Teig arbeiten. Dann den Teig zu einer Kugel formen und über Nacht zugedeckt kalt stellen.
3. Am nächsten Tag den Teig auf einer bemehlten Fläche messerrückendick ausrollen und mit dem gezackten Ausstecher Plätzchen ausstechen. Aus der Hälfte der Plätzchen noch einmal mit dem runden Ausstecher Kreise ausstechen, so daß Ringe entstehen. Auf ein mit Backpapier ausgelegtes Blech setzen und etwa 10 Minuten kalt stellen. Backofen auf 150° C vorheizen.
4. Etwa 20 Minuten backen, abkühlen lassen. Die Plätzchen mit dem Loch in der Mitte mit dem restlichen Puderzucker bestäuben. Auf die anderen Plätzchen mit dem Spritzbeutel kleine Johannisbeergelee-Punkte setzen. Die Plätzchen zum Schluß zusammensetzen.

SÜSSES BACKEN

Husarenkrapferl

Für 40 Stück
Zubereitungszeit: 40 Minuten

175 g handwarme Butter
110 g Puderzucker
Saft und Schale von
1 unbehandelten Zitrone
4 Eigelb, 80 g
1 Ei, 50 g
200 g Mehl
80 g geschälte gemahlene Mandeln
125 g Johannisbeermarmelade
Zum Bestreichen:
1 Eigelb
30 ml Milch
je 1 Prise Salz und Zucker

1. Die Butter mit dem Puderzucker schaumig aufschlagen. Zitronenschale und -saft zugeben, danach jedes Eigelb und Ei einzeln einlaufen lassen und unterrühren. Zum Schluß das gesiebte Mehl und die gemahlenen Mandeln unterarbeiten. Den Teig zugedeckt 2 Stunden kalt stellen.
2. Den Backofen auf 150° bis 160°C vorheizen. Das Backblech mit Backpapier auslegen. Den Teig in vier gleiche Stücke teilen und zu Rollen formen. Die Rollen in je 10 Stücke schneiden, die Stücke zu Kugeln formen und auf das Backblech setzen.
3. Mit dem Stiel eines Holzlöffels in jede Kugel eine Vertiefung drücken und etwas Johannisbeermarmelade hineingeben. Eigelb, Milch, Salz und Zucker miteinander verquirlen und die Plätzchen damit bestreichen. In den Ofen geben und so lange backen, bis sich die Husarenkrapferl mühelos vom Backpapier lösen. Gut ausgekühlt in Keksdosen aufbewahren.

Löffelbiskuit

Für 60 bis 70 Stück
Zubereitungszeit: 1 Stunde

150 g Mehl, Type 550
100 g Weizenstärkemehl
10 Eigelb, 200 g
100 g Puderzucker
1 Ei, 50 g
10 g Vanillezucker
10 Eiweiß, 300 g
2 g Salz
140 g Zucker und Zucker zum Wenden

1. Mehl und Weizenstärkemehl mischen und sieben. Das Eigelb mit dem Puderzucker schaumig aufschlagen. Das Ei hinzugeben und die Creme wieder weiß und dickschaumig aufschlagen. Zum Schluß den Vanillezucker unterrühren.
2. Das Eiweiß mit dem Salz und dem Zucker zu einem festen Schnee aufschlagen. Den Eischnee unter die Eiercreme ziehen, dann das gemischte Mehl unterheben. Den Backofen auf 180° bis 190°C vorheizen, das Backblech mit Backpapier auslegen.
3. Den Teig nun mit dem Spritzbeutel und der 12er Lochtülle in Streifen von 5 cm Länge und etwa 1 cm Breite auf das Backpapier dressieren. Dann das Backpapier mit den Löffelbiskuits in Kristallzucker tauchen und bei 150°C etwa 10 Minuten im Ofen backen.

Man kann die Biskuits auch in Puderzucker tauchen. Am besten ein Blech mit Kristallzucker und eines mit einer Mischung aus Puderzucker und Kakao backen.

Kokosbusserln

Für 25 bis 30 Stück
Zubereitungszeit: 45 Minuten
Ruhezeit: 12 Stunden
Foto: Seite 175

125 g Kokosraspel

250 g Zucker

4 1/2 Eiweiß, 140 g

15 g feingehacktes Orangeat

abgeriebene Schale von

1/4 unbehandelten Zitrone

15 g Mehl

25 bis 30 Backoblaten mit

5 cm Durchmesser

Zartbitterkuvertüre zum Überziehen

1. Alle Zutaten bis auf das Mehl in eine Metallschüssel geben. Auf einem leicht kochenden Wasserbad die Masse auf 70° bis 75° C erhitzen (sie darf dabei auf keinen Fall kochen).
2. Nun die Masse in eine Schüssel füllen und auf 40° C abkühlen lassen. Den Backofen auf 160° C vorheizen. Das Mehl unter die abgekühlte Masse rühren. Mit dem Spritzbeutel und großer Lochtülle Makronen auf die Oblaten dressieren.
3. Die Kokosmakronen leicht antrocknen lassen. Dann auf der mittleren Schiene des Backofens 15 Minuten backen. Während der letzten 5 Minuten die Ofentür leicht öffnen. Die Böden der ausgekühlten Makronen in geschmolzene Kuvertüre tauchen, Tropfen abstreifen und das Gebäck zum Trocknen auf ein Backpapier setzen.

Macarons

Für 20 Stück
Zubereitungszeit: 1 Stunde
Foto: Seite 175

210 g geschälte gemahlene Mandeln

210 g Puderzucker

knapp 6 Eiweiß, 165 g

170 g Zucker

1/2 Portion Buttercreme (Rezept Seite 65)

1. Die gemahlenen Mandeln mit dem Puderzucker und 3 Eiweiß vermischen. 150 g Zucker und 100 ml kaltes Wasser in einem Topf auf 121° C erhitzen. (Diese Temperatur erreicht man nach etwa 5 Minuten Kochzeit nach dem Aufkochen.)
2. Die Temperatur des Zuckers mißt der Pâtissier folgendermaßen: Man nimmt mit einem Kochlöffel etwas Zucker aus dem Topf, taucht zwei Finger in Eiswasser und nimmt den Zucker zwischen diese Finger. Wenn sich beim Öffnen der Finger ein feines Fädchen bildet, hat der Zucker die richtige Temperatur.
3. Kurz bevor der Zucker seine richtige Temperatur erreicht hat, das restliche Eiweiß mit dem restlichen Zucker leicht aufschlagen. Dann den gekochten Zucker in einem dünnen Strahl in das Eiweiß einlaufen lassen. Dabei mit dem elektrischen Handmixer so lange weiterschlagen, bis das Eiweiß kalt ist.
4. Den Backofen auf 150° C vorheizen, das Backblech mit Backpapier auslegen. Nun vorsichtig ein Drittel dieser Meringe unter die Mandelmasse ziehen, dann die restliche Meringe unterheben. Mit dem Spritzbeutel und der 12er Lochtülle 40 flache Tupfen mit 3 cm Durchmesser (oder Halbkreise) auf das Backblech dressieren.
5. Die Macarons bei leicht geöffneter Ofentür 15 bis 20 Minuten backen, sie dürfen keine Farbe annehmen. Nach dem Erkalten immer zwei Macarons mit Buttercreme zusammensetzen.

SÜSSES BACKEN

Rosinenplätzchen

Für 30 Stück
Zubereitungszeit: 45 Minuten
Foto: Seite 175

100 g Rosinen

45 ml Rum

25 g Rohmarzipan

100 g Butter

100 g Farinzucker

2 Eier, 100 g

150 g Mehl

2,5 g Backpulver

100 g Aprikosenmarmelade

1. Die Rosinen in 30 ml Rum einweichen. Das Marzipan mit der Butter und dem restlichen Rum glattkneten und mit dem Farinzucker weißschaumig aufschlagen. Dabei ein Ei nach dem anderen einlaufen lassen. Schließlich das gesiebte Mehl mit Backpulver unterkneten.
2. Den Backofen auf 200°C vorheizen. Das Backblech mit Backpapier auslegen. Den Teig mit dem Spritzbeutel und der 11er Lochtülle zu Plätzchen von 3 cm Durchmesser auf das Backblech dressieren. Dabei genügend Zwischenraum lassen, da die Plätzchen aufgehen.
3. Die Plätzchen mit jeweils 3 eingeweichten Rosinen belegen und auf der mittleren Schiene des Backofens 10 bis 15 Minuten backen. Unterdessen die Aprikosenmarmelade einmal aufkochen. Die fertigen Plätzchen noch heiß mit der Marmelade bepinseln und trocknen lassen.
4. Die fertigen getrockneten Plätzchen kann man nach Belieben auch noch mit Fondantglasur (Rezept Seite 158) überziehen.

Orangenplätzchen

Für 50 Stück
Zubereitungszeit: 1 Stunde 20 Minuten
Ruhezeit: 3 Stunden
Foto: Seite 175

375 g kalte Butter, 200 g Puderzucker

abgeriebene Schale von

3 unbehandelten Orangen

1 Prise Salz

Mark von 1 Vanilleschote

20 ml Orangenlikör

50 g Orangeat, sehr fein gehackt

600 g Mehl und Mehl zum Arbeiten

150 g geschälte feingemahlene Mandeln

1 Ei, 50 g

200 g Zartbitterkuvertüre

250 g süße Orangen- oder Aprikosenmarmelade, mit 2 EL Grand Marnier verrührt

1. Butter mit Puderzucker, Orangenschale, Salz, Vanillemark, Orangenlikör und Orangeat glattkneten. Das gesiebte Mehl mit den Mandeln vermischen und mit der Butter zwischen den Händen wie bei der Herstellung von Streuseln verreiben.
2. Zum Schluß mit einem Ei nach dem anderen zu einem glatten Teig verkneten. In Klarsichtfolie eingeschlagen 3 Stunden im Kühlschrank kalt stellen. Den Backofen danach auf 160°C vorheizen, das Backblech mit Backpapier auslegen.
3. Den Teig auf einer bemehlten Fläche messerrückendick ausrollen. In gewünschter Größe Plätzchen ausstechen, auf das Blech legen und etwa 20 Minuten backen.
4. Die Hälfte der Plätzchen halb in die geschmolzene Kuvertüre tauchen und diese antrocknen lassen. Auf die übrigen Plätzchen Orangenkonfitüre tupfen und die Schokoplätzchen daraufsetzen. Nach Wunsch die Plätzchen noch mit Stückchen kandierter Orangenschale verzieren (Rezept Seite 212).

SÜSSES BACKEN

E C K A R T W I T Z I G M A N N

★ ★ ★

Diese köstliche Kollektion von Plätzchen
(v. l. n. r.: Macarons, Rosinenplätzchen,
Kokosbusserln, Orangenplätzchen, Macarons)
reiche ich meinen Gästen zum Kaffee.

SÜSSES BACKEN

Teeblätter

Für 30 Stück
Zubereitungszeit: 1 Stunde
Ruhezeit: 12 Stunden

120 g Puderzucker
100 g Butter und Butter für das Blech
40 ml Milch
40 g Glukose
120 g geschälte gemahlene Mandeln
Mehl für das Blech

1. Puderzucker, Butter, Milch und Glukose in einen Topf geben und unter Rühren mit dem Schneebesen auf etwa 50° C erwärmen. Vorsicht, diese Mischung darf nicht kochen. Dann in eine Schüssel umfüllen und die gemahlenen Mandeln einrühren. Die Masse zugedeckt im Kühlschrank über Nacht ruhen lassen.
2. Am nächsten Tag den Backofen auf 220° C vorheizen. Das Backblech mit Butter einfetten und leicht mit Mehl bestäuben oder Backpapier auflegen. Die Teigmasse mit einer Palette und einer Schablone mit 5 cm Durchmesser auf das Blech streichen. Bei leicht geöffneter Ofentür so lange backen, bis die Teeblätter leicht Farbe angenommen haben. Dann das Blech aus dem Ofen nehmen und leicht abkühlen lassen. Ein zweites Mal backen, bis die Teeblätter goldbraun sind.
3. Das Blech aus dem Ofen nehmen, das Gebäck kurz abkühlen lassen, dann mit einem Spachtel vom Blech lösen. Die Teeblätter, wenn möglich, in ein Wellblech einlegen oder über einen Holzstiel legen, damit sie sich biegen. Das Gebäck läßt sich in einer Keksdose gut aufbewahren.

Mandelküchlein

Für 35 Tartaletteförmchen
mit 4 cm Durchmesser
Zubereitungszeit: 30 Minuten

125 g Butter und Butter für die Förmchen
125 g Zucker
4 Eiweiß, 120 g
40 g Mehl
50 g geschälte gemahlene Mandeln
10 ml Rum
10 g Honig

1. Die Butter in einem Topf bei nicht zu großer Hitze so lange kochen, bis ein nußartiger Geruch von ihr ausgeht und sie goldbraun geworden ist. Den Topf sofort in Eiswasser abschrecken, damit die Hitze vom Boden die Butter nicht verbrennen läßt. Die Butter auf Körpertemperatur abkühlen lassen.
2. Backofen auf 210° C vorheizen. Die Förmchen mit Butter dünn einfetten. Den Zucker mit dem Eiweiß verrühren, der Zucker soll sich dabei auflösen, ohne daß das Eiweiß schaumig wird. Das gesiebte Mehl mit den Mandeln vermischen und unter die Zucker-Eiweiß-Mischung rühren. Dann nach und nach die passierte Butter unterarbeiten, zum Schluß Rum und Honig.
3. Die Masse in die Förmchen füllen. 8 bis 10 Minuten auf der mittleren Schiene des Backofens backen, bis sie eine schöne goldgelbe Färbung angenommen haben. Die Mandelküchlein kühl aufbewahren.

Die Mandelküchlein können auch mit Rumcreme gefüllt werden. Dafür eine halbe Portion Crème pâtissière herstellen (Rezept Seite 65), 15 ml Rum unterrühren und erkalten lassen. Zwischen zwei Schichten Mandelcreme etwas Rumcreme in die Förmchen füllen.

SÜSSES BACKEN

Berliner Pfannkuchen

Für 30 Krapfen à 30 g
Zubereitungszeit: 2 Stunden
Ruhezeit: 1 Stunde

170 ml Milch
42 g Hefe
500 g Mehl, Type 550, und Mehl zum Arbeiten
2 Eier, 100 g
2 Eigelb, 40 g
40 g Zucker
60 g zimmerwarme Butter
abgeriebene Schale von ¼ unbehandelten Zitrone
5 g Salz
Mark von ½ Vanilleschote
10 ml Rum
gutes Fritierfett
Zum Füllen:
300 g Aprikosenmarmelade
Puderzucker zum Bestäuben
(Man kann die Berliner auch mit Powidl, Rezept Seite 215, füllen oder mit Fondantglasur, Rezept Seite 158, überziehen.)

1. 100 ml Milch leicht erwärmen, die Hefe hineinbröckeln und verrühren. Mit 150 g Mehl zu einem geschmeidigen Vorteig verkneten. Den Teig mit Mehl bestäuben und zugedeckt 20 Minuten gehen lassen.

2. In der Zwischenzeit Eier, Eigelb und Zucker mit dem elektrischen Handmixer aufschlagen. Aus dem Vorteig, der restlichen Milch, dem restlichen Mehl und der Eier-Zucker-Mischung einen Teig kneten. Butter, Zitronenschale, Salz, Vanillemark und Rum unterarbeiten.

3. Den Teig nun so lange kneten und schlagen, bis er schön geschmeidig und flaumig ist. Dann bei Zimmertemperatur zugedeckt zweimal 10 bis 15 Minuten gehen lassen, zwischendurch noch einmal kneten. 30 g schwere Teigkugeln abwiegen und mit der Hand zu runden Kugeln formen. Mit der »Nahtstelle« nach unten auf ein ganz leicht mit Mehl bestäubtes Tuch legen. Mit den Handballen etwas flachdrücken und mit einem Tuch bedecken. Nochmals gehen lassen, bis das Volumen um drei Viertel zugenommen hat (man spricht von der »Drei-Viertel-Gare«).

4. Das Fritierfett auf 170° C erhitzen. Die Berliner portionsweise mit den Nahtstellen nach oben einlegen und das Fritierbad für 1½ bis 2 Minuten abdecken. Danach die Berliner mit zwei Schaschlikspießen wenden. Nun ohne Deckel backen. Sie werden von beiden Seiten zweimal gebacken.

5. Die Berliner sind gelungen, wenn sie einen schönen weißen »Kragen«, d. h. einen weißen Ring um ihre Mitte, haben. Damit dieser nicht einfällt, die Teigstücke für 2 Sekunden mit der Schaumkelle ins Fettbad tauchen.

6. Die fertigen Berliner zum Entfetten auf Küchenkrepp setzen. Sofort mit dem Spritzbeutel und feiner Lochtülle die Aprikosenmarmelade hineinspritzen. Danach mit Puderzucker bestäuben.

> Wer Zeit hat, kann aus 25 g Weizenvollkornmehl und 25 ml Wasser am Vortag einen Hebel ansetzen und diesen am nächsten Tag dem Teig zufügen. Damit gehen die Berliner noch besser auf, und die Krägen fallen nicht so leicht zusammen.

SÜSSES BACKEN

Elisenlebkuchen mit Fadenzuckerglasur

Für 50 Stück
Zubereitungszeit: 1 Stunde 10 Minuten
Ruhezeit: 12 Stunden

Für die Lebkuchen:

50 g gemahlene Haselnußkerne

50 g geschälte gemahlene Mandeln

300 g Zucker

250 g Rohmarzipan

6 1/2 Eiweiß, 190 g

1 Prise Salz

50 g Orangeat

50 g Zitronat

60 g Mehl

4 bis 5 g Elisenlebkuchengewürz

2 g Ammonium

50 Backoblaten mit 5 cm Durchmesser

Für die Fadenzuckerglasur:

125 g Zucker

1/4 Vanilleschote

Für das Elisenlebkuchengewürz:

20 g Zimt

3 g Gewürznelken

2 g Kardamom

3 g Piment

1/2 Vanilleschote

1. Die gemahlenen Nüsse und Mandeln mit 200 g Zucker mischen. Das Marzipan mit 90 g Eiweiß glattarbeiten. Dann die Marzipanmasse mit der Nuß-Zucker-Mischung zu einem glatten Teig arbeiten.

2. Das restliche Eiweiß mit einem Drittel des restlichen Zuckers und dem Salz zu einem festen, cremigen Schnee aufschlagen. Dann nach und nach den restlichen Zucker hinzugeben, dabei zwischendurch immer wieder das Eiweiß fest werden lassen.

3. Nun erst ein Drittel des Eischnees unter die Nußmasse rühren, dann das restliche Eiweiß unterheben. Orangeat und Zitronat zugeben. Das Mehl mit der Gewürzmischung vermengen und unter den Teig heben. Das Ammonium in 2 ml Wasser auflösen und ebenfalls unter den Teig rühren.

4. Den Teig mit dem Spritzbeutel mit großer Lochtülle auf die Oblaten dressieren, dabei soll ein kleiner Rand auf den Oblaten frei bleiben. Die Lebkuchen so eine Nacht stehen lassen.

5. Die Elisenlebkuchen am nächsten Tag bei 170° C etwa 20 Minuten backen. Nach dem Backen sofort mit Fadenglasur bestreichen oder die Lebkuchen nach dem Erkalten mit Kuvertüre überziehen.

6. Für die Glasur den Zucker mit 90 ml Wasser und der aufgeschnittene Vanilleschote auf 105° C erhitzen. Ohne Thermometer mißt man den richtigen Kochgrad folgendermaßen: Man nimmt mit einem Kochlöffel etwas Zucker aus dem Topf, taucht zwei Finger in Eiswasser und nimmt den Zucker zwischen diese Finger. Wenn sich beim Öffnen der Finger ein feines Fädchen bildet, hat der Zucker die richtige Temperatur. Die heiße Glasur wird auf das warme Gebäck mit einem Pinsel aufgestrichen. Dabei mit dem Pinsel mehrmals hin- und herfahren, so erhält die Glasur die weiße Färbung.

7. Für das Lebkuchengewürz Zimt, Gewürznelken, Kardamom, Piment und Vanilleschoten entweder pulverisiert vermischen (hierbei aber nur das ausgekratzte Vanillemark verwenden). Oder aber alle Zutaten im Blitzhacker pürieren, dafür müssen die Vanilleschoten vorher über Nacht getrocknet werden. Das Gewürz eignet sich auch für anderes weihnachtliches Gebäck.

Cookies

Für 40 bis 50 Plätzchen
Zubereitungszeit: 1 Stunde 15 Minuten
Ruhezeit: 12 Stunden; 1 Stunde

400 g Zartbitterkuvertüre

210 g kalte Butter

200 g Puderzucker

160 g Farinzucker

10 g Salz

2 Eier, 100 g

Mark von 1 Vanilleschote

150 g Pecannüsse, grobgehackt

150 g Paranüsse, grobgehackt

10 g Backpulver

350 g Mehl, Type 405, und

Mehl zum Arbeiten

1. Am Vorabend die Schokolade im 50° C heißen Wasserbad schmelzen. Dann unter mehrmaligem Rühren erkalten lassen. Kurz bevor die Schokolade zu stocken beginnt, in einen Spritzbeutel mit kleiner Lochtülle füllen und auf einem mit Backpapier ausgelegten Blech dünne Linien ziehen.

2. Das Blech kurz in den Kühlschrank legen. Sowie die Schokoladenlinien völlig erkaltet sind, mit einem Messer klein hacken, danach wieder kalt stellen.

3. Die kalte Butter in Würfel schneiden. Den gesiebten Puderzucker, Farinzucker und Salz darübergeben und mit den Händen verkneten. Die Eier hinzufügen und den Teig glattkneten.

4. Vanillemark und Nußstücke unterkneten. Danach das mit Backpulver vermischte, gesiebte Mehl und die Schokoladenstücke einarbeiten. Den Teig auf ein Backblech geben und über Nacht zugedeckt kalt stellen.

5. Am nächsten Tag den Teig in fünf Teile teilen und diese mit etwas Mehl zu Rollen von 4 cm Durchmesser formen. Die Teigrollen etwa 1 Stunde kalt stellen. Den Backofen auf 160° bis 170° C vorheizen.

6. Die Rollen in fingerdicke Scheiben schneiden. Diese mit reichlich Abstand auf ein mit Backpapier ausgelegtes Blech legen – die Cookies gehen beim Backen etwas auf. Das Blech auf die mittlere Schiene des Backofens schieben. 15 Minuten backen, kurz abkühlen lassen, dann auf ein Gitter legen.

E CKART W ITZIGMANN

Die Cookies lernte ich in Amerika kennen
und schätzen. Man kann in die Kuvertüre auch einen
Schuß Rum geben, wodurch sie fester wird
und sich leichter aufspritzen läßt.

Christstollen

Für 1 großen Stollen oder
2 kleine Stollen à etwa 850 g
Zubereitungszeit: 2 Stunden
Ruhezeit: 2 Nächte;
2 Stunden 50 Minuten

Für die Früchtemischung:

300 g Rosinen

75 g Korinthen

50 g geschälte gehackte Mandeln

75 g Orangeat

50 g Zitronat

75 ml Rum

10 Tropfen Bittermandelöl

10 Tropfen Tonkabohnen-Aroma (wenn vorhanden)

Mark von 1 Vanilleschote

abgeriebene Schale von

je 1 unbehandelten Zitrone und Orange

Für den Teig:

100 ml zimmerwarme Milch

50 g Honig

50 g Hefe

350 g Mehl, Type 550

150 g Mehl, Type 405, und

Mehl zum Arbeiten

50 g Rohmarzipan

2 Eier, 100 g

250 g zimmerwarme Butter und

Butter für das Blech

10 g Salz

5 g Stollengewürz

350 g flüssige Butter zum Einstreichen

Kristallzucker, Puderzucker und

Vanillezucker zum Bestreuen

1. Die Zutaten für die Früchtemischung gut vermengen. Mit Folie zugedeckt an einem warmen Ort über Nacht ziehen lassen.

2. Für den Teig den Honig in der Milch auflösen. Dann die Hefe hineinbröseln und glattrühren. 200 g gesiebtes Mehl (Type 550) hinzufügen und mit dem Knethaken des elektrischen Handmixers einen glatten Teig kneten. Den Vorteig mit Mehl bestäuben und mit Folie zugedeckt im Kühlschrank gehen lassen, bis die Oberfläche des Teiges Risse zeigt.

3. Den Vorteig mit dem restlichen Mehl (Type 550), 100 g Mehl (Type 405), dem Marzipan und den Eiern zu einem glatten Teig verarbeiten. Die weiche Butter mit dem restlichen Mehl (Type 405), dem Salz und dem Stollengewürz vermischen und nach und nach unter den Teig mengen.

4. Ist die ganze Butter vom Teig aufgenommen, läßt man ihn in der Küchenmaschine 10 bis 15 Minuten durchkneten, bis er Blasen wirft. Dann die eingeweichten Früchte kurz unterkneten. Den Teig mit Mehl bestäuben, mit Folie bedecken und etwa 2 Stunden im Kühlschrank gehen lassen.

5. Den Backofen auf 190°C vorheizen und das Blech dünn mit Butter einpinseln. Ist der Teig lange genug gegangen, die gewünschte Größe abwiegen und weitere 20 Minuten kalt stellen. Anschließend den Teig rundwirken, wobei die »Nahtstelle« oben sein muß.

6. Die typische Stollenform erhält man, indem man den Teig auf die doppelte Breite und die gewünschte Länge ausrollt. Dabei soll an den Kanten der breiten Seiten jeweils ein Wulst entstehen, ein kleiner und ein größerer. Nun schlägt man die Kante mit dem kleineren Wulst über die andere Kante, so daß die beiden Wülste nebeneinander liegen.

7. Die Konturen des Stollens leicht nachdrücken und ihn 10 Minuten ruhen lassen. Dann auf das Blech setzen, in den Backofen schieben und die Hitze sofort auf 175°C zurückschalten. Die Backzeit richtet sich

SÜSSES BACKEN

nach dem Gewicht des Stollens, 1 kg Stollen bäckt 40 bis 45 Minuten.

8. Nach 10 Minuten Backzeit wird der Stollen mit 100 g flüssiger Butter eingepinselt und mit etwas Zucker bestreut. Wenn der Stollen fertiggebacken ist, mit weiteren 250 g flüssiger Butter bestreichen. Den Puderzucker mit Vanillezucker mischen und den Stollen mit der Hälfte dieser Mischung bestreuen. In Alufolie eingewickelt über Nacht durchziehen lassen.

9. Am nächsten Tag den überschüssigen Zucker mit dem Pinsel abstreifen und den Stollen nochmals, diesmal aber ganz dünn, mit Butter einstreichen. Mit der restlichen Zuckermischung bestreuen und in Alufolie wickeln. Der Stollen hält sich so, an einem kühlen Ort gelagert, bis zu drei Monate.

Stollenvariationen:

Marzipanstollen
(Foto Seite 182, Mitte)

Für diesen Stollen die Trockenfrüchte weglassen und den Stollen mit Marzipanrohmasse füllen. Den Stollenteig abwiegen und dieselbe Menge an Marzipan dafür verwenden. Ein Teigrechteck ausrollen. Zwischen zwei Lagen Klarsichtfolie das Marzipan in der gleichen Größe ausrollen. Auf den Teig legen und zu einem Stollen zusammenfalten. Den Stollen auf das Blech oder in eine Form setzen und backen (in der Form erhält er eine dünnere Kruste).

Stollen mit Marzipanherz
(Foto Seite 182, unten)

Einen Stollenteig mit Früchten, wie beschrieben, herstellen und vorbereiten. Für das Herz 100 g Rohmarzipan in eine kleine Schüssel geben. Von einer unbehandelten Orange 1 gute Messerspitze der Schale abreiben und mit 10 ml Cointreau zum Marzipan geben. Der Orangengeschmack wird noch kräftiger, wenn man 1 EL feingehackte, kandierte Orangenschale (Rezept Seite 212) hinzufügt. Alles gut verkneten, eine Rolle in Stollenlänge formen und diese in den Stollenteig, wie beschrieben, einschlagen.

Marzipanhippenblätter

Für etwa 20 Hippen
Zubereitungszeit: 1 Stunde
Besondere Hilfsgeräte: dickeres Plastik für die Schablone, zum Beispiel ein Deckel einer Plastikdose

75 g Mehl

125 g Puderzucker

225 g Marzipanrohmasse

1½ Eiweiß, 45 g

30 ml Milch

je 1 Messerspitze Salz und

gemahlenen Zimt

etwas Butter und Mehl für das Blech

1. Mehl und Puderzucker mischen und sieben. Mit der Marzipanrohmasse glattarbeiten. Mit den Knethaken des elektrischen Handmixers nach und nach das Eiweiß unterarbeiten. Zum Schluß Milch, Salz und Zimt zugeben. Ist die Masse nicht ganz glatt, sollte man sie durch ein Sieb passieren. Nach Belieben kann sie noch mit etwas Eiweiß oder Milch verdünnt werden.

2. Aus dem Plastik eine Schablone in Form eines Blattes schneiden. Das Backblech leicht einfetten, mit Mehl bestäuben, überschüssiges Mehl abklopfen. Mit einem Pinsel und der Schablone Teig auf das Blech streichen. Im auf 180° bis 200° C vorgeheizten Ofen backen, bis die Blätter leicht Farbe angenommen haben. Das Blech aus dem Ofen nehmen und leicht abkühlen lassen. Dann fertigbacken, bis die Hippen schön goldbraun sind. Mit dem Spachtel vom Blech lösen und nach Wunsch in Form biegen.

Orangenhippen

Für 40 Hippen von etwa
7 cm Durchmesser
Besondere Hilfsgeräte: dickeres Plastik
für die Schablone
Zubereitungszeit: 1 Stunde
Ruhezeit: 12 Stunden

6 unbehandelte Orangen

600 g Zucker

225 g geschälte gemahlene Mandeln

225 g Mehl, Type 405

225 g flüssige abgekühlte Butter

Öl für das Blech

1. Orangen waschen, abtrocknen und die Schalen fein abreiben. In eine Schüssel geben. 4 Orangen auspressen und den Saft durch ein kleines Sieb dazugießen. Zucker, Mandeln und gesiebtes Mehl mischen und zum Orangensaft geben. Kurz verrühren, zum Schluß die Butter unterrühren. Über Nacht zugedeckt in den Kühlschrank stellen.

2. Backofen auf 180° bis 190° C vorheizen. Aus etwas dickerem Kunststoff eine Schablone in der gewünschten Hippenform ausschneiden, etwa in der Form eines großen ovalen Blattes. Das Backblech leicht einölen. Die Schablone darauflegen und mit Hilfe eines breiten Spachtels oder einer Palette Teig auf die Schablone streichen. Das Teigblatt auf das Blech setzen, die Schablone vorsichtig abheben und weitere Blätter aufstreichen.

3. Das Blech auf die mittlere Schiene des Backofens schieben und die Hippen backken, bis sie sich leicht färben. Das Blech herausnehmen und kurz abkühlen lassen. Dann fertigbacken, bis sie eine schöne goldbraune Farbe angenommen haben. Die Hippen vorsichtig mit einem Spachtel oder mit der Palette vom Blech heben und in die gewünschte Form biegen. Dann ganz abkühlen lassen.

Hohlhippen aus Zigarettenmasse

Für etwa 20 Hippen
Zubereitungszeit: 1 Stunde
Besondere Hilfsgeräte: 1 rechteckige Schablone

100 g zimmerwarme Butter

Mark von 1/2 Vanilleschote

1 Messerspitze gemahlener Zimt

1 Prise Salz

75 g Puderzucker

75 g Kristallzucker

3 1/2 Eiweiß, 105 g

100 g Mehl

Butter und Mehl für das Blech

1. Die Butter mit den Gewürzen, dem Salz und dem Puderzucker aufschlagen. Den Kristallzucker mit dem Eiweiß mischen und zu einem cremigen Schnee aufschlagen. Das Eiweiß abwechselnd mit dem gesiebten Mehl unter die Buttermasse ziehen.

2. Die Masse mit einer rechteckigen Schablone auf das leicht eingefettete und mit Mehl bestäubte Blech streichen und das Gebäck bei 180° C backen, bis es leicht Farbe angenommen hat. Dann das Blech aus dem Ofen nehmen und abkühlen lassen. Dann fertigbacken, bis das Gebäck eine schöne goldbraune Farbe angenommen hat.

3. Das Blech aus dem Ofen nehmen und auf der geöffneten Ofentür abstellen. Die Hohlrippen mit einem Rundholz oder Bleistift in Form rollen. Dabei hilft die Wärme des Backofens, daß die Hippen länger formbar sind. Die fertigen Hohlhippen können anschließend in Kuvertüre getaucht werden, je nach Größe eignen sie sich auch zum Füllen.

Wer nur wenige Hippen braucht, gibt den restlichen Teig in einen Gefrierbeutel und legt ihn in den Kühlschrank, wo er sich bis zu vier Wochen aufbewahren läßt.

SÜSSES BACKEN

Nußzopf

Für 1 Zopf
Zubereitungszeit: etwa 2 Stunden

Für den Teig:

42 g Hefe

150 ml zimmerwarme Milch

500 g Mehl und Mehl zum Arbeiten

30 g Milchpulver

100 g Zucker

2 Eier, 100 g

100 g zimmerwarme Butter

Mark von 1 Vanilleschote

abgeriebene Schale von

1 unbehandelten Zitrone

1 Prise gemahlener Anis

10 g Salz

10 ml Rum

150 g kalte Butter

70 g Aprikosenmarmelade

Mandelblätter zum Bestreuen

Für die Nußfüllung:

150 g leicht geröstete, feingemahlene

Haselnußkerne

100 g Zucker

25 g Marzipan

100 g Briochebrösel (Rezept Seite 12)

90 ml Milch

1 Prise gemahlener Zimt

25 ml Rum, 40 Vol.%

Zum Bestreichen:

1 Eigelb, 20 g

90 ml Milch

je 1 Prise Salz und Zucker

1. Die Hefe in 100 ml Milch auflösen und mit 100 g Mehl zu einem Vorteig verrühren. Mit Mehl bestäuben und zugedeckt so lange gehen lassen, bis der Teig sein Volumen verdoppelt hat.
2. Aus dem Vorteig, dem restlichen Mehl, dem Milchpulver, dem Zucker, der restlichen Milch und den Eiern einen elastischen Teig kneten. Dann die weiche Butter, die Gewürze, Salz und Rum zufügen.
3. Den Teig so lange kneten und schlagen, bis er Blasen wirft. Dann zugedeckt für 1 Stunde in den Kühlschrank geben. Die Butter glattkneten, zu einer 1 cm dicken Platte rollen und ebenfalls kalt stellen.
4. Nach der Kühlzeit den Hefeteig auf die doppelte Länge der Butterplatte ausrollen, die Platte auf die eine Seite legen, die anderen Teigseite darüberlegen. Den Teig wieder auf die vorherige Länge ausrollen und nun in drei gleichen Teilen zusammenlegen (eine einfache Tour geben).
5. Den Teig nun 15 bis 20 Minuten im Kühlschrank ruhen lassen. Anschließend auf die gleiche Art noch zwei Touren geben. Beim Ausrollen darauf achten, daß der Teig vor jeder Tour um 90 Grad gedreht wird (so daß der vordere Teil des Teiges zur Seite zeigt).
6. Während der Teig im Kühlschrank ruht, die Nußfüllung zubereiten. Dafür alle Zutaten miteinander vermischen und im Blitzhacker sehr fein mahlen. Den Backofen auf 210° C vorheizen und das Backblech mit Backpapier auslegen.
7. Den Teig rechteckig ausrollen und der Länge nach in drei gleiche Streifen schneiden. Die Nußfüllung in den Spritzbeutel mit 10er Lochtülle geben und längs auf die Mitten der Streifen dressieren. Die Streifen einrollen und zu einem Zopf flechten.
8. Den Teigzopf auf das Blech legen. Mit einer Mischung aus verquirltem Eigelb, Milch, Salz und Zucker bestreichen und 35 bis 40 Minuten backen. Nach dem Backen noch heiß mit Aprikosenmarmelade bestreichen und mit den leicht gerösteten Mandelblättchen bestreuen.

SÜSSES BACKEN

Pikantes Backen

PIKANTES BACKEN

Pikantes Backen

Eckart Witzigmann

★ ★ ★

Dieses kernige Brot schmeckt einfach
mit Butter bestrichen am besten. Zum guten Geschmack
trägt auch der Vorteig bei. Das ist versäuerter
Weizenmehlbrei, der dem Brot außerdem mehr Stabilität gibt.
Die dunklen Mehltypen nehmen übrigens mehr
Wasser auf als weißes Mehl. Sie sind besonders gesund,
da sie mehr Mineralstoffe aufweisen.

Nußbrot mit Rosinen und Honig

Für 1 Brot
Zubereitungszeit: 2 Stunden 15 Minuten
Ruhezeit: 12 Stunden; 1 Stunde

Für den Vorteig:

200 g Mehl, Type 550

50 g Mehl, Type 1050

Für den Hauptteig:

20 g Hefe

50 ml Milch

250 g Mehl, Type 1050, und

Mehl zum Arbeiten

10 g Roggenmehl, Type 1150

50 g Sauerteig (beim Bäcker erhältlich)

20 g Honig

25 g Butter

10 g Salz

30 g Walnußkerne

20 g Haselnußkerne

20 g Pinienkerne

20 g Pistazienkerne

30 g Rosinen

1. Für den Vorteig das Mehl zusammen in eine Schüssel sieben und mit 225 ml Wasser verrühren. Zugedeckt über Nacht bei 26° C stehen lassen.

2. Für den Hauptteig die Hefe in der lauwarmen Milch auflösen bzw. mit einem Schneebesen glattrühren. Vorteig, das gesiebte Mehl, Sauerteig, Honig, lauwarme Butter und Salz mit der Hefemilch in eine Schüssel geben, alle Zutaten zu einem glatten Teig verkneten.

3. Zum Schluß die Nüsse und Kerne mit den Rosinen hinzugeben und kurz unter den Teig kneten. Den Teig leicht mit Mehl bestäuben und mit einem Tuch bedeckt 30 Minuten bei 26° C gehen lassen.

4. Den Teig zusammenkneten und zu einer Kugel formen. Die Kugel mit den Händen von beiden Seiten flach klopfen. Dann die Teigplatte nach oben und unten jeweils bis zur Mitte hin einschlagen.

5. Wieder zur Kugel formen, indem man den Teig »abschlägt«, d. h. von allen Seiten zur Mitte hin einschlägt. So erhält das Brot die Form eine Laibes ohne Luftlöcher oder Risse.

6. Ein Backblech mit Backpapier auslegen und das fertiggeformte Nußbrot daraufsetzen. Dabei darauf achten, daß die »Nahtstelle« unten auf dem Blech liegt. Den Teig mit einem Tuch bedeckt 30 bis 45 Minuten ruhen lassen. Den Ofen auf 250° C vorheizen.

7. Das Brot auf der unteren Schiene in den Ofen schieben. ¼ Tasse Wasser auf den Boden schütten. So entsteht Wasserdampf, der das Brot nochmal richtig aufgehen läßt und dafür sorgt, daß es nicht an den Seiten reißt. Nach 10 Minuten den Ofen auf 200° C herunterschalten und das Brot in 30 Minuten fertigbacken.

PIKANTES BACKEN

Quarkbrot

Für 1 Brot
Zubereitungszeit: 2 Stunden
Ruhezeit: 25 Minuten

50 g Weizenhebel (Rezept Seite 150)

20 g Hefe

425 g Weizenmehl, Type 550, und

Mehl zum Arbeiten

50 g Roggenmehl, Type 1150

25 g Sauerteig (beim Bäcker erhältlich)

125 g Quark, Magerstufe

10 g Salz

20 g Zucker

1. Den Weizenhebel nach Rezept vorbereiten. Die Hefe in 225 ml zimmerwarmem Wasser – es sollte nicht wärmer als Zimmertemperatur sein – auflösen bzw. mit dem Schneebesen glattrühren.

2. Das Mehl in eine Schüssel sieben. Weizenhebel, Sauerteig, Quark, Salz, Zucker und Hefewasser dazugeben und aus allen Zutaten einen Teig kneten. Wer eine Küchenmaschine besitzt, verarbeitet den Teig 8 Minuten bei Stufe 1 und danach 2 Minuten bei Stufe 2.

3. Ist der Knetprozeß beendet, den Quarkteig leicht mit Mehl bestäuben und für 20 Minuten mit Klarsichtfolie zugedeckt bei 26° C ruhen lassen. Den Backofen auf 260° C vorheizen.

4. Dann den Teig kurz zusammenkneten und nach Wunsch formen, zum Beispiel Brötchen oder Baguettes daraus machen. Die geformten Teigstücke auf ein mit Backpapier ausgelegtes Blech legen.

5. Den Teig nochmals 5 Minuten ruhen lassen. Das entspannt ihn, und er reißt später nicht auf.

6. Den Backofen auf 200° C herunterschalten. Das Blech auf die mittlere Schiene des Backofens schieben und das Quarkbrot etwa 45 Minuten backen. Auf einem Gitter auskühlen lassen.

Sehr schön sieht das Quarkbrot auch aus, wenn man es als ovalen Laib bäckt. Mit der Rasierklinge den Laib der Länge nach so einschneiden, daß man später kleine Stücke abbrechen kann. Mit einem Messer noch einmal die Kerbe vertiefen.

PIKANTES BACKEN

E CKART W ITZIGMANN

★ ★ ★

Das Quarkbrot zeichnet sich durch eine milde
Säuerung und langanhaltende Frische aus.
Dafür ist ein Quarkzusatz von mindestens zehn Prozent
notwendig. Durch den Zusatz von Roggenmehl,
der ebenfalls zehn Prozent beträgt,
erhält man ein Brot von herzhaftem Geschmack und
schöner Krume. Der Teig läßt sich auch gut
mit frischen oder getrockneten Kräutern, Schinken
und angeschwitzten Schalotten anreichern.

Vinschgauer Fladenbrot

Für 20 Stück
Zubereitungszeit: 1 Stunde 30 Minuten
Ruhezeit: 5 Stunden; 30 Minuten

Für den Vorteig:

5 g Hefe

150 g Roggenmehl, Type 1150

Für den Hauptteig:

200 g Roggenmehl, Type 1150

250 g Weizenmehl, Type 1050, und

Mehl zum Arbeiten

12 g Salz

10 g Brotgewürz

15 g Hefe

1. Für den Vorteig die Hefe in 150 ml lauwarmem Wasser auflösen. Das gesiebte Mehl dazugeben, alles verrühren und zugedeckt bei 30°C 5 Stunden gehen lassen.

2. Für den Hauptteig den Vorteig mit dem gesiebten Mehl, dem Salz und dem Brotgewürz in eine Schüssel geben. Die Hefe in 350 ml lauwarmem Wasser auflösen und ebenfalls dazugeben, alle Zutaten vermischen und mit dem Kochlöffel kräftig durcharbeiten. Dabei entsteht kein typischer Brotteig, sondern ein relativ weicher, feuchter Teig.

3. Den Teig auf die sehr stark bemehlte Arbeitsfläche geben, gut mit Mehl bestäuben und mit den Händen auf 0,5 cm Dicke auseinanderdrücken. Den Teig mit einem Küchentuch bedeckt 10 Minuten ruhen lassen. Backofen auf 250°C vorheizen.

4. Den Teig leicht flach klopfen und gleichgroße, runde Stücke von etwa 12 cm Durchmesser ausstechen. Diese Fladen im Abstand von 3 bis 4 cm auf ein mit Backpapier belegtes Blech legen. Um die typische Form eines Vinschgauer Fladens zu bekommen, mit den Fingerkuppen Vertiefungen in den Teig drücken.

5. Die Fladen noch einmal zugedeckt bei 28° bis 30°C gehen lassen, bis sich ihr Volumen verdoppelt hat. Dann auf der unteren Schiene des Backofens etwa 20 Minuten backen. Die Fladen sollen relativ dunkel und kroß gebacken werden.

E CKART W ITZIGMANN

Frisch schmeckt das Vinschgauer Fladenbrot
am besten. Man kann es auch mit etwas
grobem Meersalz, mit Sesam, Koriander oder
Kümmel bestreuen. Wichtig beim Backen:
ganz frisch gemahlenes Roggenmehl verwenden!

Kartoffelbrot mit Speck und Zwiebeln

Für 3 Kastenformen von 30 cm Länge
Zubereitungszeit: 1 Stunde
Ruhezeit: 12 Stunden; 1 Stunde

Für den Vorteig:

40 g Weizenvollkornmehl

Für die Speck-Zwiebel-Mischung:

150 g Speckwürfel

50 g Schweineschmalz

150 g Zwiebelwürfel

Für den Teig:

300 g mehlige gekochte Kartoffeln

550 g Weizenmehl, Type 550, und

Mehl zum Arbeiten

20 g Zucker

15 g Hefe

60 g Roggenmehl, Type 1150

20 g Salz

Butter für die Form

1. Am Vortag 40 ml Wasser mit dem Mehl für den Vorteig vermischen und über Nacht zugedeckt stehen lassen. Für die Speck-Zwiebel-Mischung den Speck im Schmalz kroß auslassen, die Zwiebeln zugeben und glasig dünsten. Ebenfalls über Nacht im Kühlschrank ruhen lassen.

2. Für den Teig die passierten Kartoffeln in eine Schüssel geben, 100 g Mehl darübersieben. Den Zucker mit der Hefe in 150 ml lauwarmem Wasser verrühren und unter die Kartoffeln mischen. Alles mit wenig Mehl bestäuben und mit einem Tuch bedeckt bei 28°C gehen lassen, bis sich das Teigvolumen verdoppelt hat.

3. Das gesiebte restliche Weizen- und das Roggenmehl, Salz und die Speck-Zwiebel-Mischung mit dem Vorteig zum Kartoffelteig geben und gut kneten. Das geht am besten mit einer Küchenmaschine. Den Teig 20 bis 30 Minuten zugedeckt bei etwa 30°C gehen lassen. Den Backofen auf 220°C vorheizen.

4. Teig zusammenschlagen, in drei Teile teilen und zu Kugeln formen. Diese mit der flachen Hand flach klopfen, so daß die Länge der Kastenform erreicht wird.

5. Die Längsseiten von oben und unten zur Mitte hin zusammenklappen. Nochmals in der entstandenen Naht zusammenklappen und zu einer Rolle formen. Mit der entstandenen Teignaht nach unten in die gebutterten Formen einsetzen. Nochmals zugedeckt 15 bis 20 Minuten gehen lassen.

6. Brote auf die unterste Schiene des Backofens schieben und 45 bis 60 Minuten backen. Brote vorsichtig aus den Formen nehmen und nochmals ohne Form für 5 Minuten in den Ofen schieben. Das Brot sollte mindestens 1 Stunde auskühlen, bevor es angeschnitten wird.

PIKANTES BACKEN

ECKART WITZIGMANN

Kartoffeln im Teig halten Brot erstaunlich frisch. Bemerkenswert ist, daß bei einem empfohlenen Zusatz von dreißig Prozent der Mehlmenge kaum geschmackliche oder sonstige Veränderungen am Brot entstehen. Der Teig eignet sich auch gut zum Backen von Partybrötchen, die man zum Beispiel mit Speckwürfelchen bestreuen kann.

Pikantes Backen

Bauernbrot

Für 2 Brote
Zubereitungszeit: 1 Stunde 30 Minuten
Ruhezeit: 1 Stunde 50 Minuten

25 g Hefe

10 g Puderzucker

500 g Weizenmehl, Type 550, und

Mehl zum Arbeiten

250 g Roggenmehl, Type 1150

15 g Honig

10 g weiche Butter

20 g Salz

Fett für das Blech

1. Die Hefe mit dem Puderzucker in 25 ml Wasser auflösen.
2. 250 g Weizen- und 125 g Roggenmehl in eine Schüssel sieben, 500 ml Wasser unterrühren. Beide Mischungen 30 Minuten ruhen lassen.
3. Danach die Hefemischung zum Vorteig geben, das restliche Weizen- und Roggenmehl darübersieben, Honig, Butter und Salz hinzufügen. Alles zu einem Teig verkneten. Diesen leicht mit Mehl bestäuben und mit einem Küchentuch bedeckt bei 28° C 45 Minuten gehen lassen.
4. Den Teig in zwei Teile teilen und auf einer bemehlten Fläche jeweils auf eine Länge von 25 cm ausrollen. Dann den Teig 5 bis 10 Minuten ruhen und entspannen lassen.
5. Den Teig noch einmal ausrollen und flach klopfen. Von den beiden Längsseiten zur Mitte hin einschlagen. Dann die eingeschlagenen Seiten noch einmal übereinanderlegen. Die »Nähte« mit den Fingern zusammendrücken und die Brote nochmals rund rollen.
6. Teig mit der Naht nach unten auf das leicht eingefettete bemehlte Blech legen, oben längs einschneiden. Nochmals abgedeckt 20 Minuten gehen lassen. Backofen auf 220° C vorheizen.
7. Die Brote leicht mit Mehl bestäuben, auf die mittlere Schiene des Ofens schieben und 1 Stunde backen. Gleich zu Beginn 40 ml Wasser auf den Ofenboden sprühen. Tür sofort schließen. Nach dem Backen das Brot auf einem Gitter mindestens 1 Stunde auskühlen lassen.

PIKANTES BACKEN

E CKART W ITZIGMANN

Damit das Brot eine schöne Kruste bekommt
und dabei nicht austrocknet, braucht es einen richtigen
Stoß Dampf. Den erzeuge ich, indem ich einen
Wasserguß auf den heißen Ofenboden gieße und schnell
die Ofentür wieder schließe. Beim Gas- oder
Umluftherd ein Schälchen Wasser in den Ofen stellen.

Früchtebrot

Für 3 Kastenformen von 28 cm Länge
Zubereitungszeit: etwa 2 Stunden
Ruhezeit: 12 Stunden;
1 Stunde 30 Minuten

Für die Früchtemischung:

125 g getrocknete Äpfel

je 250 g getrocknete Pflaumen, Feigen, Kletzen (Birnen) und Aprikosen

je 50 g Zitronat und Orangeat

400 ml Weißwein

150 ml Obstler

je 100 g Rosinen und Korinthen

200 g Walnußkerne, grobgehackt

50 g Honig

Für den Teig:

300 ml Milch und etwas Milch zum Einstreichen

100 g Hefe

750 g Weizenvollkornmehl

250 ml ungesüßter Pflaumensaft (aus dem Reformhaus)

3 Eier, 150 g

75 g weiche Butter

15 g Salz

5 g Kardamom

1 Prise Muskat

7 g Fenchelsamen

3 g Anissamen

1 gute Prise Nelkenpulver

Butter für die Formen

1. Die getrockneten Früchte mit Zitronat und Orangeat in nicht zu kleine Würfel schneiden. Weißwein und Obstler kurz aufkochen und die vorbereiteten Früchte mit Rosinen und Korinthen hineingeben. Noch einmal kurz aufkochen. Walnüsse und Honig unterrühren. Mit Alufolie abdecken und über Nacht stehen lassen.

2. Die Milch leicht erwärmen, in eine Schüssel geben und die Hefe darin auflösen. 300 g Weizenmehl darübersieben und zum Vorteig verarbeiten. 20 bis 30 Minuten zugedeckt bei Zimmertemperatur gehen lassen.

3. Pflaumensaft, Eier und das restliche gesiebte Mehl nacheinander zugeben und unterarbeiten. Das geht am besten mit der Küchenmaschine. Zuletzt die Butter, das Salz und die im Mörser zerstoßenen Gewürze untermischen. Es entsteht ein feuchter Teig, den man leicht mit Mehl bestäubt und zugedeckt 30 Minuten bei Zimmertemperatur gehen läßt.

4. Dann alle Früchte unterarbeiten. Den Teig in drei Stücke teilen und diese in die eingefetteten Kastenformen füllen. Nochmals zugedeckt 15 bis 25 Minuten gehen lassen. Inzwischen den Backofen auf 200°C vorheizen.

5. Die Teigoberflächen mit etwas Milch bestreichen und die Brote auf der zweituntersten Schiene des Backofens 45 bis 60 Minuten backen. Die Brote einige Minuten auf einem Kuchengitter abkühlen lassen, dann vorsichtig aus den Formen stürzen.

Statt der ganzen Gewürzkörner kann man auch ein Tütchen Pfefferkuchen verwenden. Diese sind aber längst nicht so aromatisch wie frisch zerstoßene Gewürze.

Weißbrot mit Brandteig

Für 2 Brote
Zubereitungszeit: 1 Stunde 45 Minuten
Ruhezeit: etwa 1 Stunde

Für den Brandteig:

75 ml Milch

50 g Butter

75 g Mehl, Type 550

2 Eier, 100 g

Für den Hauptteig:

50 g Roggenmehl, Type 1150

500 g Mehl, Type 550, und
Mehl zum Arbeiten

20 g Salz

20 g Hefe

20 g Zucker

1. Für den Brandteig 50 ml Wasser mit Milch und Butter aufkochen. Den Topf vom Herd ziehen und das gesiebte Mehl auf einmal hineingeben und mit einem Schneebesen einrühren.
2. Die Masse nun mit dem Holzlöffel auf dem Herd abbrennen, das heißt, so lange rühren, bis sich am Topfboden ein Film gebildet hat.
3. Die Masse in eine Schüssel umfüllen und die Eier einzeln unterrühren. Das geht am besten mit dem elektrischen Handmixer oder dem Schneebesen.
4. Den Brandteig in eine Schüssel geben. Mehl und Salz dazusieben. Die Hefe mit dem Zucker in 230 ml lauwarmem Wasser auflösen, zu den Zutaten in der Schüssel geben und daraus einen Teig kneten. Diesen zugedeckt zweimal 15 bis 20 Minuten bei 26° C gehen lassen. Zwischendurch einmal zusammenschlagen.
5. Danach den Teig halbieren und auf einer leicht bemehlten Fläche in zwei Stränge formen (wie beim Baguettebrot, Rezept Seite 201). Dann mit einer Küchenschere abwechselnd links und rechts einschneiden. Den Backofen auf 220° C vorheizen.
6. Die Brote auf ein mit Backpapier ausgelegtes Blech legen und zugedeckt 20 Minuten gehen lassen.
7. Das Blech auf die untere Schiene in den Ofen schieben. Rasch einen Guß Wasser auf den Ofenboden gießen, damit Wasserdampf entsteht und das Brot schön aufgehen kann. Nach etwa 45 Minuten ist das Brot fertiggebacken. Zum Auskühlen auf ein Gitter legen.

PIKANTES BACKEN

E CKART W ITZIGMANN

Aus der Verbindung dieser zwei Teigarten entsteht ein ganz mildes, zartes Weißbrot. Es schmeckt am besten frisch, zu Frischkäse oder zu Quitten- oder Johannisbeergelee.

Pikantes Backen

Eckart Witzigmann

★ ★ ★

Beim Rollen der Baguettes jedes Teigstück nur kurz
bearbeiten, dann weglegen und mit dem
nächsten weitermachen. Dann wieder das erste vornehmen.
So kann sich der Teig immer wieder entspannen,
bis seine endgültige Form erreicht ist.
Die fertigen Rollen kann man zum Gehenlassen
auch auf ein bemehltes, in Falten gelegtes Küchentuch betten,
so daß in jeder Falte ein Brot liegt.
Danach vorsichtig auf das Backblech rollen.

Baguette

Für 4 Baguettes
Zubereitungszeit: 1 Stunde 45 Minuten
Ruhezeit: 2 Stunden 15 Minuten

120 g Weizenhebel (Rezept Seite 150)
25 g Roggenmehl, Type 1150
15 g Maismehl
1160 g Weizenmehl, Type 550, und etwas Mehl zum Arbeiten
40 g Hefe
10 g Honig
32 g Salz
etwas Fett für das Blech

1. Den Weizenhebel und alle durchgesiebten Mehlsorten in eine Schüssel geben. Die Hefe und den Honig in 700 ml kaltem Wasser auflösen und zugeben. Die Zutaten in der Küchenmaschine oder mit dem Rührlöffel 2 Minuten langsam vermischen. Anschließend den Teig 10 Minuten mit den Knethaken bei mittlerer Geschwindigkeit durcharbeiten oder mit dem Rührlöffel schlagen.

2. Salz über den Teig streuen und diesen weitere 3 Minuten bei mittlerer Stufe durcharbeiten bzw. schlagen. Über den fertiggekneteten Teig ein wenig Mehl stäuben. Die Schüssel mit Klarsichtfolie abdecken und 25 bis 30 Minuten bei 25° C gehen lassen.

3. Danach den Teig in drei Teile oder nach Wunsch in beliebig große Stücke teilen und ausrollen. Der Teig sollte dann 10 Minuten zugedeckt ruhen und sich entspannen, bis er die endgültige Form erhält.

4. Die Teigstücke lang rollen, flach klopfen und von beiden Seiten zusammenklappen. Die zusammengeklappten Seiten übereinanderlegen. Die »Naht« mit den Fingern zusammendrücken und die Stücke nochmals rund rollen.

5. Ein großes Blech leicht einfetten, mit Mehl bestäuben und die fertiggeformten Stücke darauflegen. Diese bei hoher Luftfeuchtigkeit (dazu eventuell Wasser im offenen Topf mittelstark kochen lassen) zugedeckt etwa 1½ Stunden gehen lassen.

6. Den Backofen auf 225° C vorheizen. Die Teigstücke mit einer Rasierklinge mehrmals schräg einschneiden und auf der mittleren Schiene im Backofen 35 bis 40 Minuten backen. Nach 10 Minuten Backzeit die Ofentür öffnen und 40 ml Wasser auf den Ofenboden schütten, damit sich Dampf entwickelt. Ofentür sofort schließen. Das fertiggebackene Brot auf dem Kuchengitter abkühlen lassen.

Es empfiehlt sich, die angegebene Teigmenge herzustellen, auch dann, wenn der Teig im ersten Arbeitsgang mit den Händen geknetet werden muß. Man kann ihn anschließend in zwei Teile teilen und in zwei Durchgängen in der Küchenmaschine weiterverarbeiten. Der Teig läßt sich auch problemlos einfrieren und später verwenden.

PIKANTES BACKEN

Fünfkornbrot

Für 1 Kastenform von 30 cm Länge
Zubereitungszeit: 2 Stunden
Einweichzeit: 8 Stunden
Ruhezeit: 1 Stunde

Für die kernige Mischung:

je 35 g Hafer, Sonnenblumenkerne,

Sesam und Dinkel

30 g Hirse

Für den Teig:

20 g Zucker

30 g Hefe

200 g Roggenmehl, Type 1150

200 g Weizenmehl, Type 550

200 g Weizenvollkornmehl und

Mehl zum Arbeiten

100 g Sauerteig (beim Bäcker erhältlich)

80 g Weizenhebel (Rezept Seite 150)

10 g Brotgewürz

20 g Salz

10 g Butter für die Form

1. Die kernige Mischung für 8 Stunden in 200 ml nicht zu kaltem Wasser quellen lassen.
2. Den Zucker in 150 ml zimmerwarmem Wasser auflösen und die Hefe darin glattrühren.
3. Das Hefewasser mit den gesiebten Mehlen, dem Sauerteig, dem Weizenhebel, Brotgewürz und Salz in eine Schüssel geben und mit den Knethaken der Küchenmaschine bei höchster Geschwindigkeit zu einem Teig verkneten.
4. Dann die aufgequollene kernige Mischung zufügen. Weitere 3 Minuten schnell, danach 3 Minuten langsam durchkneten. Den Teig mit Mehl bestäuben, mit Klarsichtfolie abdecken und 20 Minuten bei 26° C gehen lassen. Den Backofen auf 280° C vorheizen.
5. Den Teig zusammenkneten, zu einer Kugel formen und mit der Hand auseinanderdrücken. Von der oberen und unteren Seite zur Mitte hin zusammenschlagen, nochmals leicht flach klopfen und über der »Naht« zusammenklappen. Diese zusammendrücken und glattrollen.
6. Den Teig auf etwas Weizenvollkornmehl drehen und in die gebutterte Kastenform setzen, erneut gehen lassen, bis er drei Viertel seines Volumens zugenommen hat. Form auf die zweitunterste Schiene des Ofen schieben und die Hitze auf 220° C zurückschalten. Nach etwa 60 Minuten ist das Brot fertig. Das kann man prüfen, indem man auf die Unterseite des Brotes klopft. Klingt es hohl, ist das Brot durchgebacken.

Bei der Brotherstellung ist eine Küchenmaschine mit Knethaken nützlich. Steht nur ein Handmixer zur Verfügung, dann den Teig lieber mit den Händen kneten.

PIKANTES BACKEN

ECKART WITZIGMANN

Fünfkornbrot enthält neben Weizen oder Roggen
vier andere verschiedene Getreidearten.
Eine Getreideart jedoch muß Roggen oder
Weizen sein. Als Zusätze kommen auch
Getreidekeime in Betracht. Der Kornanteil muß
im Verhältnis zum Mehl mindestens fünf
Prozent betragen.

Brioche

Für 1 große Brioche (oder mehrere kleine Brote oder Brioches à tête)
Zubereitungszeit: 1 Stunde 20 Minuten
Ruhezeit: etwa 2 Stunden

Für den Vorteig:

100 g Weizenmehl, Type 405, und

Mehl zum Bestäuben

75 ml lauwarme Milch

40 g Zucker, 42 g Hefe

Für den Hauptteig:

90 ml Milch

1 Ei, 50 g, 4 Eigelb, 80 g

400 g Weizenmehl, Type 405, und

Mehl zum Arbeiten

160 g weiche Butter

10 g Salz, 10 ml Rum

Zum Bestreichen:

1 Eigelb, 25 ml Milch

1. Für den Vorteig das Mehl in eine Schüssel sieben. Zucker und Hefe in der Milch auflösen, mit dem Mehl verrühren. Den Vorteig mit Mehl bestäuben. Mit Klarsichtfolie zugedeckt bei 25° C so lange gehen lassen, bis sich das Volumen verdoppelt hat.

2. Für den Hauptteig Ei und Eigelb mit der Milch verrühren. Den Vorteig in eine Schüssel geben, das Mehl darübersieben, die Eier-Milch-Mischung dazugießen und alles verkneten.

3. Nach und nach bei Stufe 2 der Küchenmaschine oder mit dem Teiglöffel die Butter einarbeiten, zuletzt das Salz und den Rum. Den Teig auf der untersten Stufe 15 bis 20 Minuten mit den Knethaken oder den Händen durchkneten, bis ein homogener Teig entstanden ist. Mit etwas Mehl bestäuben, mit Klarsichtfolie abdecken und 20 bis 25 Minuten gehen lassen. Den Backofen auf 220° C vorheizen.

4. Den Teig kräftig zusammenschlagen und erneut, mit Folie bedeckt, 20 bis 25 Minuten gehen lassen. Dann den Teig in eine Kastenform oder in andere Formen setzen. Mit ein wenig Mehl bestäuben und zugedeckt gehen lassen, bis sich sein Volumen um drei Viertel vergrößert hat.

5. Eigelb und Milch verquirlen und den Teig damit bestreichen. Die Form auf die zweitoberste Schiene des Backofens schieben. 40 ml kaltes Wasser auf den Ofenboden gießen, die Ofentür sofort schließen, damit der Dampf nicht entweichen kann. Backofen auf 180° C herunterschalten. Das Brot ist in etwa 20 Minuten fertig. Kleine Formen backen 12 Minuten, der zu nebeneinanderliegenden Broten geformte Teig etwa 35 Minuten. Brioche auf einem Kuchengitter abkühlen lassen.

E CKART W ITZIGMANN

Für die Brioches à tête werden Teigstücke von
50 g abgewogen, davon 10 g abgenommen und jeweils
zu einer großen und einer kleinen Kugel geformt.
In die größere Kugel drückt man mit dem Finger eine Mulde
und bestreicht diese mit einer Mischung aus Eigelb
und Milch. Darauf setzt man den »tête«, den Kopf,
und bäckt die Brioches in oder ohne Förmchen.

PIKANTES BACKEN

Kümmelbrot

Für 1 Zopf
Zubereitungszeit: 1 Stunde 30 Minuten
Ruhezeit: 12 Stunden; 1 Stunde

Für den Vorteig:

25 g Weizenvollkornmehl

Für den Hauptteig:

10 g Hefe

250 g Weizenmehl, Type 1050, und Mehl zum Arbeiten

125 g Roggenmehl, Type 1150

125 g Sauerteig (beim Bäcker erhältlich)

25 g zimmerwarme Butter

7 g Kümmel

10 g Salz

20 g Zucker

je 10 g Kümmel und grobes Meersalz zum Bestreuen

1. Am Abend für den Vorteig das Mehl mit 25 ml lauwarmem Wasser vermischen und über Nacht bei 26° C zugedeckt ruhen lassen. Am nächsten Tag in eine Schüssel geben.
2. Die Hefe in 220 ml lauwarmem Wasser auflösen bzw. mit einem Schneebesen glattrühren. Das gesiebte Mehl mit dem Hefewasser, dem Sauerteig, Butter, Kümmel, Zucker und Salz zum Vorteig geben. Aus allen Zutaten einen Teig kneten.
3. Den Teig leicht mit Mehl bestäuben und zugedeckt 30 Minuten bei 26°C gehen lassen. Danach den Teig zusammenkneten und zu einer Kugel formen. Den Backofen auf 250° C vorheizen.
4. Die Teigkugel in drei gleiche Stücke teilen und diese jeweils zu einem Strang formen, wie beim Nußbrot (Rezept Seite 191) beschrieben. Dann die Stränge zu einem Zopf flechten und auf ein mit Backpapier ausgelegtes Blech setzen.
5. Den Zopf leicht mit Wasser bepinseln. Mit Kümmel und Meersalz bestreuen. Zugedeckt 30 Minuten gehen lassen. Den Zopf auf die untere Schiene des Backofens schieben. Nach 10 Minuten den Ofen auf 220° C herunterschalten. Nach weiteren 40 Minuten ist das Kümmelbrot fertiggebacken.

PIKANTES BACKEN

ECKART WITZIGMANN

Das Brot kann beim Backen aufreißen,
was aber schön aussieht. Wer
jedoch den Zopf in Form halten möchte,
muß ihn mit einem 6 cm breiten,
mit Butter eingefetteten Streifen Alufolie umlegen.
Die Streifenenden übereinanderfalten
und festdrücken. Man kann aus dem Teig auch
kleine Kümmelstangen backen.

PIKANTES BACKEN

EINGEMACHTES

EINGEMACHTES

Rumzwetschgen

Für 1 Einmachglas von 2 l Inhalt
Zubereitungszeit: 1 Stunde

15 g Rosinen

1250 g kleine, feste aromatische Zwetschgen

unbehandelte Schalen von je 1/3 Orange und Zitrone (ohne weiße Haut), mit dem Sparschäler geschält

1 Vanilleschote

1 Zimtstange

1 Gewürznelke

500 g Zucker

250 ml Strohrum, 80 Vol.%

1. Das Einmachglas mit kochendheißem Wasser ausspülen. Dazu vorher auf ein nasses Tuch stellen, damit es nicht platzt. Auf den Boden des Glases die gewaschenen Rosinen geben.
2. Die Zwetschgen waschen, trocknen und mit einer Nadel mehrmals einstechen. Die Zwetschgen abwechselnd mit den Orangen- und Zitronenschalen in das Einmachglas füllen.
3. 500 ml Wasser in einen Topf gießen. Das ausgekratzte Mark der Vanilleschote, die Vanilleschote, die Zimtstange, die Gewürznelke sowie den Zucker dazugeben, 3 Minuten kräftig durchkochen. Den Topf vom Herd ziehen und abkühlen lassen.
4. Den Strohrum einrühren. Den Sirup mit den Gewürzen in das Glas über die Zwetschgen füllen. Das Glas verschließen und für 15 bis 20 Minuten bei 80° C in einem Sterilisiertopf im Wasserbad erhitzen oder in den auf 120° bis 130° C erwärmten Backofen stellen.
5. Das Glas herausnehmen und mit einem Tuch bedeckt erkalten lassen. An einem kühlen, wenn möglich dunklem Ort aufbewahren. Nach 6 Wochen kann man die Zwetschgen probieren.

Schwarze Nüsse

Für 1 Einmachglas von 1 l Inhalt
Zubereitungszeit: 1 Stunde
Ruhezeit: 5 Tage

500 g junge grüne Walnüsse (vom Baum)

625 g Zucker

2 Gewürznelken

1 Zimtstange

60 g Glukosesirup, 45° Baumé (in der Apotheke erhältlich)

1. Die Nüsse waschen und rundum mit einer Nadel mehrmals einstechen. 4 Tage in kaltes Wasser legen. Dabei zweimal täglich das Wasser wechseln. In dieser Zeit werden die Nüsse schwarz.
2. Die Nüsse in reichlich Wasser weich kochen, dann abseihen und abtrocknen.
3. 500 g Zucker mit 500 ml Wasser kurz aufkochen. Die Nüsse und Gewürze zugeben und nochmals aufkochen. Über Nacht stehen lassen.
4. Die Nüsse aus der Zuckerlösung nehmen und den Sirup mit 125 g Zucker erneut aufkochen. Vom Herd ziehen und den Glukosesirup unterrühren.
5. Die Nüsse in ein Einmachglas füllen. Mit dem etwas abgekühlten Sirup übergießen. Sollte sich der Zuckersirup nach einigen Tagen zu sehr verdünnen, abseihen, erneut aufkochen und über die Nüsse geben. Das Einmachglas erst nach 6 Wochen öffnen. Köstlich schmecken diese Nüsse zu pochierten Birnen. Man kann sie aber auch einfach solo naschen.

Die schwarzen Nüsse werden angesetzt, wenn die Walnüsse noch grün und ihre Schalen weich sind. Das ist Ende Juni bis Mitte Juli.

Preiselbeerkompott

Für 2 kleinere Marmeladengläser
Zubereitungszeit: 30 Minuten

---
500 g Preiselbeeren

125 g Zucker

2 EL Weißwein

---

1. Die Preiselbeeren verlesen, Blättchen entfernen. Nur wenn die Beeren staubig sind, kurz abbrausen und gründlich abtropfen lassen.
2. Die Beeren in einen Topf geben, den Zucker und den Wein untermischen. Alles einmal kurz aufkochen lassen. Noch heiß in die gut ausgespülten Gläser füllen und verschließen. Das Kompott sollte möglichst frisch verbraucht werden. Es hält sich im Kühlschrank maximal 2 bis 3 Wochen.

Kaltgerührte Preiselbeeren

Für 2 Marmeladengläser
von etwa 500 ml Inhalt
Zubereitungszeit: 2 Stunden 30 Minuten

---
500 g ausgesuchte, frische Preiselbeeren

250 g Zucker

20 bis 30 ml Kirschwasser

---

1. Die Preiselbeeren verlesen, Blättchen entfernen. Nur wenn die Beeren staubig sind, kurz abbrausen und gründlich abtropfen lassen.
2. Die Beeren und den Zucker mit den Knethaken der Küchenmaschine auf kleinster Stufe so lange rühren, bis sich der Zucker völlig aufgelöst hat. Das dauert bei dieser Menge etwa 2 Stunden. Sind die Preiselbeeren fertig, haben sie eine schöne rote Farbe.
3. Die Preiselbeeren in die heiß ausgespülten Marmeladengläser füllen.
4. Ein kleines Stück Klarsichtfolie auf die Größe der Glasöffnung zuschneiden, kurz durch das Kirschwasser ziehen oder damit bestreichen und das Glas damit abdecken. Danach das Glas verschließen. Die Preiselbeeren sind so problemlos 12 Monate haltbar.

E CKART W ITZIGMANN

Die Preiselbeeren werden bei diesen beiden Zubereitungsarten nicht zerdrückt. Sie behalten ihre Form und vor allem die kaltgerührten Beeren ihr volles, natürliches Aroma. Das Preiselbeerkompott läßt sich besonders schnell zubereiten. Der feinherbe Geschmack der Beeren bietet einen interessanten Kontrast zu vielen Desserts.

Kandierte Orangenschalen

Für 2 bis 3 Marmeladengläser
Zubereitungszeit: 1 Stunde
Ruhezeit: 5 Tage

4 unbehandelte, dickschalige
duftende Orangen
550 g Zucker
75 g Glukosesirup, 45°Baumé
(in der Apotheke erhältlich)

1. Die Orangen gründlich waschen. Mit einem Sparschäler möglichst dünn schälen. Die weiße Innenhaut an den Schalen mit einem Messer vollständig entfernen. Die Schalen zwei Tage in kaltem Wasser wässern, dabei das Wasser häufig erneuern.
2. Danach die Schalen in leicht siedendem Wasser mindestens 15 Minuten köcheln, bis man sie leicht mit einem Zahnstocher durchstechen kann. Auf Küchenpapier gut abtropfen lassen.
3. Aus 250 g Zucker und 500 ml Wasser einen Sirup kochen. Schalen hineingeben, aufkochen lassen, abschäumen und eine Nacht zugedeckt stehen lassen. Am nächsten Tag die Schalen aus dem Sirup nehmen und in ein Sieb geben.
4. Die Zuckerlösung mit 125 g Zucker erneut aufkochen. Die Orangenschalen hineingeben, nochmals aufkochen und wieder 24 Stunden stehen lassen. Den Vorgang mit weiteren 125 g Zucker wiederholen.
5. Am fünften Tag den Sirup mit dem restlichen Zucker aufkochen. Die Orangenschalen zugeben, aufkochen lassen und vom Herd ziehen. Den Glukosesirup unterrühren. Die Orangenschalen mit dem Sirup in Marmeladengläser füllen.

Die Schalen nach Bedarf aus dem Sirup nehmen und im Backofen bei 50°C trocknen. Dann mit dunkler Kuvertüre oder Orangenkuvertüre überziehen. So entsteht ein feines, immer vorrätiges Konfekt.

Eingelegte Ingwerwurzeln

Für 1 großes Einmachglas
Zubereitungszeit: 1 Stunde

300 g frische Ingwerwurzeln

500 g Zucker

1 Vanilleschote

80 g Glukose

(in der Apotheke erhältlich)

1. Den Ingwer waschen und schälen. Die Schalen mit dem Zucker in einen Topf geben. Die Vanilleschote der Länge nach aufschneiden. 600 ml Wasser und die Vanilleschote zu den Ingwerschalen geben und alles zum Kochen bringen.

2. Den geschälten Ingwer in walnußgroße Stücke schneiden und ebenfalls in die Zuckerlösung legen. Alles bei sanfter Hitze langsam einkochen lassen. Kocht der Sirup zu stark, zieht der Zucker nicht richtig in den Ingwer ein, und er ist später nicht sehr lange haltbar. Deshalb sollte der Sirup bis zum starken Faden eingekocht, d. h. bis auf 112° C auf dem Zuckerthermometer erhitzt werden.

3. Nun die Glukose unterrühren. Die Zuckerlösung darf jetzt nicht mehr kochen. Die Ingwerstücke in ein gut gespültes Glas legen, dann die Zuckerlösung durch ein feines Sieb passieren und auf den Ingwer gießen, so daß er bedeckt ist. Das Glas gut verschließen.

4. Bleibt Zuckerlösung übrig, so kann man sie zusammen mit den Schalen zum Aromatisieren von Cremes und Eis verwenden.

Sowohl die Orangenschalen als auch die Ingwerwurzeln ergeben ein köstliches Konfekt, wenn man sie zuerst abtropfen, dann über Nacht trocknen läßt und anschließend mit dunkler Kuvertüre überzieht.

EINGEMACHTES

Eingelegte Dörrpflaumen

Für 1 Einmachglas von etwa 1½ l Inhalt
Zubereitungszeit: 45 Minuten
Ruhezeit: 12 Stunden

500 g Dörr- bzw. Backpflaumen, entsteint
750 ml Rotwein, 700 ml Portwein
200 ml schwarzer Tee
130 g Akazienhonig
60 g Zucker
2 Vanilleschoten
2 Zimtstangen
je ½ unbehandelte Orange und Zitrone, in Scheiben geschnitten

Für das Ragout:
30 bis 40 g Vanillepuddingpulver
80 ml Rotwein

1. Das Einmachglas gründlich reinigen und die Pflaumen hineinschichten. Rotwein und Portwein aufkochen und auf die Hälfte einkochen lassen. Alle weiteren Zutaten zugeben und einmal aufkochen. (Möchte man die Dörrpflaumen längere Zeit aufbewahren, nur die Hälfte der Gewürze und Zitrusfrüchte verwenden und mit den Dörrpflaumen in das Glas geben.)
2. Den Weinsud erkalten lassen, dann über die Pflaumen gießen. 15 Minuten in einem Wasserbad von 80° C erhitzen. Mit einem Tuch bedeckt abkühlen lassen und das Glas verschließen. Kühl stellen.
3. Bei der Zubereitung von einem Ragout den Weinsud noch warm über die Dörrpflaumen gießen und über Nacht bei Zimmertemperatur stehen lassen.
4. Am nächsten Tag den Sud abseihen. Das Puddingpulver mit dem Wein glattrühren, in den heißen Sud rühren und aufkochen lassen. Die Gewürze aus der Sauce nehmen. Die abgekühlte Sauce über die Pflaumen geben.

Zwetschgenröster

Für 1 Einmachglas von 2 l Inhalt
Zubereitungszeit: 50 Minuten
Ruhezeit: 4 Stunden

1250 g feste Zwetschgen, gewaschen, halbiert und entsteint
unbehandelte Schalen von je ⅓ Orange und Zitrone, ohne weiße Haut, mit einem Sparschäler geschält
600 ml Rotwein
600 g Zucker
1 Vanilleschote
1 Zimtstange
2 Gewürznelken
1 dünnes Scheibchen frischer Ingwer
10 cl Zwetschgenwasser

1. Das Einmachglas auf ein nasses Tuch stellen und mit kochendheißem Wasser ausspülen. Die Zwetschgen, Orangen- und Zitronenschale einschichten.
2. Den Rotwein mit Zucker, dem ausgekratzten Mark der Vanilleschote, Vanilleschote, Zimtstange, Gewürznelken und dem Ingwer 2 bis 3 Minuten aufkochen. Den Topf vom Herd ziehen und den Sud bis auf 40° C abkühlen lassen.
3. Das Zwetschgenwasser hinzufügen und über die Zwetschgen in das Einmachglas gießen. Das Glas verschließen und den Sud für 15 bis 20 Minuten bei 80° C im Wasserbad erhitzen.
4. Das Glas herausnehmen, mit einem Tuch zudecken und erkalten lassen. An einem kühlen, wenn möglich dunklen Ort aufbewahren. Nach 6 Wochen kann man die Zwetschgen das erste Mal probieren.

Die im Rezept angegebene Menge Alkohol kann auch durch Wasser ersetzt werden. Zwetschgenröster sind die klassische Beilage zu Mehlspeisen. Sie können aber auch als Dessert serviert werden.

Powidl

Für 4 Gläser von je 250 ml Inhalt
Zubereitungszeit: 5 Stunden
Einweichzeit: 12 Stunden

500 g Dörrpflaumen, entsteint
500 ml Rotwein
600 g Zucker
1 Gewürznelke
1 Zimtstange
20 ml Zitronensaft
40 ml Rum, 58 Vol.%

1. Die Dörrpflaumen in 500 ml Wasser eine Nacht einweichen. Am nächsten Tag mit dem Einweichwasser in einen feuerfesten Topf oder einen Bräter aus Gußeisen geben. Weitere 500 ml Wasser, Rotwein und Zucker dazugeben. Unter Rühren aufkochen und 10 Minuten leicht köcheln lassen. Den Backofen auf 200° C vorheizen.

2. Die Fruchtmasse durch ein Sieb streichen und wieder in den Topf geben. Die Gewürze hinzufügen und alles erneut unter Rühren aufkochen.

3. Die Ränder des Topfes säubern, damit die Pflaumenmasse nicht anbrennt, wenn der Topf in den heißen Backofen geschoben wird. Den Topf auf den Boden des Ofens stellen und 3 bis 4 Stunden unter mehrmaligem Rühren einkochen lassen.

4. Der Powidl ist fertig, wenn die Gelierprobe (siehe Lavendelblütenhonig, Rezept Seite 218) erfolgreich war. Den Topf aus dem Ofen nehmen und den Zitronensaft unter den Powidl rühren. Die heiß ausgespülten Marmeladengläser mit dem Powidl füllen.

5. Auf jedes Glas 1 EL Rum geben und anzünden. Sofort mit den Deckeln verschließen. Wenn sich der Powidl länger halten soll, können die Gläser danach noch sterilisiert bzw. der Powidl eingekocht werden. Die Gläser an einem kühlen, möglichst dunklen Platz lagern.

EINGEMACHTES

Eckart Witzigmann

Powidl, ein Pflaumenmus aus getrockneten Pflaumen,
ist eine Spezialität aus meiner österreichischen Heimat
und für die klassischen Mehlspeisen unverzichtbar.
Die eingelegten Dörrpflaumen, wie auch das daraus zubereitete
Ragout, schmecken köstlich zu Mandel- oder Vanilleeis.
Ich serviere sie jedoch auch gerne zu einer Birnentarte.

Rumtopf

Für ein Gefäß von 8 l Inhalt
Zubereitungszeit: für jede Fruchtsorte jeweils 30 Minuten
Ruhezeit: für jede Fruchtsorte jeweils 12 Stunden

---

500 g kleine Erdbeeren

500 g Farinzucker

je 2 Zimtstangen, Gewürznelken, Sternanis und Vanilleschoten

3 Flaschen Rum (54 Vol.%) von sehr guter Qualität

je 350 g geputzte, entkernte oder geschälte Früchte (z. B. Stachelbeeren, Aprikosen, Kirschen, Pfirsiche, Birnen, Nektarinen, Zwetschgen, Ananas)

etwa 1200 g Zucker

---

1. Die gewaschenen, trockengetupften, geputzten Erdbeeren mit Farinzucker vermischen und über Nacht stehen lassen. Die Erdbeeren nur dann halbieren, wenn sie zu groß sind.

2. Am nächsten Tag die Erdbeeren mit den Gewürzen in das saubere Gefäß geben. Die Früchte mit so viel Rum begießen, daß sie 2 cm hoch damit bedeckt sind. Mit Klarsichtfolie abdecken und einem kleinen Teller beschweren.

3. Nun zweimal pro Woche mit einem Holzlöffel vorsichtig im Rumtopf rühren. Wann die nächsten Früchte hinzugegeben werden, richtet sich nach dem Marktangebot.

4. Die reifen, aber nicht faulen oder weichen Früchte nach und nach vorbereiten: Von den Stachelbeeren die Blütenansätze entfernen und die Früchte mit einer Nadel leicht einstechen. Aprikosen, Nektarinen und Pfirsiche blanchieren, häuten und von den Steinen befreien. Die Zwetschgen halbieren und entsteinen. Die Birnen schälen, vierteln und entkernen. Ananas schälen, vierteln, den Strunk entfernen und das Fruchtfleisch in etwa 1 cm dicke Stücke schneiden.

5. Jede Fruchtsorte mit 150 g Zucker vermischen und zugedeckt über Nacht an einem kühlen und dunklen Ort stehen lassen. Dann die Früchte in das Gefäß schichten und mit Rum auffüllen, so daß die Früchte 2 cm hoch damit bedeckt sind.

Der Rumtopf wird bereits ab dem Frühsommer angesetzt und traditionell erst am 1. Advent probiert. Wichtig ist, daß man auf absolute Hygiene achtet! Es bilden sich sonst Bakterien, die den Rumtopf verderben lassen.

ECKART WITZIGMANN

Für den Rumtopf verwende ich absichtlich keine Himbeeren oder rote und schwarze Johannisbeeren, da diese leicht zerdrückt und unansehnlich werden.

EINGEMACHTES

Holunderblütenwein

Für 3 bis 4 Flaschen von je 700 ml Inhalt
Zubereitungszeit: etwa 40 Minuten
Ruhezeit: 4 Tage

500 ml Holunderblüten, bereits von den Rispen gekämmt
1 kg Zucker
Scheiben von je
1 unbehandelten Orange und Zitrone
20 g Hefe
1 Eiweiß
einige Rosinen

1. Blütendolden nach 24 Stunden niederschlagsfreiem Wetter abschneiden und für kurze Zeit auf Zeitungspapier in der Sonne liegenlassen. Dann mit einem Kamm oder einer Gabel über Zeitungspapier die Blüten von den Rispen zupfen, damit nichts verloren geht. In einem Meßbecher 500 ml Blüten abmessen.
2. 2 l Wasser mit dem Zucker aufkochen. Orangen- und Zitronenscheiben sowie die Holunderblüten in einen Topf geben und das Zuckerwasser kochendheiß darübergießen. Die Mischung zugedeckt einen Tag stehen lassen.
3. Dann die Hefe und das Eiweiß in der Flüssigkeit gründlich verschlagen. Weitere 3 Tage stehen lassen.
4. Die Flüssigkeit durch ein sehr feines Sieb gießen und in Flaschen (oder besser in einen Gärballon) abfüllen. In jede Flasche einige Rosinen geben, dadurch bekommt der Wein eine schöne Farbe. Flaschen nicht fest verschließen, sondern nur mit Stoffstücken oder Klarsichtfolie, die mit einem kleinen Loch versehen sind, zubinden.
5. Nun 6 bis 12 Wochen warten, bis die Hefe verarbeitet ist. Der Satz, der sich während des Gärens am Flaschengrund gebildet hat, ist normal. Man kann den Wein vor dem Verschließen aber auch vorsichtig in andere Flaschen umfüllen. Dann die Flaschen fest verschließen. Holunderblütenwein ist lange haltbar.

Lavendelblütenhonig

Für 2 Gläser von je 250 ml Inhalt
Zubereitungszeit: 4 Stunden 30 Minuten

2 EL frische oder frisch getrocknete Lavendelblüten
1 unbehandelte Zitrone
1250 g Zucker

1. Lavendelblüten mit 1 l Wasser in einen Topf geben. Die Zitrone abwaschen, in Scheiben schneiden und hinzufügen. Alles zum Kochen bringen und 30 Minuten sanft köcheln lassen.
2. Die Mischung durch ein Sieb gießen und den Fond erkalten lassen. Dann in einen großen Topf geben und den Zucker einrühren. Alles 2 bis 3 Stunden langsam kochen, bis die Flüssigkeit so dick wie Honig ist. Dabei ist es wichtig, die Topfränder immer wieder mit einem nassen Wasserpinsel zu säubern, damit der Honig später nicht auskristallisiert.
3. Zur Prüfung der Konsistenz die Gelierprobe durchführen. Dazu 2 bis 3 Tropfen Honig auf einen Teller geben und diesen leicht bewegen. Bleiben die Tropfen rund und zerlaufen nicht, ist der Honig fertig.
4. Lavendelblütenhonig in die gut gesäuberten, heiß ausgespülten Gläser füllen und verschließen. Nach 48 Stunden ist der Honig restlos abgekühlt und hat die endgültige Konsistenz erreicht.

Auf die gleiche Weise läßt sich im Frühling auch Löwenzahnblütenhonig herstellen. Statt der Lavendelblüten pflückt man 500 g Löwenzahnblüten und verarbeitet sie, wie beschrieben, mit den angegebenen Zutaten.

Eingemachte Kumquats

Für 1 großes Einmachglas
Zubereitungszeit: 45 Minuten

2 kg Kumquats (Zwergorangen),
ohne Blätter und Stiele gewogen
600 g Zucker
500 ml frisch gepreßter Orangensaft,
durch ein Sieb passiert
Saft von 1 Zitrone
200 g Glukosesirup, 45° Baumé
(in der Apotheke erhältlich)
200 ml Grand Marnier

Für die Gewürz-Kumquats:

1 Gewürznelke
1 Vanilleschote
1 Zimtstange
1 Lorbeerblatt
1 Sternanis
10 Korianderkörner

1. Kumquats blanchieren, dann trockentupfen und mit einer feinen Nadel rundum mehrmals einstechen.
2. Den Zucker mit 250 ml Wasser aufkochen, dabei den Topfrand mit einem breiten Pinsel säubern und den Schaum abnehmen. Das Zuckerwasser 5 bis 10 Minuten bei sehr starker Hitze einkochen lassen.
3. Orangensaft zugießen, erneut aufkochen und nochmals abschäumen. Den Sirup erneut 10 Minuten einkochen lassen. Dann den Zitronensaft unterrühren.
4. Topf vom Herd nehmen und den Glukosesirup unterrühren. Diese Mischung bis auf 40°C abkühlen lassen, dann den Alkohol unterrühren.
5. Kumquats in ein gründlich gereinigtes Einmachglas schichten und mit dem Sirup übergießen. Das Glas verschließen. Die eingelegten Kumquats kühl und möglichst dunkel aufbewahren.
6. Für die Gewürz-Kumquats gibt man die Gewürze in den heißen Sirup, wenn man ihn vom Herd genommen hat. Dann die Kumquats, wie beschrieben, mit dem Gewürzsirup begießen.

Wer beide Versionen probieren möchte, halbiert den Sirup und gibt in die eine Hälfte die Hälfte der Gewürze. Dann die Kumquats auf zwei Gläser verteilen und mit gewürztem und ungewürztem Sirup begießen.

Eckart Witzigmann

Die Kumquats können nach kurzer Ruhezeit
probiert werden. Sie sind etwa 6 Monate haltbar.
Wer sie im Kühlschrank unterbringt oder
in einer kühlen Speisekammer, kann sie sogar
bis zu einem Jahr aufheben.

Apfel- oder Ananaskristalline

Für 6 bis 8 Backbleche
Zubereitungszeit: 1 Stunde
Trockenzeit: 8 bis 10 Stunden

400 g Zucker für Apfelkristalline
oder 200 g für Ananaskristalline
5 feste Äpfel (z. B. Granny Smith)
oder 1 Baby-Ananas
5 Zitronen für Apfelkristalline
oder 1 Zitrone für Ananaskristalline
2 bis 3 Tropfen neutrales Speiseöl

1. 600 ml Wasser mit dem Zucker in einen Topf geben, einmal gut durchkochen, abschäumen und den Topf von der Herdplatte ziehen.
2. Äpfel waschen und den oberen und unteren Teil abschneiden. Die Äpfel mit dem Kerngehäuse in Scheiben von etwa 1,5 mm Dicke schneiden. Ananas schälen, den oberen und unteren Teil glattschneiden und mit dem harten Kern wie die Äpfel in dünne Scheiben schneiden. Das geht am besten mit der Aufschnittmaschine.
3. Die Apfelscheiben aufeinanderlegen und mit einem Apfelausstecher vorsichtig die Kerngehäuse herausschneiden.
4. Für jeden Apfel 100 ml Zuckersirup und den Saft von 1 Zitrone miteinander verrühren. Für die Ananas die Hälfte des Sirups mit dem Saft der Zitrone verrühren.
5. Die Apfelscheiben je eines Apfels mit einer Portion Sirup in einen Gefrierbeutel geben, Ananasscheiben auf 2 bis 3 Gefrierbeutel verteilen. Mit einem Folienschweißgerät den Beuteln die Luft entziehen und zuschweißen. Die Beutel mit den Früchten 5 bis 7 Minuten schwimmend in Wasser kochen.
6. Die Portionsbeutel in Eiswasser abkühlen lassen. Die Früchte in einem Sieb abtropfen lassen, den aromatischen Saft nicht weggießen. Man kann ihn für ein Sorbet oder eine Quarkspeise verwenden.
7. Die Fruchtscheiben auf einer leicht geölten Silikonmatte (im Bäckereibedarf-Großhandel erhältlich) auslegen oder auf ein mit Backpapier ausgelegtes und leicht geöltes Blech legen. Die Früchte im Backofen bei 50° C in 7 Stunden trocknen. Danach vorsichtig umdrehen und im abgeschalteten Ofen weitertrocknen, bis sie wie Streichhölzer brechen.
8. Da die Kristalline schnell Wasser ziehen, muß man sie sofort nach dem Abkühlen sehr trocken lagern. Dazu 3 EL Blaugel (in der Apotheke erhältlich) in eine Kaffeefiltertüte füllen, mit Tesafilm verschließen und mit den Kristallinen in eine gut verschließbare Dose legen.

Für die Herstellung der Kristalline wird ein Folienschweißgerät benötigt, das dem Beutel beim Zuschweißen die Luft entzieht. Man kann es im Haushaltsfachhandel kaufen.

ECKART WITZIGMANN

Die Kristalline machen zwar ein bißchen Mühe in der Herstellung, doch dafür sind sie ganz besonders hübsch anzusehen. Zudem schmeckt dieser attraktive Schmuck für ein festliches Dessert köstlich.

Cassisfeigen

Für 4 Cassisfeigen
Zubereitungszeit: 20 Minuten
Ruhezeit: 3 bis 4 Stunden

4 reife Feigen

250 g schwarze Johannisbeeren

(auch tiefgekühlte Früchte eignen sich)

150 ml Portwein

Saft von je 1/2 Orange und Zitrone

1/2 Zimtstange

1/2 Vanilleschote

100 g Zucker

40 ml Cassislikör

1 TL Butter

1. Die Feigen kurz abbrausen und mit Küchenpapier vorsichtig trockenreiben. Johannisbeeren, Portwein, den Orangen- und Zitronensaft sowie die Gewürze in einen Topf geben. Alles aufkochen und 10 Minuten leicht köcheln lassen.
2. Die Beeren mit dem Pürierstab pürieren, dann durch ein Sieb passieren und den Cassislikör zufügen.
3. Die Feigen für mindestens 3 bis 4 Stunden in dieser Cassissauce einlegen. Vor dem Servieren werden die Feigen mit ein wenig Sauce und der Butter in der Pfanne glaciert.

Rote Orangenzesten

Für 1 kleines Marmeladenglas
Zubereitungszeit: 1 Stunde

2 mittelgroße, unbehandelte Orangen

20 ml Orangensaft

20 ml Cointreau

60 ml Grenadinesirup

1. Die Orangen waschen, trockentupfen und mit dem Sparschäler vom Blüten- bis zum Stielansatz dünn schälen. Die an den Schalen verbliebene weiße Haut mit einem Messer vorsichtig entfernen. Die Schalen in gleich lange Julienne oder Zesten, also in feine dünne Streifen, schneiden.
2. Die Zesten dreimal in kochendem Wasser blanchieren. Dazu am besten Wasser in drei Töpfen gleichzeitig zum Kochen bringen. Die Zesten in den ersten Topf geben und warten, bis das Wasser aufwallt. Dann die Zesten in ein Sieb geben und kalt abbrausen. Diesen Vorgang noch zweimal wiederholen.
3. Die Zesten mit Orangensaft, Cointreau und Grenadinesirup in einen Topf geben und zum Kochen bringen. Die Flüssigkeit bis auf etwa ein Drittel einkochen. Dann die Zesten abkühlen lassen und in ein gründlich gereinigtes, heiß ausgespültes und abgetropftes Glas geben. Das Glas verschließen und kühl stellen. So sind die Zesten über längere Zeit haltbar.

EINGEMACHTES

ECKART WITZIGMANN

Orangenzesten sind eine hübsche Garnitur für Desserts, zum Beispiel für Crêpe Suzette. Sie liefern gleichzeitig den feinwürzigen, herben Kontrast. Man kann sie auch ohne Grenadinesirup mit etwas mehr Orangensaft und Cointreau herstellen, dann zeigen sie sich in kräftigem Orangegelb.

EINGEMACHTES

222

Cassislikör

Für 2 Flaschen von je 700 ml Inhalt
Zubereitungszeit: 1 Stunde
Marinierzeit: 2 Tage

650 g entstielte Cassisbeeren
(schwarze Johannisbeeren)
650 ml Rotwein
400 g Zucker
250 ml reiner Alkohol, 80 Vol.%
(in der Apotheke erhältlich)

1. Die Cassisbeeren kurz abbrausen und abtropfen lassen. Die Beeren zerdrücken, in ein Gefäß geben, mit dem Rotwein übergießen und 2 Tage darin marinieren.
2. Danach die Beeren aufkochen und den Saft durch ein Tuch abseihen. Es sollten 700 ml Saft entstehen.
3. Den Cassissaft mit dem Zucker aufkochen. Den Topf vom Herd ziehen, den Saft leicht abkühlen lassen und den hochprozentigen Alkohol unterrühren.
4. Den Likör in die gründlich gereinigten Flaschen abfüllen und gut verschließen. An einem kühlen und möglichst dunklen Ort aufbewahren.

Eierlikör

Für 1 Flasche von 1 l Inhalt
Zubereitungszeit: 1 gute Stunde

250 g Zucker
500 ml Milch
Mark von ¼ Vanilleschote
7 Eigelb von sehr frischen Eiern, 140 g
250 ml Rum, 54 Vol.%

1. Die Hälfte des Zuckers mit der Milch und dem Vanillemark aufkochen. Die andere Hälfte des Zuckers in einer Schüssel mit dem Eigelb in einem heißen Wasserbad weißschaumig aufschlagen.
2. Die aufgekochte Milch auf die Schaummasse gießen und unterschlagen. Die Konsistenz prüfen. Sollte die Milch nicht zur Rose abgezogen sein, wieder in das Wasserbad geben und alles mit Hilfe eines Holzlöffels zur Rose abziehen (siehe Glossar). Danach die Masse durch ein feines Sieb gießen.
3. Diese »Sauce anglaise« leicht auskühlen lassen. Dann im Mixer auf höchster Stufe schlagen und langsam den Rum hinzugeben. Man kann ihn aber auch mit dem Handrührgerät unterarbeiten.
4. Den Likör auskühlen lassen. Die Flasche gründlich säubern, den Likör hineingießen und die Flasche verschließen. Den Likör kühl stellen, am besten in den Kühlschrank, und bald verbrauchen.

EINGEMACHTES

E CKART W ITZIGMANN

Der Cassislikör eignet sich für den Kir royal
oder zum Aromatisieren von Mousse,
Eis oder Saucen. Mit Eierlikör kann man eine
hervorragende Mousse herstellen
und Zimteis oder Kuchen aromatisieren.

Rotes Johannisbeergelee

Für 6 bis 7 Gläser von je 250 ml Inhalt
Zubereitungszeit: 1 Stunde

1500 g rote Johannisbeeren
(ergibt etwa 1 l Johannisbeersaft)
1 kg Zucker
2 Vanilleschoten
50 ml Gin

1. Die Johannisbeeren waschen, mit Küchenpapier trockentupfen und die Beeren von den Rispen streifen. Die Beeren mit 125 ml Wasser in einem Topf zum Kochen bringen. 3 Minuten kochen lassen. Danach in ein feines Sieb geben. Schneller geht es, wenn man die Beeren in einem Entsafter entsaftet. Möchte man ein ganz feines klares Gelee, sollte der Saft zusätzlich durch ein Tuch passiert werden.
2. Von dem gewonnenen Saft genau 1 l abmessen. Es darf nie mehr als 1 l verarbeitet werden, da der Saft sonst nicht geliert! Den Saft mit den Vanilleschoten in den Topf geben, nach und nach Zucker hinzugeben und zum Kochen bringen. Der letzte Zucker sollte hinzugegeben werden, wenn der Saft gerade aufkocht.
3. So lange köcheln lassen, bis die Geleeprobe auf dem Teller nicht mehr zerläuft. Den Topf vom Herd ziehen, die Vanilleschoten herausnehmen und 40 ml Gin zufügen. Das Gelee sofort in die heiß ausgespülten Marmeladengläser füllen. Vor dem Verschließen das Gelee mit dem restlichen Gin beträufeln, anzünden und danach sofort verschließen.
4. Wenn man sicher gehen will, daß das Gelee über 1 Jahr haltbar bleibt, kann man es noch zusätzlich 20 Minuten bei 80° C sterilisieren.
5. Das Gelee kühl und dunkel aufbewahren. Frühestens nach 5 Tagen öffnen.

Holunderbeerragout

Für 5 Marmeladengläser
von je 250 ml Inhalt
Zubereitungszeit: 1 Stunde 30 Minuten

200 g Zucker
250 ml Rotwein
dünn abgeschälte Schale von
½ unbehandelten Zitrone
1 Zimtstange
1 Gewürznelke
10 g Vanillepuddingpulver, ersatzweise
Speisestärke
1 kg entstielte Holunderbeeren

1. Den Zucker in einen Topf geben, unter Rühren karamelisieren lassen und mit 250 ml Wasser und dem Rotwein ablöschen.
2. Die Zitronenschalen und Gewürze zugeben und alles auf 250 ml einkochen. Nach Wunsch das Puddingpulver mit etwas kaltem Wasser verrühren, in den Fond einrühren und 2 Minuten durchkochen lassen.
3. Die Holunderbeeren, falls nötig, kurz abbrausen und gründlich abtropfen lassen. In den Fond geben und kurz aufkochen. Das Ragout heiß in die gut gereinigten Gläser füllen.
4. Das Ragout in den geschlossenen Gläsern bei 80° C im Wasserbad oder im Backofen 20 Minuten sterilisieren.

Das Ragout schmeckt auch sehr gut, wenn man zwei Birnen schält, in Spalten schneidet und mit den Holunderbeeren aufkocht.

Quittengelee

Für 3 Marmeladengläser
von je 250 ml Inhalt
Zubereitungszeit:
etwa 3 Stunden 30 Minuten

1 kg Quitten (ergibt etwa
500 ml Quittensaft)
Saft von 1 Zitrone
etwa 400 g Würfelzucker
125 ml Weißwein
40 ml gesiebter Zitronensaft
etwa 20 ml Kirschwasser

1. Von den Quitten mit einem Tuch den Flaum abreiben. Die Quitten waschen, halbieren, entkernen, vierteln und in dünne Scheiben schneiden. Die Scheiben sofort in Zitronenwasser legen, damit sie nicht braun werden.
2. Aus dem Wasser nehmen und abtropfen lassen. In einen Topf geben und mit 1 l Wasser zum Kochen bringen.
3. Das Wasser leicht köcheln lassen, bis die Früchte zerfallen sind (nach etwa 2 Stunden). Dann auf ein Tuch geben, das über eine Schüssel gespannt ist. Den Saft abtropfen lassen. Dabei die Früchte nicht drücken, damit der Saft klar bleibt.
4. Den Würfelzucker kurz in Weißwein tauchen, dann in einem Topf auf dem Herd hell karamelisieren lassen. Mit dem Quittensaft aufgießen.
5. Den Quittensaft so lange kochen, bis er sämig wird und ein Tropfen davon auf einem Teller erstarrt (Gelierprobe). Ist das Gelee fertig, abschäumen und 40 ml Zitronensaft unterrühren.
6. Das Gelee in vorbereitete Gläser füllen. Mit einer in dem Kirschwasser getränkten Folie, die den Durchmesser des Deckels hat, bedecken und sofort verschließen.

Quittenbrot

Für etwa 1 Backblech
Zubereitungszeit: etwa 45 Minuten
Trockenzeit: 8 bis 10 Stunden

ausgekochte Quitten mit den Schalen
(vom Quittengelee)
die gleiche Menge Zucker
nach Bedarf etwas Weißwein

1. Die gekochten Quitten mit den Schalen durch ein Sieb streichen. Das Quittenmus abwiegen, dann in einen Topf geben. Mit der gleichen Menge Zucker vermischen und unter ständigem Rühren 15 bis 20 Minuten kochen. Der Zucker muß sich dabei vollständig auflösen.
2. Ist die Mischung dicker als ein normales Apfelmus, noch ein wenig Wasser oder Weißwein unterrühren. Ist es dünner, noch etwas einkochen lassen.
3. Den Backofen auf 150° C vorheizen. Ein Backblech mit Alufolie auslegen und das Quittenmus gleichmäßig daraufstreichen. Das Blech in den Ofen schieben, die Ofentür leicht geöffnet lassen. Dazu einen Kochlöffel zwischen Tür und Ofen klemmen.
4. Das Quittenbrot langsam trocknen lassen. Nach etwa 3 Stunden den Ofen ausschalten. Das Quittenbrot möglichst erst am nächsten Tag aus dem Ofen nehmen und nach Belieben in Streifen, Rechtecke, Quadrate oder Rauten schneiden. Als besonders feines Konfekt kann man das Quittenbrot anbieten, wenn man es mit Kuvertüre überzieht und auf Backpapier trocknen läßt. Es läßt sich längere Zeit aufbewahren, wenn man die Stücke in Einmach- oder Hagelzucker wendet und in eine Blechdose legt.

Das Quittenbrot ist eine leckere Süßigkeit, die bei der Herstellung von Quittengelee unbedingt ausprobiert werden sollte. Es wäre zu schade, das Mus und die Schalen der Früchte einfach wegzuwerfen.

EINGEMACHTES

Cognackirschen

Für 1800 g Kirschen
Zubereitungszeit: etwa 2 Stunden

1800 g nicht zu reife Weichselkirschen
von einwandfreier Qualität
300 g Zucker, 25 g Glukosesirup
(in der Apotheke erhältlich)
Mark von 1 Vanilleschote
750 ml Cognac, 50 Vol.%
750 ml Kirschwasser, 50 Vol.%

Zum Überziehen:
1 kg Fondant
25 ml Kirschwasser
25 ml Kirsch-Einlegesirup
1 kg beste Zartbitterkuvertüre
einige Tropfen Kirschwasser,
Grand Marnier oder Rum
200 g Vollmilchkuvertüre

1. Die Kirschen mit kaltem Wasser abbrausen und gründlich abtropfen lassen. Dabei prüfen, ob die Stiele fest in der Frucht sitzen (nicht abzupfen!). Die Kirschen mit einer feinen Nadel mehrmals einstechen.

2. Den Zucker mit 250 ml Wasser und dem Glukosesirup aufkochen. Die Topfränder mit einem sehr sauberen Pinsel reinigen und abschäumen. Das Vanillemark in die Zuckerlösung geben und diese abkühlen lassen.

3. In den leicht lauwarmen Sirup Cognac und Kirschwasser (man kann auch nur Kirschwasser oder nur Cognac nehmen) unterrühren. Die Kirschen in ein großes Einmachglas oder in zwei kleinere Gläser geben. Den noch nicht völlig kalten Sirup darübergießen. Das Glas oder die Gläser verschließen. 2 Wochen nicht zu kalt, doch dunkel aufbewahren. Danach die Kirschen an einem kühlen dunklen Platz am besten 1 Jahr, aber mindestens 3 Monate durchziehen lassen.

4. Die Kirschen in einem Sieb abtropfen lassen und zusätzlich mit einem Fön rundherum trocknen oder auf ein Tuch setzen und über Nacht trocknen lassen. Den Fondant auf 60° bis 70°C erhitzen und mit Kirschwasser und Einlegesirup leicht verdünnen.

5. Jede Kirsche am Stiel halten und in den Fondant tauchen. Rund um den Stiel muß eine kleine Öffnung bleiben, sonst springt später der Kuvertüre-Überzug auf. Beim Eintauchen in Fondant darauf achten, daß die Kirsche ihre schöne Form behält. Die Kirschen auf Backpapier absetzen und den Fondant trocknen lassen.

6. Die Kuvertüre im Wasserbad bei 45°C erwärmen, 3 EL Kuvertüre abnehmen und etwas Alkohol hinzufügen, damit die Kuvertüre anzieht. Etwas Kuvertüre in eine aus festem Papier selbstgedrehte Tüte mit kleinem Loch geben. Auf ein Stück Backpapier im Abstand von 5 cm Tupfen setzen, die kleiner als die Böden der Fondantkirschen sind. Kurz vor dem Festwerden die Fondantkirschen auf die Tupfen setzen, dabei nicht zu sehr andrücken, damit die Tropfen nicht in die Breite laufen.

7. Über ein weiteres Stück Backpapier mit dem Gurkenhobel Vollmilchkuvertüre zu Spänen hobeln und auf dem Papier verteilen. Die Weichselkirschen mit ihren kleinen Böden so tief in die Kuvertüre tauchen, daß auch die Stiele mindestens 2 bis 3 mm mit überzogen werden. Überschüssige Kuvertüre abtropfen lassen, Kirschen auf den Schokospänen absetzen, bis die Kuvertüre fest geworden ist.

8. Kirschen auf eine Platte setzen und, mit einem leichten Tuch bedeckt, 4 Tage an einem kühlen Platz aufbewahren. In dieser Zeit löst sich durch den Alkohol in den Kirschen die Fondantschicht auf und die Kirschen werden besonders saftig.

Einlegeflüssigkeit der Kirschen mit einem Drittel 80prozentigem Alkohol verlängern und darin eine neue Lage Kirschen einlegen oder ohne weitere Alkoholbeigabe als Likör verwenden.

EINGEMACHTES

Glossar

Agar-Agar-Pulver: Aus Algen gewonnener Pflanzenstoff von höherer Gelierkraft als Gelatine. Er wird beim Abkühlen fest.

Ammonium, Ammoniumbikarbonat: Lockerungsmittel, das den Teig in die Höhe treibt. Zulässig nur für trocken gebackenes Flachgebäck, z. B. Lebkuchen.

Aprikotieren: Gebäckstücke dünn mit heißer Aprikosenmarmelade bestreichen. Dadurch wird der Wohlgeschmack und der Glanz einer Glasur, z. B. bei Fondantglasur, erhöht.

Baumé (Abkürzung Bé): Einheit zum Messen des spezifischen Gewichtes, der Dichte von flüssigen Stoffen, z. B. bei Zucker- und Glukosesirup; benannt nach dem französischen Chemiker Antoine Baumé (1728 bis 1804), der die Baumeskala aufstellte.

Biskotte: Österr. Bezeichnung für Löffelbiskuit.

Blätterteig: Bei Verwendung von fertig gekauftem Tiefkühl-Blätterteig drei Platten zum Antauen nebeneinanderlegen. Danach zwei Platten mit etwas Butter bestreichen, die drei Platten aufeinanderlegen und ganz auftauen lassen. Dann auf bemehlter Unterlage ausrollen und wie gewünscht verarbeiten. Blätterteiggebäck zunächst auf dem Boden des Backofens einschieben, dann bekommt es den »Stoß«, der es schön aufgehen läßt. Siehe auch Blitzblätterteig.

Blaugel: Mineralisches Granulat, das Feuchtigkeit anzieht und bindet, erhältlich in Chemikalienhandlungen oder zu bestellen in Apotheken. Man gibt etwas davon in ein luftdurchlässiges Baumwollsäckchen oder in ein Tütchen, z. B. aus Filter- oder Küchenpapier. Das legt man mit in das verschließbare Gefäß zu Lebensmitteln, die dazu neigen, Feuchtigkeit anzuziehen, jedoch unbedingt ganz trocken bleiben sollen, wie z. B. die Apfel- und Ananaskristalline.

Blindbacken: Teig, der nach dem Backen belegt werden soll, in der Form mit Backpapier und Erbsen bedecken, so daß er beim Backen nicht aufgehen kann.

Blitzblätterteig, holländischer: Aus 500 g Mehl, 10 g Salz, 5 g Zucker, 50 g Butter und 265 ml kaltem Wasser einen Teig kneten, 450 g Butter in Stückchen unterarbeiten, so daß noch kleine Stücke zu sehen sind. Teig in Klarsichtfolie eingeschlagen, 1 bis 2 Stunden im Kühlschrank ruhen lassen. Dem Teig dann 5 einfache Touren geben. Zwischen jeder Tour 20 Minuten im Kühlschrank ruhen lassen. Den fertig tourierten Teig über Nacht kalt stellen und erst am nächsten Tag verarbeiten. Am besten die letzte Tour am nächsten Tag geben.

Brickteig: siehe Philloteig.

Brioche-Formen: Kleine oder größere Formen mit stark gewelltem, hohem Rand.

Cassis: Schwarze Johannisbeeren oder Branntwein oder Likör aus diesen.

Chemisieren: Formen, auch Teighüllen dünn mit Gelee, feiner Masse oder Teig auskleiden.

Coulis: Konzentrierter Saft.

Dressierbeutel, Dressiersack, Spritzbeutel: Ein Stoffbeutel zum Einsetzen von Tüllen mit glattem und gezacktem Rand in verschiedenen Größen zum Dekorieren oder Füllen von Torten, Gebäck usw.

Dressieren: Massen, Sahne und Cremes mit Hilfe eines Dressierbeutels und der entsprechenden Tülle in die gewünschte Form bringen.

Farinzucker: Brauner Rohrzucker, würzig im Geschmack.

Flambieren: Hochprozentiger, aromatischer Alkohol in einer Kelle anzünden und über die Speise gießen, wobei der Alkohol verbrennt und die Aromastoffe in die Speise eindringen.

Flaumig: Lockere, flockige Teigbeschaffenheit.

Fond: Eingekochte, konzentrierte Grundlage für Saucen, Cremes usw.

Fondant, Fondantmasse: Aus Zucker und Stärkesirup gerührte Masse, deren Konsistenz zugleich zäh und weich ist, für Glasuren.

Fondantglasur: Aus Fondantmasse hergestellte Glasur.

Geklärte Butter: Erhitzte, abgeschäumte Butter, die durch eine Filtertüte gegossen wurde, um das Eiweiß, das sich am Boden absetzt, zu entfernen.

Gelierprobe: Um festzustellen, ob eine Konfitüre oder Marmelade die richtige Konsistenz erreicht hat, einen heißen Tropfen davon auf einen kalten Porzellanteller geben. Zerläuft er nicht, sondern bleibt gewölbt, ist die Konfitüre oder Marmelade fertig.

Germ: Österr. Bezeichnung für Hefe.

Glukosesirup: Bonbon- oder Kapillarsirup, zähflüssiger, nicht kristallisierender Stärkesirup aus Kartoffel- oder Maisstärke, durch Kochen unter Druck in Traubenzucker und Dextrin umgewandelt. Er verhindert, daß der Zucker kristallisiert. Auf 500 g Zucker kommen 30 g Glukosesirup. Er ist nicht im Einzelhandel erhältlich; ein bekannter Konditor oder Bäcker gibt auf Bitten sicher etwas ab.

Granité: Französische Bezeichnung für die aus Italien stammende Granita, zubereitet vornehmlich aus Fruchtsäften mit Zucker, eventuell auch mit Alkohol, die gefroren, geschabt und in kristallisierender Form in Gläsern serviert wird.

Grenadinesirup: Konzentrat aus Zucker und Granatapfelsaft.

Italienische Meringe: Eischneemasse für Sorbet, in die man heißen Zuckersirup einlaufen läßt.

Kakaopulver: Aus gerösteten Kakaobohnen gemahlenes Pulver, dem das Öl, die Kakaobutter, entzogen wurde. Schwach entölter Kakao hat 20 bis 24 %, stark entölter 10 bis 20 % Fettanteil.

Kantalupe-Melone: Aromatische, kleine Zuckermelone mit aprikosenfarbenem Fleisch. Äußerlich erkennbar an der rauhen Schale, auf der sich Rippen abzeichnen.

Kletzen: Österr. Bezeichnung für getrocknete Birnen.

Kokosmilch: Nach besonderem Verfahren gewonnene aromatische Flüssigkeit aus dem Fleisch der Kokosnuß, als Fertigprodukt in Asienläden.

Kumquat: Aromatische Zwergorange, kleinste bekannte Zitrusfrucht, mit Schale verwendbar.

Kuvertüre: Schokolade zum Überziehen von Gebäck, Torten, Kuchen, Mousses, für Saucen und Desserts, zur Herstellung von Verzierungen aus Schokolade. Vor der Verarbeitung wird Kuvertüre im Wasserbad langsam temperiert. Der Schmelzpunkt liegt bei 35° C. Angeboten wird dunkle, zartbittere Kuvertüre, Vollmilchkuvertüre und Kuvertüre aus weißer Schokolade. Von besonders guter Qualität ist Kuvertüre mit einem Gehalt an Kakao und Kakaobutter von 71 %, von mittlerer Qualität mit mindestens 45 %.

Läuterzucker: Sirup aus 500 g Zucker mit 500 ml Wasser 1 Minute auf 102° C nach dem Zuckerthermometer gekocht, Ergebnis 800 ml.

Limette: Kleine, grüne bis gelbgrüne Zitrusfrucht mit dünner Schale, aromatischer und saftiger als die Zitrone.

Mandelsirup: Konzentrat aus Mandeln und Zucker (z. B. von Moulin) zum Aromatisieren.

Marc de Champagne: Französischer Tresterbranntwein aus der Champagne.

Meringe: Schaummasse aus Eiklar und Zucker. Man unterscheidet leichte (im Verhältnis 1:1) und schwere Schaummassen (siehe Italienische Meringe). Der Zucker kann, muß jedoch nicht gekocht werden. Man kann zuletzt auch Puderzucker unterheben.

Moscato d'Asti: Schaumwein aus der Muskatellertraube, Herkunft Piemont/Italien.

Obstkuchenform: Form mit glattem Boden und halb hohem Rand.

Parisienne-Ausstecher: Gerät zum Ausstechen kleiner Kugeln.

Passionsfrucht, Maracuja, Granadilla: Frucht der Passionsblume aus tropischen und subtropischen Regionen, mit geleeartiger, feinsäuerlicher, aromatischer Flüssigkeit um viele kleine Kerne.

Phillo- oder Filloteig: Hauchdünn ausgerollter Teig in mehreren Lagen aus der griechischen Küche, der für Pasteten verwendet wird. Als Fertigprodukt in griechischen Lebensmittelläden erhältlich.

Sabayon: Mit aromatischer Flüssigkeit, Wein, Bier oder Fruchtsaft nebst Zucker und Eigelb über dem Wasserbad schaumig aufgeschlagene Sauce zu oder als Dessert.

GLOSSAR

Sauerteig: Brei aus Roggenmehl und Wasser, der durch Stehen säuert und mit oder statt Hefe beim Brotbacken verwendet wird.

Sauternes: Französischer Dessertwein aus einem Anbaugebiet in Bordeaux.

Savarins: Ringformen für Savarin oder Baba; Hefekuchen, der getränkt wird.

Spritzbeutel: Siehe Dressierbeutel.

Strohrum: Auch Inländerrum genannt, hochprozentiger, österreichischer Rumverschnitt.

Süßrahmbutter: Butter aus ungesäuerter, frischer Sahne, flockt beim Erhitzen nicht aus und bindet gut. Als »Süßrahmbutter« gekennzeichnet.

Tonkabohne: Same eines südamerikanischen Schmetterlingsblütlers (Dipierix odorata) mit Gehalt an Kumarin, einem würzigen Duftstoff, wurde in der Pâtisserie verwendet; heute nur als naturidentischer Aromastoff erlaubt.

Topfen: Österr.-bayer. Bezeichnung für Speisequark.

Tourieren: Blätter- oder Plunderteig mehrfach ausrollen und zusammenlegen.

Trester: Aus den bei der Weinherstellung verbliebenen Traubenresten gebrannter Schnaps.

Type: Gibt den Ausmahlungsgrad bei Mehl an. Die Zahl ergibt sich aus dem Gewicht der Mineralstoffe, die als Asche beim Verbrennen von 100 g der jeweiligen Mehlart übrigbleiben. Bei weißem Weizenmehl Type 405 bleiben z. B. 405 mg zurück, bei Type 1700 nach dem Verbrennen 1700 mg. Je höher die Zahl, desto nährstoffreicher das Mehl.

Wasserbad, Bain-marie: Empfindliche Saucen oder Cremes werden in einer Metallschüssel über etwa 80°C heißem Wasser aufgeschlagen, um sie zu verdicken.

Weizenhebel: Vorteig beim Brotbacken aus Mehl und Wasser im Verhältnis 1:1 verrührt und 24 Stunden bei 18 bis 20°C stehen gelassen. Es empfiehlt sich, für das nächste Brot dem neuen Weizenhebel 10 Prozent vom alten Weizenhebel zuzusetzen.

Wellblech: Gewelltes Spezialbackblech, das der Konditor u. a. zum Formen der frisch gebackenen Hippen verwendet. Im Haushalt kann man dazu Alufolien-Rollen oder die festen Innenrollen von Küchenpapier hernehmen.

Zucker kochen: Zucker-Wasserlösung auf die gewünschte Dichte (Baumé) einkochen. Die Dichte mißt der Profi mit der Zuckerwaage, die Temperatur mit dem Zuckerthermometer. Für die jeweilige Konsistenz gibt es Fachbezeichnungen: schwacher Faden: 500 g Zucker mit 250 ml Wasser bis 104°C kochen. Zur Probe Zeigefinger und Daumen mit Wasser anfeuchten und vom Kochlöffel etwas Sirup abnehmen. Beim schnellen Öffnen und Schließen der Finger soll ein kurzer Faden entstehen. Langer Faden: Lösung bis auf 108°C weitergekocht, so daß sich ein langer Faden ziehen läßt. Flug: Zuckerlösung bis auf 112°C gekocht, zur Probe durch eine kleine Drahtschlinge, die kurz in Sirup getaucht wird, vorsichtig blasen. Dann sollen kleine Bläschen entstehen. Starker Flug: Bis auf 114°C weiterkochen, so daß bei der Probe große, zusammenhängende Blasen entstehen. In dieser Konsistenz wird der Sirup für Fondant oder italienische Meringe verwendet. Ballen oder Kugel: Zucker auf 116° bis 118°C kochen, nach dem Tauchen in Eiswasser läßt er sich zu Kugeln rollen. Bruch: Zucker auf 140°C gekocht, wird sofort fest, wenn man ein wenig davon in Eiswasser gießt. Karamel: Ab 160°C beginnt sich der Zucker zu Bräunen. Beim Zuckerkochen ist äußerste Vorsicht angeraten, da man sich sehr schwer verbrennen kann.

Zuckerthermometer: Für den Pâtissier unerläßlich. Es zeigt beim Zuckerkochen präzise die Temperatur zwischen 70° und 200°C an. Manche Thermometer messen auch in Réaumur. Beim Umrechnen in Celsius-Grade die Réaumur-Grade durch 5 dividieren und mit 4 multiplizieren.

Zur Rose abziehen: Fachausdruck der Konditoren, der die gewünschte Konsistenz einer Creme beschreibt, deren Bindung auf Eigelb beruht. Das Eigelb unter ständigem Rühren bei geringer Hitze oder im Wasserbad in die Flüssigkeit geben, einen Holzlöffel kurz eintauchen und auf die anhaftende Creme pusten. Fließt sie rosenartig, wie in Blättern, auseinander und erstarrt in dieser Form, ist die Beschaffenheit richtig.

Register

Altbiersabayon	53	**D**ampfnudeln	23	Himbeersauce	96, 133
Altwiener Apfelstrudel	33	Delice von der Birne	121	Hippenblätter	125, 134
Ananaskristalline	220	Dörrpflaumen, eingelegt	214	Hippenblüten	128
Apfelkristalline	220	Dörrpflaumenragout	214	Hippenfächer	138
Apfelstrudel, altwienerisch	33	Dukatenbuchteln	18	Hohlhippen	185
Apfeltarte »Tarte Tatin«	155	Dunkle Schokoladenmousse	74	Holunderbeerragout	224
Aprikosenwähe	152	Dunkles Schokoladeneis	116	Holunderblütenwein	122, 218
Arme Ritter	110, 26	**E**clairs	168	Holunderfeigen	122
Aufgeschäumte Vanillesauce	132, 133	Eierlikör	223	Honigsabayon	129
Baguette	201	Eierlilörcreme	77	Husarenkrapferl	172
Bananenmousse	71, 125	Eingelegte		**I**ndianerkrapfen	167
Bauernbrot	197	– Dörrpflaumen	214	Ingwermousse	85, 116
Baumkuchentorte	121, 128, 139	– Ingwerwurzeln	213	Ingwersirup	213
Bayerische Creme	84	Eingemachte Kumquats	219	Ingwerwurzeln, eingelegt	213
Beerenragout	61	Elisenlebkuchen	180	**J**oghurtmousse	70
Belgische Sahnewaffeln	112	Engadiner Nußtörtchen	167	Johannisbeergelee, rot	224
Berliner Pfannkuchen	178	Englischer Teekuchen	126, 144	**K**aiseromelett	59
Besoffener Kapuziner	31, 110	Exotisches Fruchtsorbet	92	Kaiserschmarrn	28
Bienenstich	156	**F**adenzuckerglasur	180	Kakaosorbet	99, 125
Bienenstichcreme	156	Feste Cassissauce	68	Kaltgerührte Preiselbeeren	211
Birnenhalbgefrorenes	121	Fondantglasur	158	Kandierte Orangenschalen	212
Birnentarte	121	Frankfurter Kirschpudding	75	Karamelcreme	76
Blancmanger von Kokosnuß	77	Früchtebrot	198	Karameleis	105
Blätterteig	228	Fruchtsorbet, exotisch	92	Kartoffelbrot	195
Brioche	204	Fünfkornbrot	202	Käsekuchen, gebacken	160
Briochebrösel	12	**G**ebackener Käsekuchen	160	Kirschpudding, Frankfurter	57
Burgundersauce	17	Geeister		Kirschragout	112
Buttercreme	65	– Grießflammeri	66	Kirschtarte	161
Calvados-Pfannkuchen	111	– Minztee	126	Kirschwassereis	96
Cassata »Napolitana«	97	– Vanilleschaum	21	Kokosbusserln	173
Cassisfeigen	221	Gefrorenes Whiskysoufflé	104	Kokosnußeis	107
Cassislikör	223	Germknödel	16	Kümmelbrot	206
Cassissauce, fest	68	Gerührter Gugelhupf	143	Kumquats, eingemacht	219
Champagner-Eispralinen	102	Gewürzkaffeemousse	72	Kürbismousse, steirisch	69
Champagnermousse	126	Grand-Marnier-Eissoufflé	90	**L**avendelblütenhonig	218
-sabayon	48, 125, 128	Grenadine-Birnen	121	Lavendeleis	122
Christstollen	183	Grießflammeri mit Ingwer	66, 110	Lebkuchenflammeri	80
Clementinencreme	134	Grießflammeri, geeist	66	Lebkuchensoufflé	53
Clementinensorbet	134	Grießknödel mit Briochebrösel	12	Linzer Plätzchen	171
Cognackirschen	226	Grießsoufflé	50	Linzertorte	140
Cookies	181	Gugelhupf, gerührt	143	Liwanzen	37
Crème brûlée	86	**H**aselnußpudding	48	Löffelbiskuit	172
Crème pâtissière	34, 65	Hefegugelhupf	150	**M**acarons	173
Crêpes »Thomalla«	38	Himbeerkuchen	163	Mandelbiskuit-Roulade	145
Crêpes Suzette	119	Himbeermousse	82	Mandelküchlein	177
				Mandelomelett	58

REGISTER

Mandelparfait	94	Preiselbeereis	97	Steirische Kürbismousse	69
Mandelsabayon	58	Preiselbeeren, kaltgerührt	211	Stollenvariationen	184
Mandelsauce	57	Preiselbeerkompott	211	Stracciatellaeis	124
Mangomousse	128	Preiselbeersahne	59	**T**eeblätter	177
Mangosorbet	128	Pumpernickelpudding	49	Teekuchen, englisch	126, 144
Mangospalten, paniert	128	Punschsauce	80	Teesorbet	94
Marmoriertes		**Q**uarkbrot	192	Topfencrêpes	110
– Schokoladeneis	116	Quarkomelett	61	Topfenknödel	13
– Vanillesoufflé	52	Quittenbrot	225	Topfenkolatschen	10
Marmorkranz	158	Quittengelee	225	Topfenmousse	68, 110
Maronensoufflé	45	**R**ahmschmarrn	28	Topfennußkuchen	142
Marzipanhippenblätter	184	Rehrücken	147	Topfenpalatschinken	20
Marzipanstollen	184	Reisflammeri	81	– »Royale«	21
Melonensorbet	92	Rhabarberstrudel	34	Topfensoufflé	44
Minztee, geeist	126	Rosinenplätzchen	174	Traubenragout	131
Mohnauflauf	54	Rote Grütze	132	Trestersabayon	131
Mohnbutter	24	Rote Orangenzesten	221	Triologie von der Mango	128
Mohnknödel	17, 110	Rotes Johannisbeer- gelee	224	**V**anilleeis	96, 115
Mohnkuchen	122, 153	Rotweingranité	107	Vanillekipferl	170
Mohnmousse	70, 122	Rüblikuchen	143	Vanilleparfait	118
Mohnnudeln	24	Rumsauce	155	Vanillesauce	26, 114
Mohr im Hemd	46	Rumtopf	216	– aufgeschäumt	132, 133
Moscato d'Asti-Eis	131	Rumzwetschgen	210	Vanilleschaum, geeist	21
Mürbeteig	160	**S**acheromelett	56	Vanillesoufflé, marmoriert	52
Nougatmousse	115	Sachertorte	138	Variation von der Clementine	134
Nougatsauce	50	Sahnecanache	166	Vinschgauer Fladenbrot	194
Nußbrot	191	Sahnewaffeln, belgisch	112	Vollmilchschokoladen- mousse	75
Nüsse, schwarz	210	Salzburger Nockerln	40	**W**alderdbeergratin	118
Nußtörtchen, Engadiner	167	Sauerrahmeis	110	Walnußeis	100, 129
Nußzopf	186	Savarin	131	Walnußsauce	52
Nußzungen	166	Scheiterhaufen	30	Weißbrot mit Brandteig	199
Orangencreme	64	Schlosserbuben	11	Weißes Schokoladeneis	116
Orangenhippen	185	Schmärstrudel	35	Weiße Schokoladen- mousse	75, 121
Orangenplätzchen	174	Schneenockerln	133	Weizenhebel	150
Orangenragout	56, 114	Schokoladenbiskuit	134	Whiskysoufflé, gefroren	104
Orangenschalen, kandiert	212	Schokoladeneis		Wiener Böden	84
Orangenzesten, rot	221	– dunkel	116	Wiener Wäschermädel	27
Panierte Mangospalten	128	– marmoriert	116	**Z**igarettenmasse	185
Passionsfrucht-Coulis	115	– weiß	116	Zimteis	101, 112
Passionsfruchtmousse	79	Schokoladenglasur	138	Zimtsabayon	111
Pâte à foncer	161	Schokoladenmousse		Zimtsirup	101
Pfannkuchen	111	– dunkel	74	Zitronenfondant	153
Pfirsich in Folie gegart	129	– weiß	75	Zitronengraseis	99
Portweinfeigen	124	Schokoladensauce	46	Zuckerfäden	133
Potpourri von österreichi- schen Mehlspeisen	110	Schokoladenschaum	124	Zuckergespinst	133
Powidl	215	Schokoladenwürfel	116	Zwetschgendatschi	148
Powidltascherl	39, 110	Schokosoufflé	114	Zwetschgenknödel	15
Pralineneis	91	Schwarze Nüsse	210	Zwetschgenröster	214
Pralinenparfait	91	Somlauer Nockerln	84, 110		